CONTENTS

いちご一会の輝き

いちご一会とちぎ国体・とちぎ大会
報道グラフ

栃木県で42年ぶりの開催となった「いちご一会とちぎ国体」、そして初の開催となった「全国障害者スポーツ大会いちご一会とちぎ大会」。長引く新型コロナ禍に万全の対策を講じつつ、フィールドで数々の栄光とドラマを生み出した歴史的な大会となった。全国から集結したアスリートたちの「いちご一会の輝き」が色あせることは決してない。

優勝

体操成年男子・団体総合
本県選抜チーム

成年男子つり輪

前田航輝

巻頭写真グラフ
一瞬の永遠

優勝 競泳成年男子 100mバタフライ

成年男子100mバタフライ

水沼尚輝

優勝

陸上成年女子　棒高跳び

成年女子棒高跳び

諸田実咲

優勝

飛込成年男子
板飛び込み

成年男子板飛び込み

須山晴貴

ホッケー成年男子決勝で優勝を決め喜ぶ本県選抜チーム

優勝

卓球成年女子
本県選抜チーム

卓球成年女子

安藤みなみ

優勝

ボクシング成年男子フライ級

成年男子フライ級

平塚駿之介

優勝

セーリング成年女子 国体ウインドサーフィン級

成年女子国体ウインドサーフィン級

小嶺恵美

優勝

レスリング少年男子 グレコローマンスタイル92kg級

少年男子グレコローマンスタイル92kg級

植木優斗

優勝

自転車成年男子 ポイントレース

成年男子ポイントレース

貝原涼太

剣道全4種別制覇を達成し初の男女総合優勝を飾った本県選抜チーム

馬術で総合優勝を果たした本県チーム

優勝 空手道男女総合
本県チーム

優勝 柔道成年男子
本県選抜チーム

北野　長島　熊代　斎五澤　山本

優勝

重量挙げ少年男子102kg超級スナッチ、ジャーク

塚田直人

少年男子102kg超級スナッチ、ジャーク

優勝 銃剣道少年 本県チーム

優勝 弓道成年女子遠的 本県チーム

総合開会式

総合開会式での天皇皇后両陛下

あいさつする
永岡桂子文部科学大臣

あいさつする
日本スポーツ協会の伊藤雅俊会長

開会宣言する福田富一栃木県知事

「国内最大スポーツの祭典」が開幕
本県では「栃の葉」以来42年ぶり
コロナ禍乗り越え全国から1700選手

第77回国民体育大会「いちご一会とちぎ国体」の総合開会式が1日、宇都宮市のカンセキスタジアムとちぎで行われ、国内最大のスポーツの祭典が幕を開けた。国体は新型コロナウイルスの影響で3年ぶりの開催。本県では栃の葉国体以来、42年ぶりとなる。全国から約1700人の選手団が力強く行進し、県民が踊りや歌などの華麗な演技で出迎えた。11日間にわたり、35の正式競技で熱戦が繰り広げられる。

感染対策として、会場の収容定員の半数程度となる規模で開催。秋晴れの下、開催を待ちわびた約7300人の県民らが詰めかけ、選手団、式典演技の出演者、ボランティアを合わせ約1万8千人が参加した。

天皇、皇后両陛下が臨席された式典では、各都道府県の選手団がマスク姿で入場行進。最後に「ようこそ栃木へ」と書かれた横断幕を手に本県選手団が登場すると、ひときわ大きな拍手が湧き上がった。

選手団が整列を終えると、福田富一知事が「一期一会、このときにしかない出会いを大切にし、素晴らしい大会になることを祈念する」と高らかに開会宣言。

伊藤雅俊大会会長は「スポーツの素晴らしさを実感し、実り多い大会となるよう切望する」とあいさつした。

続いて、国体のシンボルとなる炬火の入場。栃の葉国体に出場した2人の選手から、元マラソン選手や元プロ野球選手の本県ゆかりの著名アスリート3人につながれた。

最後はバドミントン遠藤美羽と馬術広田大和の未来を担う高校生アスリート2人が炬火台に火をともした。

選手代表宣誓はスポーツクライミングの楢﨑智亜とホッケーの狐塚美樹が務め、「最後まで精いっぱい競技する」と力強く誓った。

式典演技では、子どもから大人まで約1400人が出演。華やかな衣装を身に着け、自然や歴史、産業、観光といった本県の魅力を、踊りや歌で表現した。　（杁木澤良太）

灯火台に運ばれる灯火

灯火台に点火

勇壮な太鼓演奏

選手宣誓するスポーツクライミングの楢崎智亜（左）とホッケーの狐塚美樹

総合開会式の選手宣誓

オープニングプログラムで披露されたチアパフォーマンス

赤いテープが打ちあがりフィナーレを迎えた総合開会式

陸上競技

諸田、栄光への跳躍
武田、竹内は準優勝

陸上競技の県勢は、成年女子棒高跳びの諸田実咲（県スポーツ協会）が4m10で優勝。諸田は3m80から試技を始め、4m10まですべて1回でクリアするなど悪条件の中で安定した跳躍を見せた。成年男子砲丸投げの武田歴次（同）と、成年女子走り高跳びの竹内萌（同）は準優勝。また、成年男子やり投げの小椋健司（同）と同800mの根本大輝（順大大学院）が3位に入るなど、県勢は計12人が入賞を果たした。

成年女子棒高跳び
諸田実咲

諸田、安定感抜群集中保つ

■陸上成年女子棒高跳びの諸田実咲（県スポーツ協会）が誰よりも高く舞った。初優勝が決定し「競技に専念できる環境を整えてくれた人たちに恩返しがしたかった」。スタンドで手を振る関係者を見上げながら笑みを浮かべ、マットを下りてからも何度も感謝のお辞儀を繰り返した。

抜群の安定感だった。3m80から始め、10cm刻みで4m10までを全て1発でクリア。低い気温と雨で助走に苦しむライバルが脱落していく中、「一本一本を大切に、確実に」と研ぎ澄ませた集中力を保ち続けた。

今年の日本選手権覇者の竜田夏苗（大阪）が4m10を3連続で失敗し優勝が決定。シーズンベストを上回る4m22の挑戦は失敗に終わったが、ポールの反発を十分に得た浮き上がりで会場を沸かせた。

群馬県出身で中大時代から日本一を経験している。今季、屋外での最終戦と位置付けた国体。室内でマークした自己ベスト4m30の更新は来季に持ち越しとなり、「思い通りの跳躍にはほど遠かった」と勝っても技術的な反省は忘れなかった。

9月24日の全日本実業団対抗選手権では記録なしに終わった上、右足首を捻挫。その日から不安な日々を過ごしてきたが、本県代表として抜群の勝負強さを発揮した。「栃木の追い風になりたい」との思いで重圧を乗り越えたヒロインが、陸上競技の本県選手団に勇気を与えた。（田井伎）

成年女子棒高跳びで優勝を飾った諸田

武田、試練に耐え深めた自信

成年男子砲丸投げ準優勝の武田歴次

■5kgの鉄球に、今できる全ての力を込めた。陸上成年男子砲丸投げの武田歴次（県スポーツ協会）が、5投目に今季自己2番目の18m17をマークし準優勝。「実力を出し切れた訳じゃないが、それに近かったと思う」。自らに言い聞かせるように結果を受け止めた。

16m92と低調だった1投目の後、ターンの動きを「前に進む感覚」に修正。2投目は17m70へ伸ばした。3投目はファウルとなるも、気温が上がって動作は徐々にスムーズに。4投目は17m90と試技の度に記録を伸ばした。

県スポーツ専門員となった2年前から新たな投法に挑戦。かがんでから体を伸ばして鉄球を押し出す「グライド投法」から全身を回転させる「回転投法」へ変えた。「世界と戦うため」の決断が功を奏し、去年6月には自己新記録の18m64を投げるまで成長を遂げた。

思わぬ試練もあった。8月下旬、新型コロナウイルス感染が判明。発熱など体調を崩して10日間隔離され「すべての感覚をなくしてしまった」。筋力トレーニングなど土台からやり直して何とか国体に間に合わせた。

「優勝で栃木の皆さんに恩返ししたかった」と悔しさをにじませつつ、「ベストの状態じゃない中でこれだけの記録を出せたことは自信になります」と収穫も強調。武田にとって記録よりも記憶に残る国体になった。

（星国典）

竹内、恐怖心に打ち勝ち自己記録タイ

成年女子走り高跳び準優勝の竹内萌

■2位の表彰台の上で瞳が潤む。陸上成年女子走り高跳びの竹内萌（県スポーツ協会）が跳んだ1m78は2年ぶりという自己記録タイ。「ほっとした」のが一番の気持ちだった。

今季は記録が伸びず、2週間前の全日本実業団対抗選手権では1m60止まり。「試合がしたくない」と恐怖心が拭えないまま臨んでいた。

迎えた国体本番。助走の前に深呼吸を繰り返し、最初の試技となった1m63を軽々と越えた。3cm刻みに1m75までを全て一発でクリアすると、そのたびに笑顔で両腕を突き上げた。

埼玉出身で昨年、県スポーツ専門員に。チームで戦う国体で「楽しい試合は久しぶり」と本来の跳躍を取り戻した。最後の1m81こそ失敗したが「技術やパワーは付いている」と言葉には自信がにじむ。「弱い自分」とは決別した。

（田井伎）

根本3位、最後力尽きる

■陸上成年男子800mの根本大輝（順大院）は「今年の最高のピークを合わせる」と満を持して臨んだ地元国体で3位。「悔しいのが一番大きい」。険しい表情でびしょぬれの髪をかき上げた。

最初の400mは56秒と互いがけん制し合う展開。2番手で最後の100mに向かう「一番良い流れ」で狙い通りのスプリント合戦に突入したが、ゴールまで全速力を保てなかった。

佐野日大高を経て順大に進んだ本県中距離陣のエース。「小中学時代の先生にも会って、不思議な感覚」と久しぶりの地元レースを楽しんだ。

今年6月に1分46秒73の自己ベストをマークし、同月の日本選手権では初の3位に入るなど成長を感じる1年だった。来季は学生ラストイヤー。「（タイムの）アベレージを上げて、最終的には日本一」と表彰台の頂点を見据えていた。

（田井伎）

成年女子やり投げ8位の
桑添友花

根本、小椋は意地の3位表彰台
県勢、計12人が入賞果たす

小椋、左の軸足ぶれ修正できず

■雄たけびとともに最終6投目を終えると、スタンドに向けて深く一礼した。成年男子やり投げの小椋健司(県スポーツ協会)にとって3位は「望んでなかった結果」。悲願の頂点に立てず、無念の表情を浮かべた。

冷たい雨が降り注ぎ、好記録は望めないコンディション。81m63の自己記録を持つ剛腕は、70m台後半に照準を合わせた。「1、2発目に決めきる」プランを敢行したが、この日の最高は3投目の74m05と不発。投げる瞬間に軸足の左足がぶれる癖を修正できず、爆発力は影を潜めた。

本県を拠点にして3年。「サポートをしてくれた人たちへの恩返し」を目標に据えた舞台だからこそ悔しさが大きい。国体での成績は、2017~19年まで3年連続の2位。栄冠にまたも届かなかったが、1投目から徐々に記録を上げる対応力で表彰台は死守した。7月の世界選手権代表を経験した本県フィールド陣の大黒柱は、意地でその役割を果たした。

2位に入ったのは地元の鳥取・倉吉総合産高の後輩である石坂力成。54差で敗れ「下も育っている。スイッチが入った」。眼光は来年ブダペストで開催される世界選手権に向く。参加標準記録は85m20とかなり厳しいが、「超えないと戦えない」と迷いはない。限界を突破し、再び世界へ向かう。

(田井伎)

成年男子やり投げ3位の
小椋健司

競　泳

成年男子100バタフライで優勝した水沼

成年男子100バタフライ
水沼尚輝

水沼が「世界」の強さ披露
松下、蓮沼ら若い力も爆発

会期前競技の競泳は日環アリーナ栃木屋内水泳場で行われ、成年男子100メートルバタフライで今夏の世界選手権銀メダリストの水沼尚輝（真岡市出身、新潟医療福祉大職員）が初優勝。水沼は予選を51秒98のトップで通過し、決勝は前半を5位で折り返すと、得意の後半で一気に伸びて栄冠を手にした。このほか少年男子A400メートル個人メドレーの松下知之（宇都宮南高）が4分14秒46の自己ベストで準優勝。少年男子A50メートル自由形の蓮沼椋祐（宇都宮短大付高）が23秒25で3位入賞を飾るなど、会期前を本県競泳陣が大いに盛り上げた。

少年男子A50自由形で3位の蓮沼

少年男子A100自由形で4位の蓮沼

少年男子A400個人メドレーで2位の松下

「推しは後半」言葉通りの快泳・水沼

「推しは後半」。まさに水沼尚輝（新潟医療福祉大職）らしい勝ちっぷりだ。

25メートルのターン後にぐんぐん伸び、強い推進力を保ったままゴール板に突っ込んだ。男子100メートルバタフライ世界選手権メダリストは意外にも国体初制覇。接戦を制し「応援を自分の力に変えて勝ち切ることができた」と大歓声に応えた。

世界選手権から3カ月。「感覚が変わっていた」と予選は思うような泳ぎができなかった。決勝の51秒62というタイムは万全ではない今のコンディションでは予想通りだった。

前半を5位で折り返し、終盤まで勝負がもつれても動じない。いつものように周りの選手は視界に入れずに自分の泳ぎに集中し「声援が後半を加速させる」という言葉通り、きっちり逆転してみせた。

東京五輪は得意の後半に突き放され、世界との差を思い知った。それまで取り組んだ前半の強化を改め、今励むのは後半の強化。さらに常に泳ぎに新たな要素を取り入れる水沼らしく、海外選手によく見られる「泡が立たない手の動き」を今大会から試している。

待ちに待った地元国体で、表彰台の一番高い場所から見えたのは後輩たちのうれしそうな顔。「彼らがこれからの本県競泳界を担ってくれるはず」。夢をつなぐ泳ぎを置き土産に、再び世界へ羽ばたく。

（鈴木久崇）

少年男子A400メドレーリレーで8位の本県チーム

少年男子B100バタフライで7位の阿部

少年女子B100自由形で8位の鈴木

少年男子A800リレー8位の本県チーム

成年女子100自由形予選で現役最後のレースを終えた笹原

水　球

水球少年男子1回戦を戦う本県チーム

水球女子予選リーグを戦う本県チーム

持てる力を出し切り完全燃焼

会期前競技の水球女子に結成わずか2年の「栃木クラブ」で挑んだ本県は、予選リーグで優勝候補の京都、山口と対戦し連敗して予選敗退。少年男子の本県チームは1回戦で関西高単独の岡山に8－15で敗れた。アーティスティックスイミング少年女子の金山桃子（大平南中）と真塩柑菜（本郷中）は、テクニカルルーティンで規定の技を丁寧にこなしベストを更新、16位となった。

アーティスティックスイミング

アーティスティックスイミング少年女子の本県チーム

飛び込み

成年男子板飛び込み
須山晴貴

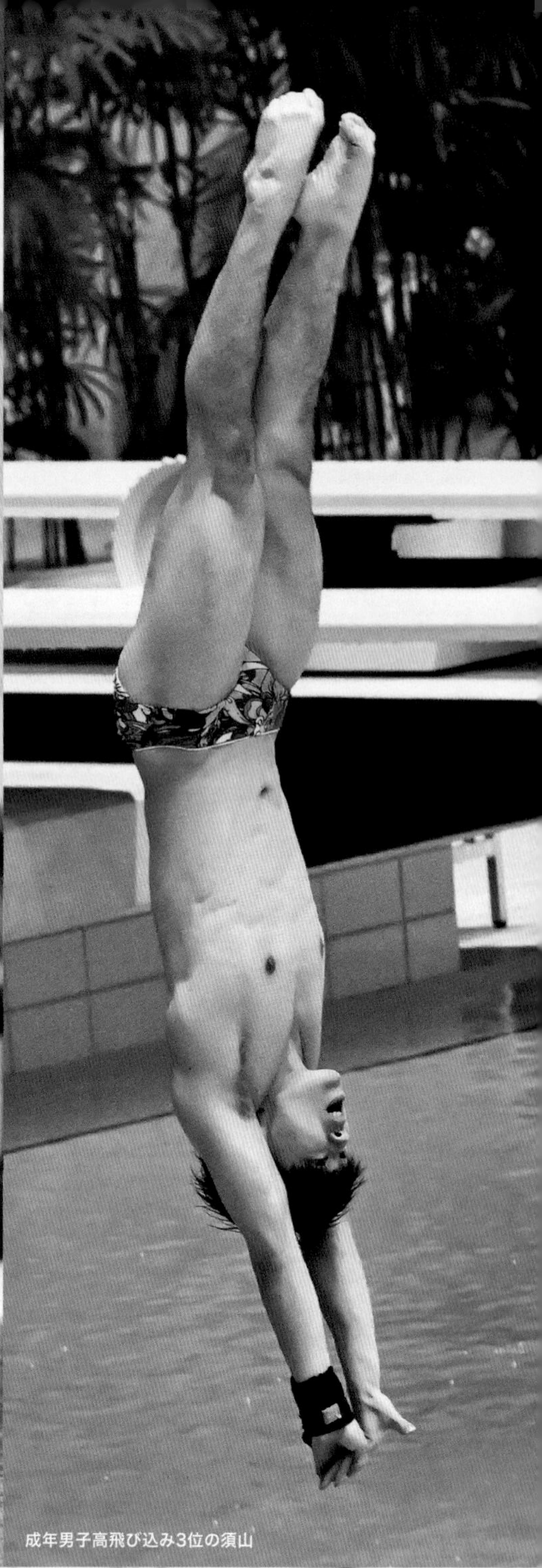

成年男子高飛び込み3位の須山

成年男子板飛び込み
優勝の須山

飛び込み総合1位となった本県チーム

成年女子板飛び込み2位の榎本

成年女子高飛び込み4位の榎本

少年女子高飛び込み8位の田所

少年女子板飛び込み9位の関野

須山、2度目の国体覇者
榎本も地力発揮の準V

会期前競技の飛び込みは、成年男子板飛び込みの須山晴貴（県スポーツ協会）が451.80点で自身2度目の優勝を果たした。また、東京五輪代表の榎本遼香（県スポーツ協会）が成年女子板飛び込みで準優勝、成年男子板飛び込みの覇者・須山が高飛び込みで3位入賞し、同日出場の県勢2人が共に表彰台に上る活躍を見せるなど各選手の健闘で本県は飛び込みの総合成績で兵庫と並び1位となった。

重責全う 攻めの演技
貫き結果・須山

■「地元国体の優勝、気持ちがいいものですね」。成年男子板飛び込みの須山晴貴は島根代表だった少年種別時代とはひと味違った喜びをかみしめた。

競技開始前まで少し硬かった表情にも、観客や関係者の後押しでトレードマークの笑顔が戻っていく。県スポーツ専門員としての重責を全うし、「ほっとした」。

最終6回目、2位選手がこの日一番の演技をして最後の最後に重圧が大きくなった。「デジャビュだ」。同会場で逆転を許した8月の日本選手権と全く同じシチュエーション。気楽に臨んだ失敗を教訓に「決めにいった」。攻めた結果で過去を払拭した。

有観客で応援をじかに感じたいつもと違う〝ホーム戦〟。「久々に雰囲気にのまれていた」という1、2回目に危機感を覚え、打開に動く。競技前に行う一連のルーティンの順番を変え、3回目はこの回全体1位の81.60点。「自分で流れを持ってこられたことが大きい」と勝因に挙げた。

世界選手権や国際大会代表選考会など重圧のかかる舞台の数々を経験し、場数を踏んできたつもりだったが「国体でこんなに緊張する。まだまだ若い」と一笑。

15日の高飛び込みが終われば23年の世界選手権、24年のパリ五輪に向けて再出発する。最後は観客席に深々と頭を下げ、歓声に応えた。喝采が向けられたのは紛れもなく栃木のエースだった。

（鈴木久崇）

サッカー

成年男子、少年男女揃って5位入賞

サッカーは成年男子、少年男女で本県チームがいずれも準々決勝で惜しくも敗れ5位入賞となった。岐阜と準々決勝を戦った成年男子は、0－0の末PK戦で惜敗。少年男子の本県選抜チームも大阪に1－2で惜敗。少年女子の本県選抜チームは、準々決勝で埼玉と激突。0－0と互いに譲らぬ熱戦の末、さらにサドンデスまでもつれ込んだPK戦で5－6で敗れた。

サッカー成年男子で5位入賞の本県チーム。準々決勝でゴール前の競り合い

サッカー少年女子で5位入賞の本県チーム。
準々決勝での競り合い

サッカー少年男子で5位入賞した本県選抜チーム。
準々決勝で相手と激しく競り合う

テニス

国体があったから頑張れた

成年女子2回戦で本県チームの森崎が強烈なリターンを放つ

成年女子で5位入賞した森崎（左）と今西（右）

成年女子5位入賞の本県チーム。
5～8位決定戦で今西（左）がサーブを放つ

成年女子で過去最高の5位入賞

テニスでは、成年女子本県チームの森崎可南子、今西美晴（ともに県スポーツ協会）が準々決勝に進出。埼玉に0－2で敗れたものの、5・6位決定戦で相手が棄権したことにより県勢過去最高となる5位入賞となった。

■テニス成年女子5、6位決定戦は、対戦相手の棄権により本県の森崎可南子、今西美晴（ともに県スポーツ協会）が県勢過去最高の5位入賞。「勝って終わるのがベストだった」。予想外の結末に今西は複雑な表情を浮かべた。

茨城県出身の森崎と京都府出身の今西。縁あってスポーツ専門員となり、2人で海外を遠征しながら「栃木のために」との思いを強めてきた。フリーのプロ時代は感じなかった地域とのつながりも力になった。

本年度限りで現役を引退する元全日本女王の今西は「国体があったからここまで頑張れた」と振り返る。東京五輪出場を逃し、目標を失っていた中で心の支えとなったのが国体だった。森崎は「結果で地元に恩返しできなかった」と言うが、2人の健闘は本県テニス界に確かに刻まれた。（三谷千春）

少年女子シングルスカル決勝
力強いストロークで準優勝に輝いた飯塚

飯塚が逆転で2位争い制す

ボートの県勢では、少年女子シングルスカルの飯塚百合子（東京・成立学園高）が前半から攻め、4分5秒89をマークして準優勝した。

少年女子シングルスカル準優勝の飯塚

前半から攻めたレースできた

■ボート少年女子シングルスカルは宇都宮市在住の飯塚《いいづか》百合子《ゆりこ》（東京・成立学園高）が堂々の準優勝。「前半から攻めたレースができた。今までシングルスカルで結果を残せていなかったので、準優勝はうれしい」と賞状を見詰めながら笑顔で話した。

名だたる強豪が並ぶ決勝で前半の500メートルを3位で通過。そこからピッチを上げ、静岡の選手との2位争いをわずか0秒89差で制した。ベストを出し切った飯塚は「接戦だったので最初は自分が2位だと分からず、岸に戻ってきて順位を知った」と振り返った。

現在、都内の高校に通う3年生だが、大学進学後も競技を続ける予定だ。「大学ではインカレに貢献したり、U－19、U－23の世界選手権の日本代表に選ばれたりする選手になりたい」と目標を語っていた。

セーリング

再起の女王、小嶺に修正力

成年女子国体
ウインドサーフィン級
小嶺恵美

成年女子国体ウインドサーフィン級で優勝した小嶺

小嶺が7度目優勝飾る
小松は3位に食い込む

セーリングの県勢は、成年女子国体ウインドサーフィン級の小嶺恵美（県スポーツ協会）が女王の座に就いた。セーリングは6レースの結果で争われる予定だったが風の影響で4レースが不成立に。2日の2レースを終えてトップに立っていた小嶺の優勝が決まった。成年男子国体ウインドサーフィン級の小松大悟（ホンダ）は3位に食い込んだ。

成年男子国体ウインドサーフィン級で3位に食い込んだ小松

■セーリングの成年女子国体ウインドサーフィン級は全日程が終了。7度目の優勝を決めたセーリング小嶺恵美（県スポーツ協会）は「やるべきことをやってきた。結果につながって良かった」と安堵の表情を見せた。

昨年はけがにも悩まされたが、再起を誓い本県に拠点を移して優勝候補として臨んだ今大会。強風対策や体重調整に取り組み、コンディションを整えてきた。ところが3日は風が吹かず、4日は一転、強風と高波でレースが中止に。自然を相手にする競技ならではの展開で、成立した2日の2レースの合計ポイントで順位が決まった。

2位でゴールした第1レースは「風が難しく、コースの読みが当たらないことがあった」。直後の第2レースはすかさず修正し、1着でフィニッシュ。これが優勝に直結した。2024年パリ五輪への期待もかかるが「国体に向けて頑張ってきたので、まずはゆっくり考えたい」と静かに語った。

（稲葉雄大）

ホッケー

成年男子で連破、悲願の単独V
成年女子3位決定戦を勝ち抜く

ホッケーは成年男子の本県選抜が2大会連続3度目の優勝を果たした。日本リーグ1部のリーベ栃木を中心とする本県選抜は、決勝で同じく日本リーグの選手が中心の岐阜と対戦。雨中の接戦を3－2で制した。グラクソ・スミスクライン(GSK)の単独チームで出場した同女子は3位決定戦で鹿児島を2－0で下し表彰台を確保した。少年男子と少年女子はともに準々決勝で敗れた。

成年男子で優勝を飾った本県選抜。決勝第4クオーター15分、松本(右から2人目)が敵陣で競り合う

成年男子「自分たちらしさ出た」会心のV

■試合終了のホーンと同時にスティックを投げ出し、歓喜の輪をつくる緑のユニホーム。ホッケー成年男子の本県選抜はライバル岐阜の追撃を振り切り、2大会連続3度目の優勝。気温11度の日光で、湯気の立ち上る体が激戦を物語っていた。

優勝を義務付けられた重圧から解放され、「ほっとした」と笑顔のDF大橋雅貴(北関東綜合警備保障)。MF星卓主将(サンコー)は「(初の)単独優勝を目標にしていた」と達成感に浸った。

選手たちが「自分たちらしさが出た」と口をそろえた通り、リーベ栃木を中心とするチームにとって納得の勝利だ。

準決勝までのFWのローテーションを変更し攻撃は活性化。FW松本航(天理大)に続き、第3Qに3点目をたたき込んだエース加藤凌聖(県スポーツ協会)は「国体のために栃木に呼ばれて、役割を果たせた」と胸を張った。

そして最も大きな勝因は最終盤に崩れなかった粘り強い守備だ。福田敏昭コーチ(リーベ栃木監督)は「意地のようなものを感じた」と大ピンチを何度もはね返した執念に舌を巻いた。

リーベ立ち上げ時に掲げた「栃木国体の優勝」の悲願をかなえ「ホッケーのまち日光」を全国にアピールした。

ただ、チームの目標はまだ先にある。日本選手権などを含めた「4冠」。福田コーチは緩んだ表情をすぐに引き締めた。「あと三つ。この1勝はスタートラインだ」

(鈴木久崇)

成年女子3位の本県チーム。
3位決定戦第2クオーター12分、グラクソ・スミスクラインの田中(中央)が右サイドからゴール前に切り込む

成年女子準決勝
第2クオーター、本県のFW小宮が倒れ込みながらゴールを決める

成年女子 意地の表彰台、面目躍如

成年男子準決勝
先制点を決め喜ぶ本県選抜のFW大嶋

■ホッケー成年女子のグラクソ・スミスクラインは3位決定戦で鹿児島を2－0で下し、面目躍如の表彰台。大きな重圧の中での大会を振り返り、MF狐塚美樹は「優勝には届かなかったが、3位という結果を残せたことはよかった」と表情には安堵がにじんだ。

DF陣が攻撃で奮闘した。先制は第2クオーター（Q）12分、MF田中彩樹が右サイドをえぐり、ゴール前でDF中村詩織が合わせた。「DFだからマークが緩くなると思って意識して上がった」と読み通りのゴール。第4Q終盤はDF山根麻衣子の「何も考えずに振り抜いた」というペナルティーコーナーが2点目となり、勝利を確実なものにした。

大会を勝って締めくくり、得たのは次戦への勢い。22日から開幕する全日本社会人選手権に向け、「悔しい思いを生かして優勝を目指す」と狐塚。先の目標へ気持ちを切り替えた。

（鈴木久崇）

ボクシング

成年男子フライ級
平塚駿之介

成年男子フライ級の平塚が栄冠
少年男子ミドル級のシルバ準優勝

ボクシングの県勢は成年男子フライ級の平塚駿之介(駒澤大)が優勝を飾った。平塚は持ち味のスピードを生かし、決勝で広島の選手に判定勝ちした。このほか、少年男子ミドル級のシルバ・イエシュア(作新学院高)が準優勝、少年男子バンタム級の亀田昇吾(同)と同ウエルター級の市村奏太(同)が3位に食い込むなど、7人が入賞を果たした。

成年男子フライ級で優勝した平塚のボディー

少年男子ウエルター級で3位となった市村奏太

少年男子バンタム級で3位に入った亀田昇吾の右ストレート

少年男子ミドル級で2位となったシルバ・イエシュアのストレート

成年女子フライ級で無念の初戦敗退となった吉澤颯希

成年男子ライトウエルター級で5位の小森勇典

平塚、パンチ的確光った技術

■故郷に凱旋したエースは、最高の結果で周囲の期待に応えた。ボクシング成年男子フライ級決勝は、平塚駿之介（駒大）が持ち前のスピードで圧倒。声援を受け「リングでは一人だが、みんなが一丸で戦った」と笑顔が輝いた。

決勝の相手は、駒大の先輩を破ってきた社会人選手。互いにスピードが武器だが「自分のボクシングをすれば勝てる」自信があった。

1回から「全力で体力を使う」と速攻を仕掛けた。身長やリーチで劣る相手に対し適度に距離を保ちつつ、的確にストレートを当てた。相手の反撃は横に避け、離れ際にカウンターをヒット。「大学の練習で自然と身に付いた技術」だ。最後までスピードは落ちず、相手を寄せ付けなかった。

作新学院高2年時に全国高校総体を制覇。今大会セコンドに入った恩師の斎藤大胤コーチ（作新学院高監督）が「天才」と評する逸材だ。

駒大に進学後は全国から集まる強豪選手と切磋琢磨。スピードを生かしつつ、的確にパンチを当てる技術を磨いた。高校で達成できなかった国体優勝を地元で果たし「栃木県や斎藤監督に恩返しできた」とはにかむ。

次の舞台は11月の全日本選手権。ライバルは多いが「国体をバネに優勝したい」と意気込む。その先に見据えるのは2024年パリ五輪。夢の舞台へ、視界は良好だ。

（斉藤章人）

バレーボール

少年女子1回戦第3セット
本県選抜の伊澤がアタック

成年男子5位決定戦を
勝ち抜いた本県選抜。
アタックに跳ぶ水島

成年男子が健闘5位入賞

バレーボール成年男子の本県選抜は準々決勝でVリーグ大分三好単独の大分に敗れたものの、順位決定戦で石川を3－1で撃破し、Vリーグ勢に交じっての5位入賞と大健闘した。成年女子の本県選抜は1回戦で香川に1－3、少年女子の本県選抜は1回戦で熊本に1－2、少年男子の本県選抜は1回戦で長崎に1－2と敗れ、いずれも初戦で姿を消した。一方、会期前競技のビーチバレーボールでは、少年女子の石崎咲暮・山口桂奈組（宇都宮文星高）が2回戦で徳島との全国3位対決に快勝したが、3回戦で同2位の岐阜の前に無念の涙をのんだ。

ビーチバレーボール少年女子3回戦
劣勢に声を掛け合う本県チームの石崎（右）と山口

成年女子1回戦第3セット
本県選抜の中峯が
強烈なスパイクを決める

バスケットボール

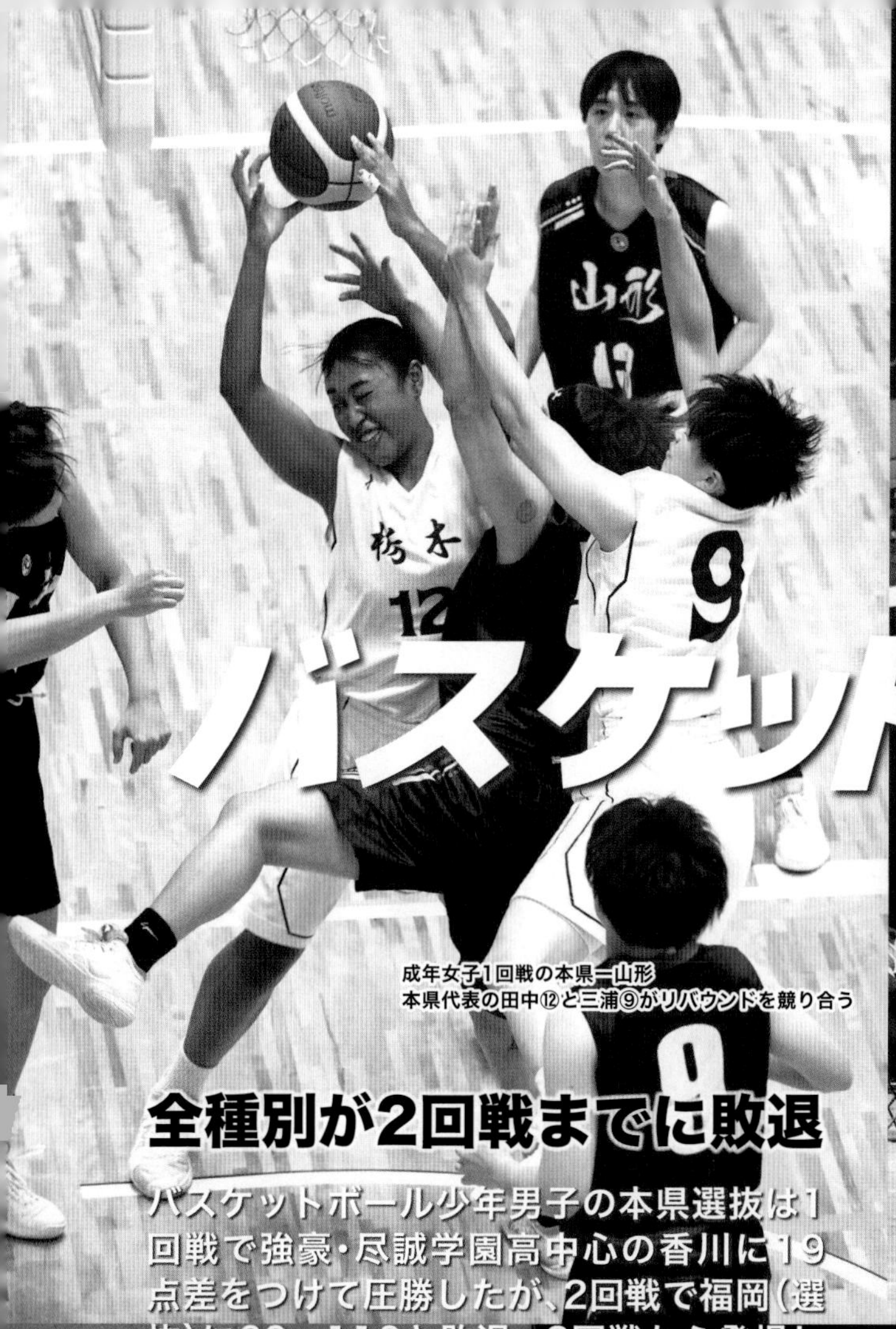

成年女子1回戦の本県ー山形
本県代表の田中⑫と三浦⑨がリバウンドを競り合う

少年女子2回戦の本県選抜ー宮城代表
本県選抜の河津がシュートを放つ

全種別が2回戦までに敗退

バスケットボール少年男子の本県選抜は1回戦で強豪・尽誠学園高中心の香川に19点差をつけて圧勝したが、2回戦で福岡（選抜）に60ー110と敗退。2回戦から登場した少年女子の本県選抜は宮城（選抜）相手に善戦したものの、50ー63で初戦敗退となった。白鷗大単独チームで臨み、上位進出が期待された成年女子の本県は1回戦で、山形銀行単独で前回の茨城国体準優勝の山形に62ー67で敗れた。やはり白鷗代単独チームの成年男子も愛媛（選抜）に延長の末88ー91と惜敗した。

少年男子1回戦の本県選抜ー香川代表
本県選抜の小川がシュートを決める

体操

団体総合で優勝した本県成年男子チーム
青木のあん馬

成年男子 丁寧に隙なく
歓喜かみ締め万感

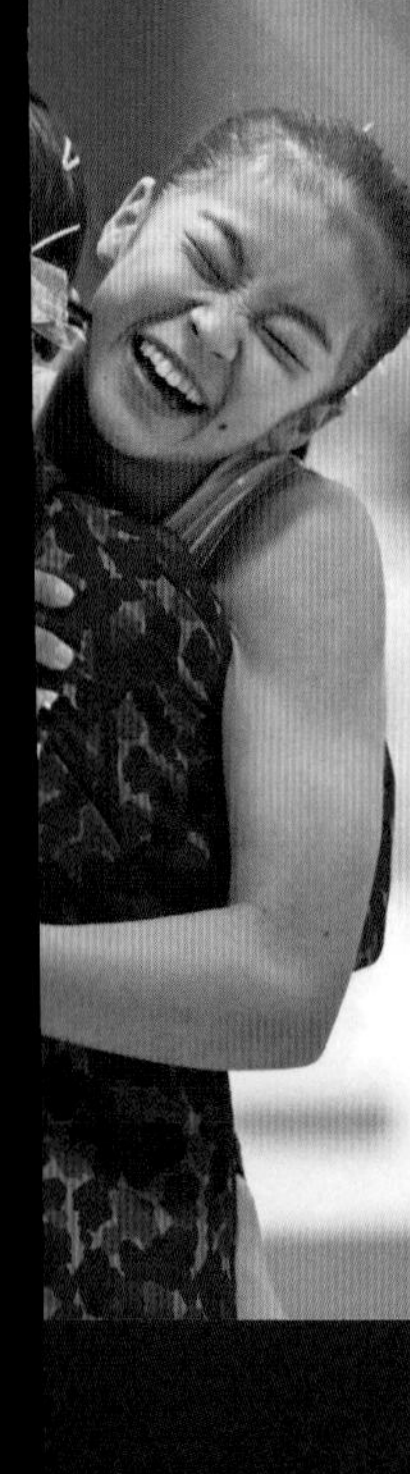

団体総合11位の本県少年女子チーム。
笑顔で仲間と抱き合う伊藤

■地道に、着実に、正確に。丁寧に技をこなし続けた体操成年男子の本県チームが頂点に立った。「地元で優勝しないといけないというプレッシャーがあった。ほっとしています」。湯浅賢哉（県スポーツ協会）は静かに歓喜をかみ締めた。

勝負の鍵はミスの少なさ。浜崎裕介監督（白鷗大教）と選手で考えたプランは徹底したリスク回避だった。「もっと難度の高い技ができる選手たちだけど、チーム戦に徹して絶対に失敗しない」ことを全員で共有した。

派手な技はなくても、最初の種目の跳馬から全員が隙のない演技を積み重ねた。3日に左足首を痛めた前田航輝（県スポーツ協会）が負担の重いゆかの演技をしなかったが、他の4選手が13．600点以上を出してカバーした。

大会直前までほぼ練習できなかった前田も、演技した5種目はすべて13．200点以上。「足が伸びなかったけど、つなぐ気持ちでやっていた。このチームで勝てたのが一番うれしいし、やり切った」。栄光に等しい重みのある絆を手にすることができた。

懸命に応援してくれた観客との絆も実感できた5人の選手たち。「地元の盛大な拍手があって気持ちよく演技できた」と感謝した前田。栃木の地で築いた大切なつながりが、最後は偉業へとつながった。

（星国典）

本県、初の総合優勝を達成
団体総合は成年男子V、成年女子準V

体操団体総合の県勢は、成年男子が331・400点をマークし栄冠をつかんだ。前田航輝（県スポーツ協会）、湯浅賢哉（同）、青木翔汰（同）、中川将径（同）、山本威吹（同）の5人が安定した演技を見せ、2位の千葉に3・650点差をつけ頂点に立った。リオデジャネイロ五輪日本代表の内山由綺（同）らの出場した成年女子も健闘し、211・250点で準優勝に輝いた。体操の少年男子が団体総合で準優勝を飾り、少年女子は団体総合11位と健闘した。本県は新体操、トランポリンを合わせた体操競技として初の総合優勝を果たした。

団体総合で2位となった本県少年男子チーム

団体総合2位の本県成年女子チーム。平均台の演技を終えた井関がガッツポーズ

成年女子「今までで一番」僅差の2位に達成感

■体操成年女子本県チームの最後の種目、平均台。5人目の井関実紀（県スポーツ協会）が着地を決めた瞬間、他の4人の選手が一斉に井関の元へ駆け寄った。「言葉に表せない達成感があった」。採点を見る前に全員が一つの輪になった。

1位の埼玉とわずか0・900点差。優勝にはあと一歩手が届かなかったが5人に悔いはない。「今までやってきた演技の中で一番だった」とエースの内山由綺（同）は仲間の思いを代弁した。

全員が役割を全うした。全種目で1番手を任された臼田梨夏（同）が安定した内容で口火を切り、内山は優雅さと卓越した技術を披露。土橋ココ（同）は躍動感にあふれ、安井若菜（同）は観客の応援を味方に「楽しくできた」と声を弾ませた。

井関は自分との戦いだった。3月に痛めた右肩は「日常生活も影響が出る状態」だったが、手術を国体後に延期。患部の負担軽減のため技の構成ややり方を見直した。「今の100％は出せた」。演技しなかった段違い平行棒を除く3種目で底力を発揮した。

互いに抱えた悩みや愚痴を毎週月曜日の夜にオンラインで明かし、励まし合ってきた選手たち。「くじけそうな時も『大丈夫』と言ってもらえる、思いやりのある選手たちです」。内山はそう言って苦楽を共にしてきた仲間へ視線を送った。

（星国典）

トランポリンで5位入賞を果たした男子の山田(右)と女子の谷口。
体操団体総合で優勝し、表彰状を手に笑顔

トランポリンで山田、谷口5位 新体操は団体のミス響き23位

トランポリンでは、男子の山田大翔、女子の谷口空(いずれも県スポーツ協会)がそろって5位入賞。新体操の少年女子団体で本県(富山愛結花、吉田小雪、清水愛梨衣、田淵日向、依藤葵)は、ミスがあり18.650点。前日の個人と合わせ39.7625点で23位に終わった。

同じ高校、大学で トランポリンの技磨く

■体操、新体操と続いた体操競技の最後を飾るトランポリンで、男子の山田大翔、女子の谷口空（いずれも県スポーツ協会）がそろって5位入賞。国体の体操で本県を初の総合優勝に導いた。

　2人は同じ高校、大学の1年先輩と後輩で、トランポリンの技を共に磨いてきた仲。鹿児島県で開催される全日本選手権を翌週に控える中、山田は「ここ最近で一番の仕上がり」と、国体に照準を定めて調整。谷口は9月の西日本選手権でシニア初の優勝を手に臨んだ大会だった。2人とも地元国体で総合優勝がかかる重圧の中、「10本（10回の跳躍の演技を）通せた」と、安堵と納得の表情を見せた。

　2人の視線の先には既に日本代表として24年のパリ五輪に出場するという大きな目標が見えている。（飯塚博）

新体操少年女子個人の田淵

目標から遠く 悔し涙止まらず

■18日の新体操少年女子個人8位を弾みに、目標の入賞を狙った勝負の団体。本県チームは5人が懸命にフープを操り華やかに躍動したが、結果に結び付かず28位。個人と合計した総合成績は23位に終わり、選手たちの悔し涙は止まらなかった。

　中盤以降にフープが2度場外へ飛び出す痛恨のミス。心が折れそうになる状況だったが、「気持ちがばらばらにならず、最後のポーズまで集中してできた」と富山愛結花（宇都宮中央女高）。ミスを引きずることなく切り替えたことで精神的な成長を示した。

　団体のみ出場の依藤葵（同）は「観客の拍手がうれしかった」と応援に感謝。国田真由監督は「目標に届かなかったけどここまでやってきて良かった」と目頭を熱くしていた。（星国典）

新体操少年女子団体の本県チーム

ハンドボール

成年男子で5位となった本県選抜。1回戦の大分戦の前半、猿山がシュートを決める

成年男子の本県選抜が5位入賞

ハンドボールでは、成年男子の本県選抜が1回戦で大分に35－22と快勝して準々決勝に進出。愛知に13－41で敗れたものの、5位入賞を果たした。成年女子の本県選抜は1回戦で強豪・大阪と大接戦を演じた末に21－22で惜敗。少年男子の本県選抜は1回戦で三重に20－31、少年女子の本県選抜は兵庫に17－28で敗れた。

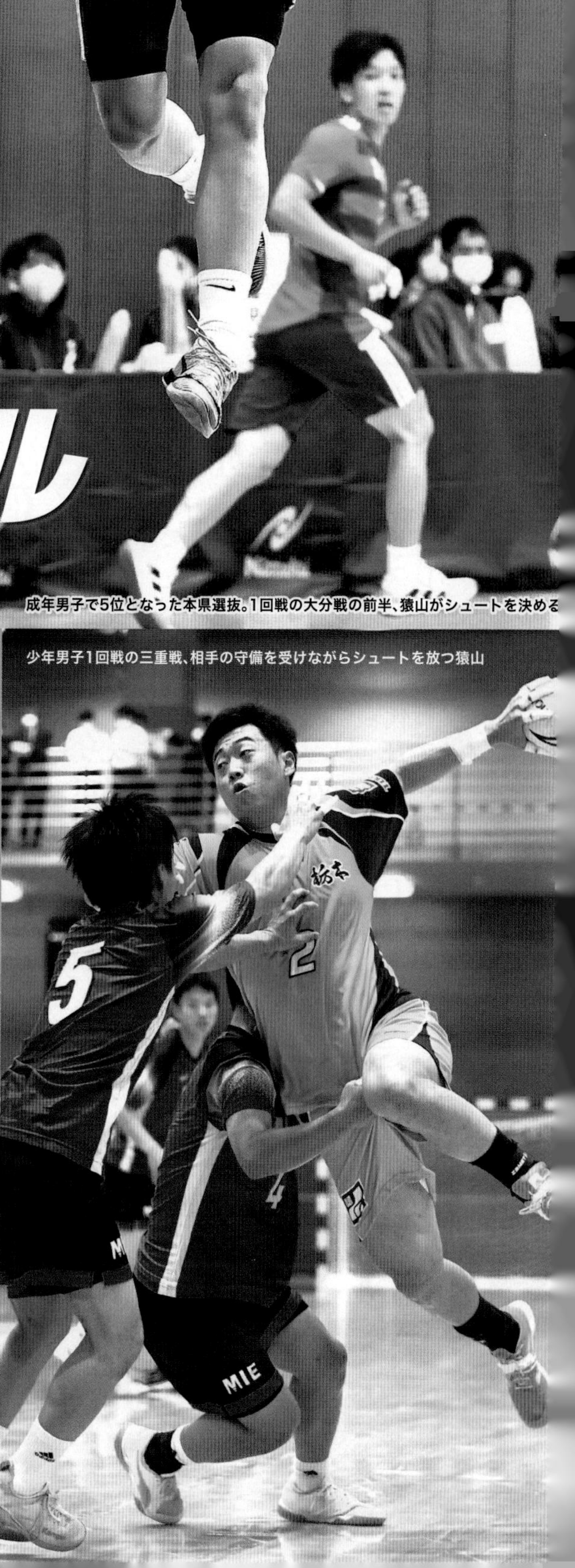

少年男子1回戦の三重戦、相手の守備を受けながらシュートを放つ猿山

成年女子1回戦の大阪戦後半、斎藤がシュートを決める

レスリング

少年男子グレコローマンスタイル92kg級決勝
植木優斗(上)がローリングで得点を奪う

植木が圧倒的強さで初王座
上野、悲願に届かず準優勝

レスリングの県勢は、少年男子グレコローマンスタイル92kg級の植木優斗(足利大付高)が初優勝を飾った。植木は準決勝で東京代表に5−1で判定勝ち。決勝では滋賀代表に得点を与えずテクニカルフォールで圧倒した。成年男子フリースタイル65kg級の上野裕次郎(県スポーツ協会)は悲願の初優勝に一歩及ばず準優勝。成年男子グレコローマンスタイル97kg級の中原陸(大東大)と少年男子フリースタイル51kg級の与那城一輝(足利大付高)が3位となった。

成年男子フリースタイル65kg級で
準優勝の上野裕次郎

植木「かつてない重圧」に打ち勝つ

■レスリング人生初のうれし涙だった。少年男子グレコローマンスタイル92級を制した植木優斗（足利大付高）は関係者と抱き合い号泣。「今まで携わってくれた人たちが居なければ自分はここに立ってない」。表彰台の頂で感謝の思いがあふれた。

王者らしい試合運びだった。決勝の相手は、植木の対抗馬と目された選手を破ったダークホース。

攻防の難度が増すとされる「けんか四つ」の組み手争いを問題にせず、相手の技の起点となる左手を巧みに抑え完封。ここからが圧巻だった。

最初に獲得したグラウンドポジションで「絶対に終わらせる」つもりで放ったのがローリング。力のかけ方や体の位置など、こだわり抜いて研ぎ澄ませた伝家の宝刀で相手を横転させること4度。一挙8得点で勝利を決めると絶叫し、歓喜に沸くスタンドを指さした。わずか1分43秒の終幕だった。

8月の全国高校生グレコ選手権で高校初タイトルを獲得したことで、フリースタイルの名手は種目転向を決めた。

「小学生から意識した」地元国体で優勝のみを目指すため、プライドもかなぐり捨てた選択。「ずっと目指してきたんだろ」。仲間の後押しに、迷いも吹っ切れた。

優勝候補筆頭として「かつてない重圧」と向き合い、それを打ち破ったことから「先につながる経験になった」と晴れやかな表情を見せた植木。高校最後の最高の舞台で、この先も続くレスリング道の礎となる財産を手に入れた。（伊藤慧）

上野、一瞬の防御遅れ悔やむ

■試合終了と同時にマットに崩れ落ち、両手で顔を覆った。レスリング成年男子フリースタイル65級の上野裕次郎（県スポーツ協会）は悲願の初優勝にあと一歩届かず。大粒の汗をぬぐいながら「悔しい。申し訳ない」と繰り返した。

母校・日体大の後輩と激突した決勝。手の内を知り尽くす者同士の一戦は、互いが低い姿勢で攻めの起点をつぶし合う、膠着状態になった。

決勝点は1－0の第2ピリオド20秒過ぎに献上した。素早い仕掛けからローリングにつなげられて連続失点。「足は良く動いていた」が、一瞬の防御の遅れに泣いた。

自身初の栄冠は逃したが、最高成績3位を超える快進撃だった。飛び上がって背後を取る、持ち味のアクロバティックな攻めも何度も見せて会場を沸かせた。初戦では学生屈指の強豪森川海舟（東京）に0－6から逆転勝ち。県勢最上位の結果でフリースタイルのエースの役割は果たした。

大学卒業後の2020年に本県チームへ加入した。練習や合宿で高校生らに教える機会を得たことで「自分の技術も再確認できた」と、自らの成長にもつなげた。

出身地で開かれた岐阜国体は、中学3年生で出場はかなわなかった。「地元国体の雰囲気を味わえて良かった。「頑張れ、と多くの人に言われて重圧を感じつつも奮起できた。人生のプラスになる経験」。本県で過ごした2年半に、悔いは残さなかった。（伊藤慧）

少年男子フリースタイル51kg級で3位に入った与那城一輝

成年男子グレコローマンスタイル97kg級で3位入賞した中原陸

重量挙げ（ウエイトリフティング）

塚田、圧倒的強さ、規格外の心技体

塚田、スナッチ、ジャークで頂点
山根はスナッチで準優勝果たす

重量挙げの県勢は、少年男子102kg超級の塚田直人（小山南高）が優勝。塚田はスナッチ133kg、ジャーク171kgを成功しトータル304kg。いずれも大会新記録を打ち立てた。また、成年男子81kg級の山根大地（自衛隊体育学校）はスナッチ準優勝、ジャーク3位と活躍。成年男子109kg級のジェンディ今夢（県スポーツ協会）はスナッチで3位入賞を果たした。

重量挙げ少年男子102kg超級優勝の塚田直人

■圧倒的な強さは不変だった。重量挙げ少年男子102kg超級は、塚田直人（小山南高）がスナッチとジャークで頂点に立ち「高校3冠」。今年のビッグタイトルを総なめにし「最高に気持ちいい」と満面の笑みを浮かべた。

難敵の挑戦を真正面から受け止める"横綱相撲"だった。スナッチは初回を失敗する不安な立ち上がりとなったが「2回目で（重圧に）慣れた」と目を覚ます。3回目では先に大会記録を塗り替えた2人を上回る133kgで逆転に成功。そこからは止めようがなかった。

ジャークは全試技で大会記録を更新。特に最終3回目は、直前に埼玉の選手が170kgを記録し、落とせば2位の状況となったが揺るがなかった。「練習でも1、2回しか成功してない」171kgを難なく挙げトップを奪還。成功のブザーとともに右拳を突き上げ「最強」を誇示した。

強靭な下半身が爆発力の源。成年男子のエース、ジェンディ今夢（県スポーツ協会）も「スクワット260kgは僕と同じ。高校生ではなかなかいない」と舌を巻く。

県勢に優勝がない状況で最後に登場したが、その逆境を力に変えた。「ここで結果を出せば盛り上がるな」。言葉通りの完全優勝。最強の18歳は、心技体全てが規格外だった。（伊藤慧）

山根、「キャッチ」安定感抜群

■重量挙げで県勢の先陣を切った成年男子81kg級の山根大地（自衛隊体育学校）がスナッチで準優勝。小山南高時代から全国屈指の選手として名を売った〝地元の星〟は「めっちゃ楽しかった」と余韻にひたった。

競技後の表情とは裏腹に、いかに「恐怖心」に打ち勝つかが勝負のポイントだった。

4月末の全日本選手権ではスナッチを3回全て失敗。以降は自身のスタート重量となる140kg台前半を確実に挙げることを意識し、フォームと試合の入りの気持ちをつくることに注力してきた。

この日のスナッチは「すごく怖かった」1、2回目を成功。特に引き上げたバーベルを頭上で両手で止める「キャッチ」の安定感は抜群で「100点」と自己評価した。

最終3回目で大会新となる149kgを挙げれば東京五輪7位の宮本昌典（沖縄）に逆転勝利する好機だったが惜しくも失敗。「目標の先輩を倒してヒーローになりたかった」と負けん気をのぞかせた。

より確実に順位を上げるため、今大会は本来の73kg級から階級を上げた。「減量で気持ちが上がるタイプ」なのでモチベーションが高まるか不安だったというが杞憂。登場とともに湧き上がる会場。ホームならではの空気にスイッチが入らないはずがなかった。

社会人王者、さらにその先の五輪出場を目標に掲げる24歳。地元舞台での躍動が、今後の競技人生を突き進む原動力となりそうだ。　（伊藤慧）

成年男子81kg級準優勝の山根大地

女子59kg級ジャーク4位の山村侑生

ジェンディ、最後の舞台に悔いなし

■重量挙げ成年男子109kg級のジェンディ今夢（県スポーツ協会）は、ジャーク最終3回目が失敗に終わると天を仰いだ。スナッチ3位、ジャーク4位のトータル3位。理想の結果はつかめなかったが「武者震いがした」競技人生最後の舞台に、悔いは一片も残さなかった。

9月に右膝を故障。痛み止めを打ちながら挑んだ舞台だった。設定重量は落としたが、その中で安定感のある試技を続け152kgのスナッチは表彰台を確保した。

25歳は今後、経営者を目指して勉強を始める。地元・東京から駆けつけた両親や友人への思いを問われると「競技一色の生活だったので…。ありがとうと伝えたい」と感極まった。自身の限界に挑み続けた競技生活を振り返り「良い11年間でした」と晴れやかな表情を見せた。　（伊藤慧）

成年男子109kg級3位のジェンディ今夢

ソフトテニス

少年女子でベスト8に進出した本県選抜。
3回戦第1ダブルス戦でリターンを放つ日笠。
手前は橋本

少年女子が28年ぶり入賞

ソフトテニスは、少年女子の本県選抜（日笠・橋本・直井・菊次・梶原）が、1994年の愛知国体で7位以来の入賞となる8位。3回戦では優勝候補の奈良をも撃破する快進撃だった。成年女子の本県選抜は1回戦で福井を下したものの、2回戦で広島に1－2で惜敗した。成年男子、少年男子の本県選抜はともに初戦で無念の涙をのんだ。

成年女子2回戦
本県選抜の久我（右）がバックハンドでボレー

卓球

成年女子で47年ぶりの優勝を果たした本県チーム。1次リーグで鈴木がバックハンドを決める

成年男子1次リーグ
本県チームの平野がフォアハンドを放つ

成年女子チームが47年ぶりV

卓球は成年女子で本県チームが決勝で広島に3－2と逆転勝ちし47年ぶり3度目の栄冠をつかんだ。少年女子の本県チームは3回戦で岡山に1－3で敗れ、8強入りを果たせなかった。成年男子、少年男子の本県チームは決勝トーナメント進出を逃した。

成年女子、三者三様で無敵の総合力

■激闘の先に歓喜が待っていた。最終第5試合までもつれた卓球成年女子決勝で勝利を収めた本県チーム。「チーム力の勝利。選手が本当によくやった」と香取宏禎監督（栃木銀行）。頂に手が届いた瞬間、3人にようやく柔らかい笑顔が戻った。

広島との決勝は先勝しながら第2、3試合を落とし1－2。後がない第4試合、エース安藤みなみ（県スポーツ協会）の集中力は研ぎ澄まされていた。

先に1ゲームを取られて開き直った。「離されても食らいつこうと思った」と思い切り良く攻め流れを引き戻す。得点時の雄たけびが響くたび、会場のボルテージは上がった。

2－2で迎えた第5試合。勝敗を託された鈴木李茄（同）は一転して淡々と得点を重ねた。感じていた緊張も「脚を動かしているうちになくなった」。第1ゲームは2度の4連続得点などで11－3、最後は6連続得点で一気に試合を決めた。

「全員が自分の責任を果たそうとする気持ちが一つになった」。鈴木は今大会の勝因をそう語る。実力に大差はなく、「誰がどの順番で出ても穴がない」（香取監督）バランスの良さが最大の強みだった。

それでいて特徴は三者三様。確かな実力の上に安藤が気迫と闘志を、最年少の木村香澄（県スポーツ協会）が勢いと勇気を、最年長の鈴木が知性と落ち着きを与えて完成した本県チーム。47年ぶりの快挙は、そのどれが欠けても成し得なかった。

（小玉義敬）

自転車

成年男子ポイントレース

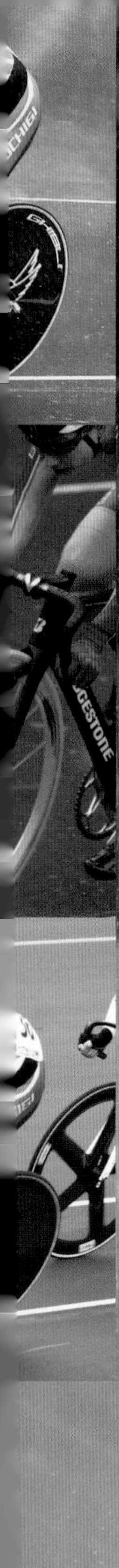

貝原、後半勝負の狙いピタリ

残り半周を切り、死に物狂いでもがいた。「倒れる気でいった。周りは格上だけど何としても勝ちたかった」。59周してなお残っていた脚力以上に、頂点への強い気持ちが貝原涼太（県スポーツ協会）に最後の推進力をもたらした。

自転車成年男子ポイントレースは、バンクを60周(30)し4周ごとに上位に与えられる得点の合計で順位を決める。描いた青写真は前半で脚力を温存しての後半勝負。その狙い通りの展開を冷静につくり上げた。

8周目を2番手で通過して3ポイントを獲得し、以降は周囲をけん制しながら有力選手の大逃げを許さない。36周目で“攻め”に転じると1番手1回、2番手2回で11ポイントを獲得した。全体4位タイの14ポイントで終盤へ。優勝の行方は最後のゴール得点に懸かっていた。

フィニッシュラインは6ポイント獲得の2番手で通過。「2番手だと（優勝は）無理だと思った」と関係者と祈りながら大型モニターを見詰め、一番上に名前が表示されると両手を挙げて跳び上がった。「結果で泣いたのは初めて」。スタンドに何度も何度も頭を下げた。

国体後は競輪選手を目指すことを公言している。県スポーツ専門員となり宇都宮ブリッツェンにも加入して2年。「このためだけにやってきた」。積み重ねた努力は集大成の舞台で最高の形で報われた。

（小玉義敬）

男子

女子スクラッチ

本県、37年ぶり競技別総合優勝
貝原が成年男子ポイントレース制す

自転車競技の県勢は成年男子ポイントレースで貝原涼太（県スポーツ協会）が優勝を飾った。貝原はトップと5ポイント差の4位タイで迎えた最終周で6ポイントを獲得しての逆転優勝。前回の茨城国体の石原悠希（県スポーツ協会）に続き、本県選手が同種目を連覇した。このほか、男子4km団体追い抜きの本県選抜（石原悠希、阿久津仰祐、貝原涼太、浅野涼太）、女子500mタイムトライアルの荒牧聖未（日本競輪選手会栃木支部）、成年男子ケイリンの町田颯（日大）が準優勝、女子団体スプリントの本県選抜（荒牧聖未、普久原美海）が3位に入るなどの活躍で、本県チームは37年ぶりの競技別総合優勝を果たした。

女子500mタイムトライアルで準優勝した荒牧聖未の加速

女子団体スプリント3位となった本県選抜の普久原美海（左）と荒牧聖未

成年男子ケイリンで準優勝した町田颯

亡き師にささぐ総合優勝

競技別総合優勝に輝いた本県チーム

■自転車競技の本県チームが1985年以来、37年ぶりの競技別総合優勝。前回は果たせなかった単独優勝に「夢がかなって最高。選手たちが頑張ってくれた」。成年男子の山本宏恒監督（作新学院高教）はこみ上げるものを抑えきれなかった。

故人への思いでチームは団結した。不慮の事故で3年前に逝去した県連盟前事務局長の小口英之さん（享年49）。チーム編成に携わり、成年男子監督を務めるはずだった。

思いを受け継いだ選手たちは、個々の力を磨きチームとしても成長。成年男子ポイントレースの貝原涼太（県スポーツ協会）の優勝をはじめ、男子団体追い抜き2位、女子チームスプリント3位などと好成績を残し、着実に得点を積み上げた。

父の遺志を継いだ少年男子の小口達矢監督（作新学院高教）は「やっといい報告ができる」と快挙に目を赤くした。 （三谷千春）

軟式野球

1回戦
六回、本県選抜の捕手・濱原が本塁を突いた走者にタッチし失点を防ぐ

1回戦に先発し6回を無失点に抑えた栃木選抜・新藤

1回戦
2点本塁打に喜ぶ富山ベンチを横目に肩を落とす本県選抜の捕手・濱原

雨中の熱戦、一発に泣く

本県選抜、無念の初戦敗退

軟式野球の本県選抜は1回戦で富山(武内プレス工業)と対戦、0−2と無念の初戦敗退を喫した。

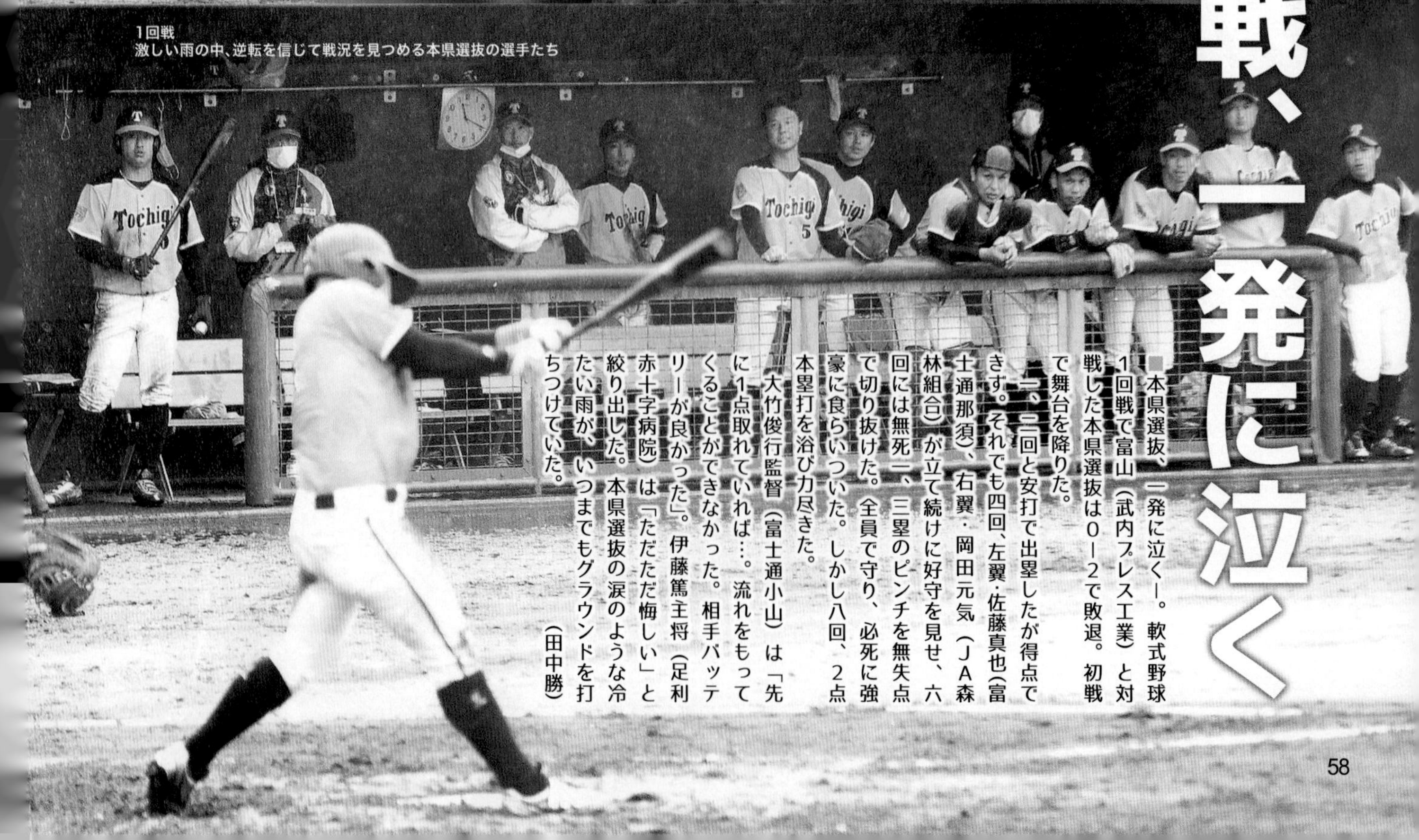

1回戦
激しい雨の中、逆転を信じて戦況を見つめる本県選抜の選手たち

■本県選抜、一発に泣く—。軟式野球1回戦で富山(武内プレス工業)と対戦した本県選抜は0−2で敗退。初戦で舞台を降りた。

一、二回と安打で出塁したが得点できず。それでも四回、左翼・佐藤真也(富士通那須)、右翼・岡田元気(JA森林組合)が立て続けに好守を見せ、六回には無死一、三塁のピンチを無失点で切り抜けた。全員で守り、必死に強豪に食らいついた。しかし八回、2点本塁打を浴び力尽きた。

大竹俊行監督(富士通小山)は「先に1点取れていれば…。流れをもってくることができなかった。相手バッテリーが良かった」。伊藤篤主将(足利赤十字病院)は「ただただ悔しい」と絞り出した。本県選抜の涙のような冷たい雨が、いつまでもグラウンドを打ちつけていた。

(田中勝)

相撲

成年男子団体で本県27年ぶり予選突破
個人でも三田が27年ぶりの5位入賞

相撲の成年男子団体で本県が3戦全勝で27年ぶりの予選突破を決めた。地元国体での快挙に、試合後の控室は歓喜に沸いた。1、2回戦に勝利し、予選突破を懸けた3戦目は強豪・石川。先鋒の三田大生（近畿大）が思い切り良く攻め、中堅の西方航（矢板高）は冷静に緩急をつけた取り組み。大将の菊池大史芽（黒磯中）は強気に前に出て、全員が白星を飾った。団体で予選突破の原動力となった三田は、個人でも県勢27年ぶりの5位入賞を果たした。8強を懸けた3回戦は何度か体勢を崩したが粘り、最後は大学で鍛えた「押す力」を見せ、寄り倒しで入賞を決めた。

少年男子団体の本県は、予選の最終戦で石川と大将戦までもつれ込む大接戦の末に敗れ、1勝2敗で惜しくも予選敗退を逃した。

成年男子個人で27年ぶりに入賞を果たした本県の三田（左）

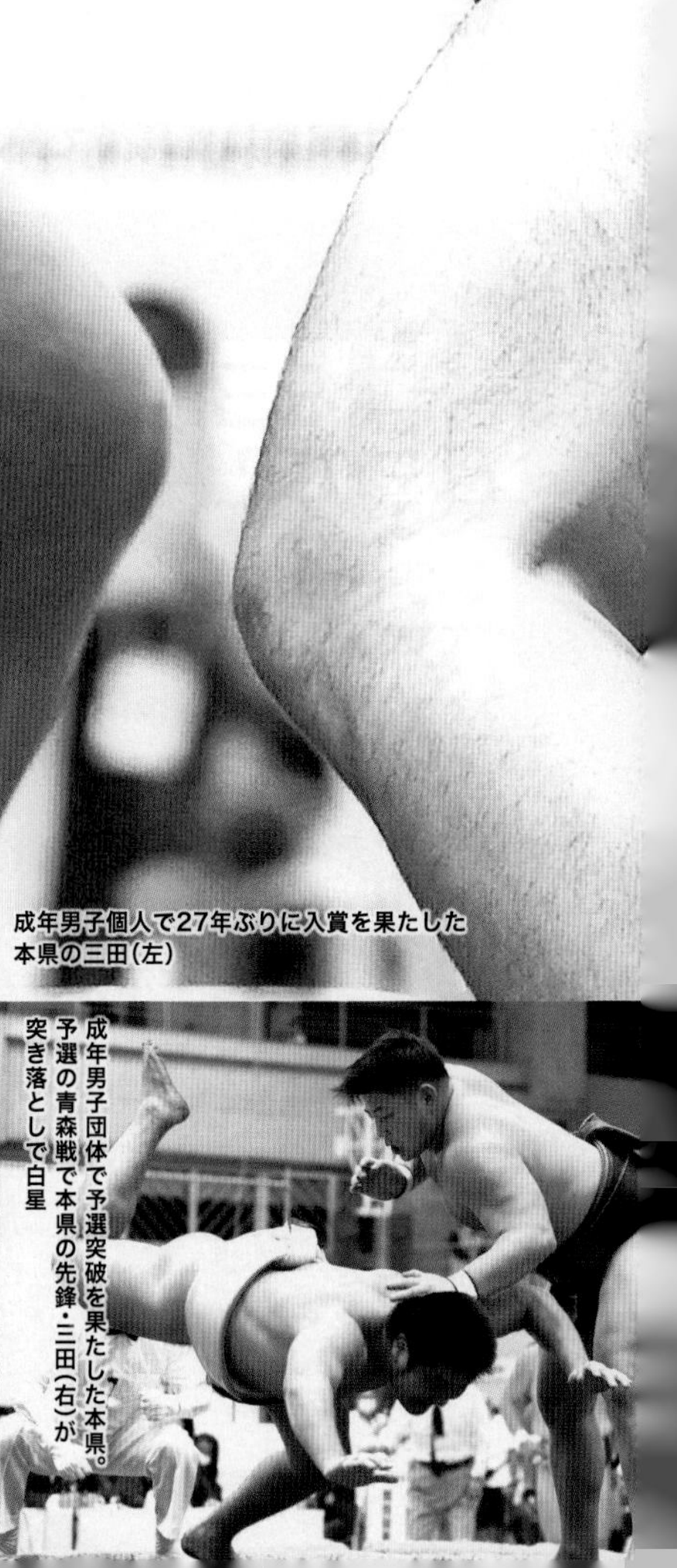

成年男子団体で予選突破を果たした本県。予選の青森戦で本県の先鋒・三田（右）が突き落としで白星

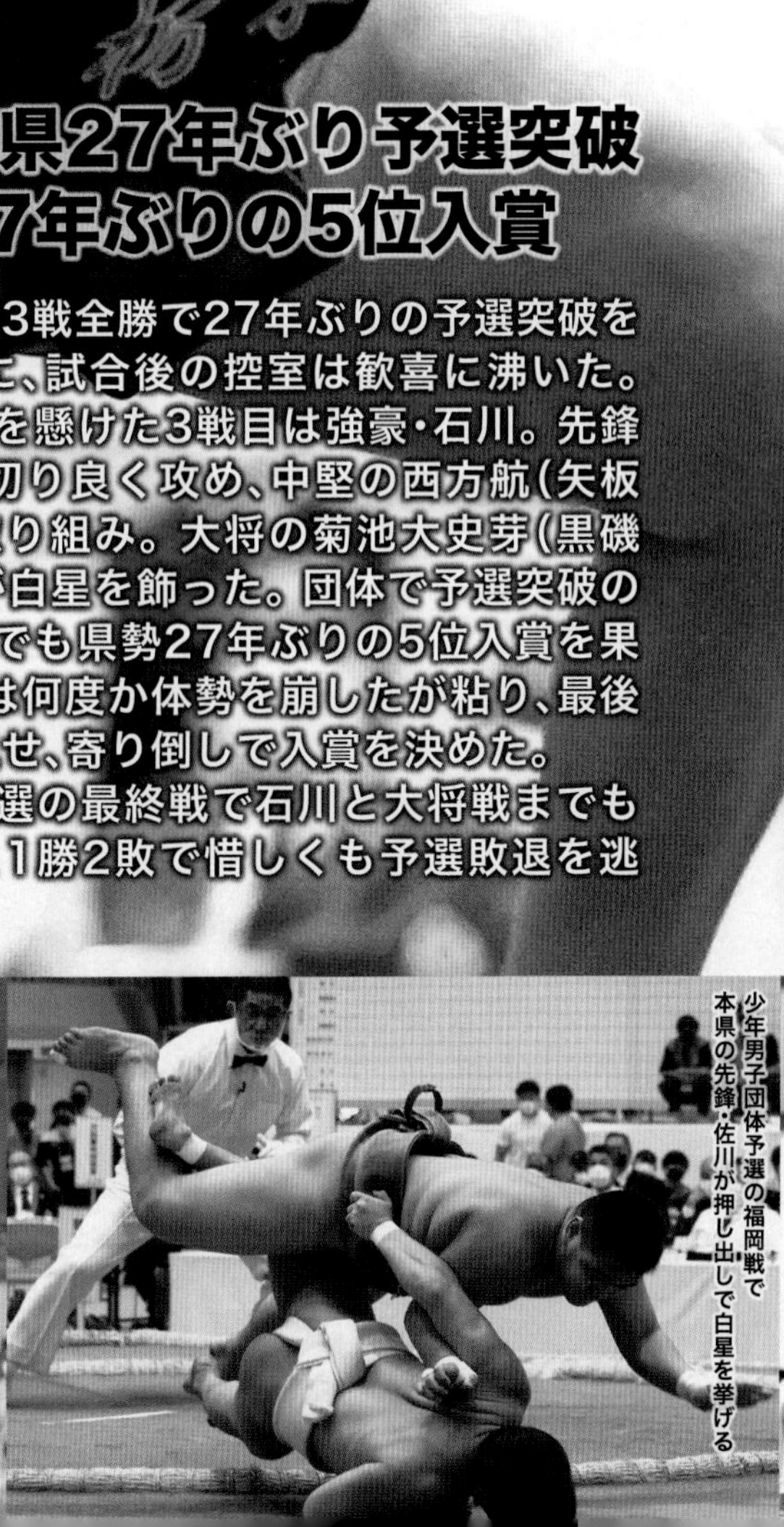

少年男子団体予選の福岡戦で本県の先鋒・佐川が押し出しで白星を挙げる

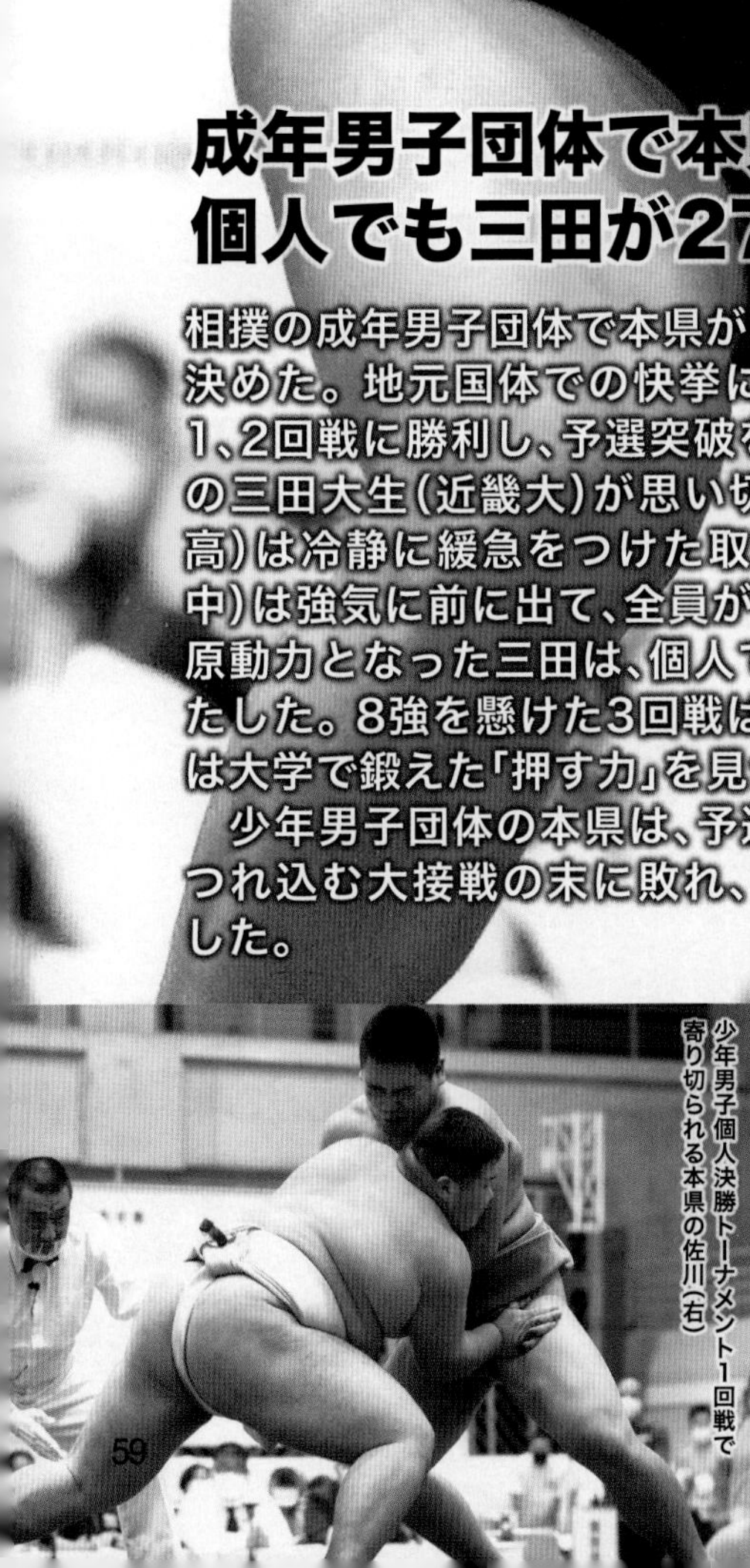

少年男子個人決勝トーナメント1回戦で寄り切られる本県の佐川（右）

成年女子二段階障害飛越
ライフ・イズ・ビューティフル号で優勝した
広田思乃

成年男子トップスコア
ニック・オブ・タイム号で優勝した
広田龍馬

馬術

広田夫妻、悲願のアベックV

馬術の県勢は、成年男子トップスコアで広田龍馬（那須トレーニングファーム）、成年女子二段階障害飛越で広田思乃（同）が夫婦アベック優勝を達成。少年スピードアンドハンディネスで瀧田玲（同）が頂点に立った。少年自由演技馬場馬術の渡辺心（鍋掛牧場）が同種目で県勢初の優勝。同成年女子トップスコアは、増山久佳（小山乗馬クラブ）が前回の2019年茨城国体に続き連覇を達成した。成年男子自由演技馬場馬術で鈴木直人（鍋掛牧場）が頂点に立った。

龍馬　気持ちで大けが克服
思乃　愛馬有終に喜び格別

■悲願の夫婦アベックVだ。馬術の成年男子トップスコアで広田龍馬（那須トレーニングファーム）が国体4回目の頂点に立ち、妻思乃（同）が成年女子二段階障害飛越で同6回目の栄冠。同一国体でそろって優勝するのは初めてで、龍馬は「格別の優勝」と喜びを爆発させた。

思乃には不安要素があった。県勢トップバッターとしての緊張と、前日まで愛馬ライフ・イズ・ビューティフル（愛称ブチ）をうまく乗りこせなかったためだ。この日は早めにアップを始めるなど準備を整え、「ブチは観客が多い方が好き。『一緒に頑張ろう』と言い聞かせた」と振り返った。

ブチは19歳で人間の60～70歳にあたり、国体出場は今回が最後と決めていた。国内外問わず数々の大舞台をともにしてきたが、国体優勝は今回が初めて。有終の美を飾り、思乃は「優勝できてほっとした。私のちょっとしたミスをカバーしてくれて、頼りになる馬」と感謝の言葉をかけた。

龍馬は「妻が最高の結果で勢いを与えてくれた」と自身の勝因を語る。しかし、1カ月前に落馬し、鎖骨2本と肋骨3本を骨折したばかり。手術などもあり、まともに練習できないまま国体を迎えた。

体は完治していないが、「地元国体で痛いとか言っていられない」とテーピングや痛み止めを服用し、体にむちを打った。約1分間の競技中は「『ゾーン』（極限の集中状態）に入り、何も感じなかった」と話すが、競技後は苦悶の表情を浮かべた。

馬術初日は出場した県勢全6人が入賞。監督を兼任する龍馬は「史上最高のチーム」と自負する。ベテラン夫婦が逆境を乗り越え、最高の先陣を切った。

（藤田賢）

成年女子トップスコア決勝
ビューティー号を操り国体連覇を果たした増山久佳

増山、熱狂呼んだ大ジャンプ

■大ジャンプの連続で会場を熱狂させた。馬術成年女子の増山久佳（小山乗馬クラブ）が得意種目のトップスコアで2019年茨城国体に続く大会連覇。「一つミスをしてしまい不安だったので…」。重圧から解放され、涙を浮かべながら仲間たちと熱く抱き合った。

同種目は決められた時間内で可能な限り難易度が違う障害物を跳び、総得点を競う。最高得点200点が与えられる「ジョーカー」が中央に配置され、これをいかに跳ぶかが勝敗を分けた。

「上位は2回跳ぶのが絶対条件。馬がスピードに乗ってから勝負する」と、後半に作戦通り2度攻略。最後の120点障害こそ失敗したが、ビューティー号と時間いっぱいに跳び続けて計1300点をたたき出した。

ダービーも3位入賞し、今大会二つ目のメダル獲得。それでも「やっぱり金は特別」と輝きに見とれた。（湯田大士）

増山、涙の大会連覇
鈴木、五輪選手抑え快挙

鈴木、愛馬信じて課題克服

成年男子自由演技馬場馬術
同種目で県勢初の優勝を果たした
鈴木とファーストオリバー号

■歴史を変える勝利に会場中が沸いた。馬術の成年男子自由演技馬場馬術で、鈴木直人（鍋掛牧場）が頂点に立った。多くの名選手を輩出してきた本県だが、同種目での優勝は初。「五輪代表選手もいる中で、勝てたのはびっくり」と本人も驚きを隠さなかった。

優勝を手繰り寄せたのはファーストオリバー号との絆だった。大会初日は馬場馬術で3位入賞を果たしたが、「大会の入りからフィーリングが合わないままだった」。プログラムの難易度を落とすことも考えたという。

それでも相棒を信じた。直前の練習で「ようやく感覚が良くなった。いける」と確信。本番では課題だった方向転換の技「フライングチェンジ」もミスなく決め、音楽に乗せて軽快なステップを披露した。

「思い通りに馬を操った時が最高に気持ちいい」と馬場馬術の魅力を語る。その言葉通り人馬一体でつかんだ栄冠。重要な局面で信頼関係を取り戻し、演技後は「ありがとう」と伝えるように相棒を優しくなでた。

「地元での国体は一生に1度。忘れられない優勝になった。感無量」。表彰台に登ると、初めてクールな表情が崩れた。歓声に照れながらも、優雅に手を振る。馬場を離れても最後まで、一流選手らしい気品にあふれていた。（湯田大士）

渡辺「らしさ」全面、得点反映

■馬術の自由演技馬場馬術は成年男子に続き少年でも快挙を成し遂げた。黒磯南高1年の渡辺心（鍋掛牧場）が同種目で県勢初の栄冠。初出場ながら下馬評を覆す活躍で主役の座をつかんだ。「連日の県勢の活躍は刺激になった。緊張で悪かった顔色がやっと元に戻りました」と満面の笑みを浮かべた。

正しい姿勢、正確な手綱さばき。真面目な人柄がにじみ出た「らしさ」あふれる演技だった。それは得点にも大きく表れ、芸術点は軒並み大台の70点オーバー。愛馬ジキータも以心伝心、忠実な動きを続けた。

「空いている時間はずっと演技中の音楽を聴いていた」と、試合前日から入念に準備。リズムを乱さず、軽快にステップを踏むさまに成果が表れていた。

趣味で馬術をたしなんでいた母・文代さんの影響で、幼稚園のころに競技を始めた。文代さんも「良くやってくれた。周囲の支えにも感謝」と大舞台での息子の雄姿に涙ぐんだ。

渡辺は高校入学を機に本県へ移住。故郷・東京を離れる寂しさもあったが、揺るぎない競技愛が快挙への土台となった。元々は障害馬術選手。馬場馬術を始めてわずか1年でトップレベルに上り詰めた。「ゆくゆくは両方で優勝したい」。大物になる予感を感じさせた。

（湯田大士）

少年自由演技馬場馬術決勝
同種目で県勢初の優勝を果たした渡辺心

渡辺と瀧田、初出場で主役の座に

瀧田躍動 0.06秒差制す

少年スピードアンドハンディネス
グッドルーカス号を操り、優勝した瀧田玲

■馬術少年スピードアンドハンディネスで初優勝した瀧田玲（那須トレーニングファーム）。本格的に競技を始めた小学5年のときから栃木国体を意識してきただけに、初出場での悲願達成に「人生で一番うれしい」と笑顔がはじけた。

愛馬は注意力が高く、障害を跳ばなかったりスタートが遅れたりすることがあり、悩んだ時期もあった。しかし、「自分が攻めの気持ちでやらないと」「跳べさえすれば、この子（グッドルーカス号）は絶対にバーを落とさずにいける」と練習を積んできた。

この日はスタート直後から飛ばし、男女混合の同競技で躍動感とスピード感あふれる圧巻の走行を見せた。2位に0・06秒差で、接戦をものにした。

7年前に愛馬とペアを組むときに「光を運ぶように」と、グッドルーカスと命名した。「今後も大きなクラスの大会に出場していきたい」と次の栄光を見据えた。

（藤田賢）

成年男子フルーレで5位に入った本県選抜
5位決定戦で相手を攻め立てる伊藤大

成年女子エペで準優勝となった本県選抜の右から国谷、中浦、大西

成年女子エペ決勝　激しく攻める本県チームの国谷(右)

フェンシング

成年女子エペで躍進、初の準優勝

フェンシングは、成年女子エペの本県選抜が初めて決勝に進出し京都と激突。1－2と及ばなかったものの、堂々の準優勝に輝いた。成年男子フルーレの本県選抜は5位入賞を果たした。少年男子フルーレ、少年女子フルーレの本県選抜はいずれも1回戦プールを突破できなかった。

戦術切り替えが奏功

■フェンシング成年女子エペは、初めて決勝に進み準優勝。歴史的快進撃の陰には、大学1年生コンビの国谷優奈(明大)と大西愛(日体大)の躍進があった。

ハイライトとなった準決勝は、1、2回戦のリーグで連敗していた鹿児島が相手。3度目の対戦は先陣を切った中浦柚樹(上三川クラブ)が敗退。続く国谷の相手は元エペ日本代表の大楽綾華。2回戦で1ポイントも奪えず完敗していた国谷は、戦い方を攻め込むスタイルから一歩引くスタイルに変えた。

そしてこれが見事にはまった。「単純で相手に分かりやすい動きをしてしまっていたので、意識して切り替えた」と国谷。その変化に相手はついていけず、渾身の連続得点で勝負を決め、歓喜の雄たけびを上げた。

続く大西も、連敗していた相手にしっかり雪辱。プレッシャーのかかる場面で冷静にポイントを重ね、決勝への扉をこじ開けた。決勝は優勝候補の京都に1－2で惜敗したが、地元国体で確かな足跡を残した。

今大会で現役を引退する中浦は「18年の競技人生の中で初めて、チームワークとはこういうものだと学ぶことができた」と満足の表情。初めて成年種別に出場した大学生2人は「来年の鹿児島国体でリベンジしたいし、これから栃木のフェンシングを盛り上げていきたい」(国谷)、「今後の国体は自分たちが引っ張っていく」(大西)と頼もしい言葉で締めくくった。

ソフトボール

成年男女、少年女子が3位入賞

ソフトボールの県勢は、少年女子、成年男女の3種別で3位入賞を果たした。少年女子の本県選抜は準決勝で佐賀(佐賀女高)に延長十回タイブレークの末に0−3で敗退。成年男子のホンダは準決勝で岡山(選抜)に2−6と敗れ、成年女子のホンダも準決勝で神奈川(日立)に0−10と五回コールド負けを喫した。少年男子の本県選抜は1回戦で福岡(選抜)に1−8と五回コールド負けした。

少年女子準々決勝
本県の鈴木が五回に決勝のソロ本塁打を放つ

少年男子1回戦
初回、本県選抜の田中が
左中間適時二塁打を放つ

少年女子、死闘に悔いなし

■ソフトボール少年女子の本県選抜は準決勝で強豪・佐賀女高単独の佐賀を最後まで苦しめた。延長十回タイブレークの末0―3で惜敗したが、遊撃手の平山優那（矢板中央高）は「やり切った気持ちも大きい」と悔いは残さなかった。

準々決勝を3安打完封した鈴木菖（同）が準決勝も快投、延長九回まで1安打に抑えた。0―0で迎えた十回裏。最後に投じた196球目は「コースは大丈夫。でも高さが…」。打球は敗北を告げる本塁打となって、右翼フェンス奥で弾んだ。

チームに4人いる矢板中央高のメンバーは、佐賀女高とは昨夏から3度対戦し敗れていた。〝4度目の正直〟に向けた闘志は、他校所属のチームメートにも乗り移った。

「チームは違うが勝ちたい気持ちは一緒。だからこそまとまった」と鈴木。地元で意地は見せた。　（小玉義敬）

成年男子、収穫多く充実感

■ソフトボール成年男子本県代表のホンダは、準々決勝で埼玉選抜に10－3でコールド勝利を収めたが、準決勝は岡山の前に2－6と敗退。それでも坂田大士主将は「収穫の多い大会だった」と悔しさの中に充実感をにじませた。

ホンダは打力が光った。埼玉戦は、新人の川島大空の3点本塁打を含む3本塁打で相手を圧倒。敗れた岡山戦でも相手を上回る10安打を放ち粘り強く攻めた。保坂真樹監督は「若手も含め、レベルの高い投手を打てたことは大きい」と評価した。

岡山は同じ日本リーグに所属する平林金属で構成され、15日にリーグ戦で再戦する。坂田主将は「内容的には負けていない試合ができていた。投手力と打力のレベルを上げ、次こそは勝ちたい」と闘志を燃やしていた。（福田恭佳）

成年男子準々決勝
四回、本県のホンダは遠畑の内野安打で2点を勝ち越す

成年女子は見せ場つくれず

■ソフトボール成年女子準決勝に臨んだホンダ単独の本県は、同じJDリーグ日立製作所単独の神奈川に0－10で五回コールド負け。大西舞監督は「緩急など配球面を含めてうまくやられてしまった」と完敗を認めた。

初回から一方的な展開となった。先発した秋豆朱音は「自分の力不足」と肩を落とす。先頭打者に左前打を許すと、内野陣のミスもあり2死一、二塁から3点本塁打。続く二回には3本の二塁打を含む計6安打、打者11人の猛攻を浴び大量7失点。打線も相手左腕に完全に抑え込まれ、1人の走者も出せなかった。

地元優勝はならなかった。大西監督は「打たれるのは仕方ない部分もある。守備面をしっかり確認したい」と反省。秋豆は「たくさん応援してもらった。練習を積み重ね、ホンダとして良い結果で返していきたい」と前を向いた。

（小倉一樹）

成年女子準々決勝
10点を失いながらも完投したホンダの秋豆

柔道

成年男子が初優勝飾る

柔道では成年男子の本県選抜が初優勝を飾った。宮崎との決勝は1－1で内容勝ち。先鋒・山本達彦（北関東綜合警備保障）が技ありで優勢勝ちすると、その後は引き分けでつなぎ、大将・北野裕一（アドヴィックス）が敗れたものの内容で上回った。少年男子の本県選抜は2回戦で兵庫に1－3で敗れ、16強で姿を消した。成年と少年種別の混成で行った柔道女子の本県は、2回戦で滋賀に0－3で敗れて16強止まりだった。

成年男子で初優勝した本県選抜。
決勝で先鋒・山本が払い腰で技ありを奪う

成年男子 四半世紀の強化策が結実

■試合終了が近づくにつれて大きくなった拍手は、ブザーの瞬間、スタンディングオベーションに変わった。

柔道成年男子決勝の本県は大将・北野裕一（アドヴィックス）が渋く僅差での優勢負けでしのぎ、実業団の強豪・旭化成の宮崎に1－1で内容勝ち。長年の強化、そして全選手の執念が、1980年栃の葉国体の準優勝を上回る初優勝となって実った。

「最高です」と中堅・長島啓太主将（日本中央競馬会）。最年少の次鋒・斎五澤航介（筑波大）は「まさか優勝できるとは」と自らが成し遂げた偉業に驚いた。

強みとする「チームワーク」でつかんだ頂点だ。決勝で払い腰の技あり優勢勝ちを収めた殊勲の先鋒・山本達彦（北関東綜合警備保障）は「欲を出さずに、勝負どころを見極めた」。本来は攻撃的なスタイルの斎五澤も「いつもとは違う」柔道で全試合引き分けに持ち込んだ。

自己犠牲の上につながれたバトンを30代のベテランが昇華させた。長島も副将・熊代佑輔（国際武道大教）も北野も、状況に応じた戦い方でチームに勝利を呼び込んだ。

成年と少年が一体となった、四半世紀にも及ぶ強化が最高の舞台で花開き、目に涙を浮かべる関係者も。今大会でベテラン3人は国体の畳を離れ、世代交代の節目になる。次代を担う斎五澤は「来年も栃木のために」。引き継がれた思いがさらにチームを強くする。

（鈴木久崇）

少年男子後半型布陣、プラン崩れる

柔道少年男子。大将戦終了のブザーが響くと、ベンチの選手たちはうつむき、ゆっくりと整列に向かった。4位だった2015年の和歌山国体以来7年ぶりの入賞を期待された本県は2回戦で兵庫に1―3で敗れ、16強で姿を消した。葭葉国士監督は「勝負はできていたが…」と言葉少なだった。

次鋒までの「前二つでイーブンなら負けはない」（葭葉監督）と自信を持った後半型の布陣が、先行されて苦しくなった。先鋒・田宮令都（作新学院高）は技ありを奪われ優勢負け。インターハイ王者との対戦となった次鋒の長須祐太（白鴎大足利高）も粘れず合わせ技一本で屈した。

こうなると、引き分け狙いになる相手を崩すのは難しい。釣り込み腰で鮮やかに一本を奪ったエースの中堅・斎五澤凌生（同）はさすがとしても、副将・片山涼（國學院栃木高）は逃げ切りを許して引き分け。大将・藤井達也（同）も「守りの柔道をしてくる相手を攻め崩せなかった」。一本勝ちが必要な状況で、狙ったところを返されて技ありを奪われた。

「試合の難しさを痛感した」と斎五澤主将。2年の片山は「不本意としか言えない。来年にこの気持ちを持っていく」と悔しさをかみ締めた。

今大会、各選手の付き人は全員2年生が務めたという。次代の候補選手たちの目に、本県チームの戦う姿勢も、無念に肩を落とす姿も焼き付けられた。

（鈴木久崇）

少年男子で八強入りを果たせなかった本県選抜。
2回戦で副将・片山が出足払いを仕掛ける

女子で2回戦敗退となった本県選抜。
1回戦で蓮尾（右）が技ありを奪う

成年男子3回戦、
本県選抜の大将・北野がともえ投げを決める

バドミントン

少年女子、成年男子は2回戦で涙

バドミントンの県勢は、成年男子と少年女子が1回戦を突破したものの、ともに2回戦で無念の涙をのんだ。成年女子と少年男子は1回戦で敗れた。

成年男子2回戦
ダブルス第3セット、本県の寺田（左）がライン際のシャトルを拾う

前回王者に最後まで食らいつく

■前回茨城国体王者に最後まで食らいついた。バドミントン成年男子本県チームは、2回戦で富山に0－2と敗戦。寺田真也（鹿沼商工高教）は「もっと長くコートに立っていたかった」と悔しさをにじませた。

善戦したダブルスは、力強いスマッシュと正確なドロップショットの応酬で一歩も引かず、フルセットに持ち込んだ。寺田と組んだ北川史翔（法政大）は「日本のトップ選手が多い富山を相手に競ることができた」と振り返る。

シングルスで敗れた大堀新（宇都宮白楊高教）は「力の差を感じた。来年に向けて力を付けていきたい」と前を向いた。

1回戦は強豪の石川に2－1で勝利。笠井孝之監督（日産自動車栃木工場）は「持っているものを全部出してゲームの中で覚醒した感じ。今までにない試合を見ることができた」と選手をねぎらった。

（小倉一樹）

少年女子2回戦 ダブルス第3ゲームで本県の遠藤（手前）がリターン。奥は須崎

ライフル射撃

成年男子50mライフル三姿勢で3位となった小林郁弥

小林郁弥が3位、和奈は4位
初の兄妹出場でともに入賞飾る

ライフル射撃は、2017年の愛媛国体で優勝経験を持つ成年男子50mライフル三姿勢の小林郁弥（日本ウオーターテックス）が3位、その妹で少年女子ビームライフル立射60発に出場した小林和奈（真岡北陵高）が4位と、兄妹そろっての入賞となった。このほか、少年混合ビームライフルで本県選抜（藤川・小林）が4位、井黒友斗（北関東綜合警備保障）が成年男子10mエアライフル立射60発と同伏射60発でともに5位、成年男子50mライフル膝射20発の上竹強仁（栃木銀行）が7位、成年男子25mセンターファイアピストル30発の村山敦史（県警）と少年女子10mエアライフル立射60発の鈴木仁子（真岡北陵高）が8位に入った。

少年女子ビームライフル立射60発で4位となった小林和奈

兄が先に入賞、妹にエール

「ドラマチックな試合」。ライフル射撃成年男子50mライフル三姿勢で3位に食い込んだ小林郁弥（日本ウォーターテックス）は試合終了後、予選とファイナルを踏まえ、こう評した。

2017年の愛媛国体で頂点に立ち、18年の福井国体で準優勝、19年の茨城国体では3位と実績を積んできた。ところが今大会は予選7位と出遅れ。ファイナルで盛り返し、なんとか表彰台へこぎ着けた。標的のほぼ真ん中を射貫き、場内を沸かせるショットも披露した。ただ「欲を言えば優勝したかった。心の中に甘えが出てしまった」とも振り返った。

今回初めて、兄妹そろっての国体出場を果たした。妹の和奈（真岡北陵高）は少年女子ビームライフル立射60発でファイナルに残った。先に入賞を決めた兄は「自分の背中を見て頑張ってほしい」とエールを送った。（伊沢真一）

弓道

成年女子遠的で県勢初の種別優勝
少年女子遠的は3位決定戦勝ち抜く

弓道は、成年女子の県選抜が遠的で決勝トーナメントを勝ち進み県勢初の頂点に立った。決勝トーナメント1回戦で沖縄、準決勝で埼玉を破り、決勝は石川を62－56で下した。このほか少年女子は遠的で福島との3位決定戦に21－19で競り勝ち表彰台、少年男子の遠的が4位、成年男子の近的が6位と全種別で入賞を果たした本県は競技別総合成績で準優勝を飾った。

成年女子遠的予選1位通過した本県チーム

成年女子 若き3人、息を合わせ射抜いた栄冠

若き"三本の矢"が栄冠を射止めた。弓道成年女子遠的は平均年齢21歳の本県チームが同種別で県勢初の優勝。「最後まで自分のやるべきこと、お互いのことを信じられた」。最年長23歳の犬塚友佳子（ミズノスポーツサービス）は涙ながらに感慨を口にした。

支え合って頂点へ登った。石川との決勝は1巡目で滝田実優（宇都宮大）、犬塚が連続で的を外す窮地。だが続くアリ・マリヤム（県連盟）が「点数は気にせず集中した」と的の真ん中付近に当て9点と悪い流れを切った。以降は3人が皆中。突出した点数は出さなくとも、じわじわと突き放した。

安定した射の源は一体感だ。練習では入場から3人で歩調などをそろえ、各自が同じペースで弓を引くため息を合わせてきた。「同じタイミングなので落ち着いてやれた」と滝田。普段から慣れ親しむ近的の2倍以上の距離を狙う遠的であっても、各選手は身につけた形を崩さず最後まで冷静に的と向き合った。

全員が国体の本戦は初出場。経験の浅さは「年齢が近いからこそ気が合って生まれたチームワーク」（犬塚）で乗り越えた。「互いの技術的な不安を補い合ってくれた」と増渕敦人監督（宇都宮清陵高教）も目を赤くした。

決勝直後、射場外で待ち構えていたのは本県弓道チームの仲間たち。万雷の拍手が歴史の扉をこじ開けた3人を祝福した。

（伊藤慧）

少年女子 悔しさよりうれしさ、胸張れる3位

■3人の思いを込めた矢が、会期前競技で県勢第1号となる表彰台を射抜いた。

弓道遠的は本県の少年女子が3位入賞。目標の優勝に届かず最初は「悔しい」と口をそろえた選手たちも、周囲に祝福されるうちに達成感がこみ上げ笑顔に。大町恵未（作新学院高）は「うれしさの方が大きくなった」と喜びをかみしめた。

予選は24射16中の104点でぎりぎりの8位通過。決勝トーナメント（12射）1回戦はわずか2点差で佐賀を下した。群馬との準決勝は的中数で上回ったものの得点が伸びず敗れたが、3位決定戦（6射）は落（おち）の橋壁良奈（鹿沼高）が最終2本目で7点を的中し福島を逆転した。

地元開催の重圧の中で「楽しんでやれていた」と感心する直井宏仁監督（鹿沼高教）。前日の近的の予選敗退に落胆もあったが、周囲のエールを「プレッシャーに感じるのでなく、よし頑張ろう」（大町）と切り替えた。

3人にとっては高校最後の大会。中学時代から期待を背負い続けた大町も、一時スランプに苦しんだ小池輝来々（足利大付高）も、国体に向けて理想を追求した橋壁も、それぞれの戦いに打ち勝った。

「3位は立派。胸を張れる」と指揮官も選手たちをたたえる。小池は「よく頑張った。自分をほめてあげたい」。持てる力を出し切った。チーム栃木の何よりの追い風になる。（鈴木久崇）

少年女子遠的で3位に入った本県チーム

少年女子近的に臨む本県チーム

競技別総合で準優勝 県勢躍動「やり切った」

■4年ぶりの頂点まで、あと一歩だった。競技別総合成績で88得点を挙げ準優勝した弓道の本県チーム。1位の愛知とはわずか3点差。県連盟強化部長も務める増渕敦人成年女子監督（宇都宮清陵高）は「悔しさもあるが、及第点」と大会を総括した。

成年女子が得点源だった。12日の遠的で県勢史上初優勝。この日の近的は決勝トーナメント1回戦で敗れたが、順位決定戦で愛媛との競射2巡目までもつれる激戦を制し5位と粘った。

勝負を決める最後の矢を放った犬塚友佳子（ミズノスポーツサービス）は「最後に弱さを見せたくなかった」。関係者は「はまった時の爆発力」に期待し、平均20歳台前半の若い布陣を構成。想定以上の結果を残した。

今大会は成年、少年男女の全種別で入賞。成年女子のみの出場に留まり、入賞のなかった2019年茨城国体から復活を遂げた。地元開催で関東ブロック予選が免除された〝地の利〟も存分に生かした格好だ。

一方、直近2年はコロナ禍で大会中止が続き選手選考にも苦慮。代表選手確定は5月過ぎで、チームで強化する期間は長くはなかった。「国体の成績は選考で8割方決まる。全員が納得できる選考基準を考えないといけない」と増渕監督は課題を語った。

とはいえ、地元国体特有の重圧を力に変え、結果をつかんだ選手たちの射は圧巻だった。「やり切った」。全日程を終えた各自の表情には達成感が浮かんでいた。（伊藤慧）

少年男子遠的で4位入賞の本県チーム

成年男子近的で6位入賞の本県チーム

剣道

成年男子決勝　本県選抜の藤原（左）がメンを狙う

成年男子 磨いた技
重圧に負けず先手必勝

■剣道全種別制覇の重圧に負けず、堂々と栄冠をつかんだ成年男子本県チーム。「いろいろな声がプレッシャーになったけど、力に変えられた」。大将の大島朗央（パーソルサンクス）は静かに喜びをかみ締めた。

先手必勝で頂点への道を切り開いた。神奈川との決勝は先鋒の大平翔士（筑波大）が引きメンで1本勝ち。次鋒の市川巧（県警）も鮮やかなドウ2本で続き、一気に優勝への流れを呼び込んだ。

市川は「大平と私でリードを奪い、後に回そうと思っていた」。試合直前、去年の全日本覇者・星子啓太（東京）からこつを教わった逆引きドウを即座に実践。「チャンスと思ってやったらうまくできた」と語った通り、貪欲に学ぶ姿勢が勝利に直結した。

圧巻は2－1で迎えた副将の藤原真児（県警）。開始14秒にメンを奪われた約10秒後、会心のメン返しドウを決め「体が勝手に動いた。気がついたら（審判の）旗が挙がっていた」。再開直後、再びメン返しドウを決めて優勝が確定。「ドウは今まで決めたことがないのに」と自身で驚くほど、抜群の集中力を発揮した。

今大会6試合すべて大将戦の前に勝利が決まる盤石の戦い。剣道の魅力を最高の結果で示した。「お世話になった方々に恩返しできて良かった」と感謝した大島。謙虚で力強い剣士たちに日本一の栄誉は輝いた。

（星国典）

成年男子で優勝した本県選抜チーム

剣道成年女子で優勝し、表彰状などを手に笑顔を見せる本県選抜チーム

成年女子決勝　本県選抜の大将・関口（左）がドウを決める

全種別制覇　初の男女総合V
選抜の成年男女、初の頂点に

剣道の県勢は成年男女、少年男女の全4種別を制覇し、初の男女総合優勝。競技別女子総合でも優勝を飾った。成年男子の本県選抜は決勝で神奈川を4－1で下し初優勝。成年女子の本県選抜は、初戦からの4試合を全員が無敗で勝ち上がり決勝は大阪に2－0。佐野日大高、小山高の合同チームで臨んだ少年男子は決勝で茨城を3－1と下して42年ぶり2度目の栄冠。小山高単独チームの少年女子は決勝で秋田を2－1と振り切り初優勝を決めた。

成年女子 4試合全員無敗
折れない三本の矢

■折れない三本の矢。剣道成年女子の本県チームは、しなやかで隙のない強さだった。4試合で全員無敗。「積み重ねてきた練習の成果を出せました」。大将の関口祥子（ゴールドジムスパレア足利）は仲間たちとうれし涙に暮れた。

3人が大舞台で持ち味を出し切った。県スポーツ専門員で先鋒の竹中美帆（県スポーツ協会）は的確な判断と卓越した技で4試合すべて2本勝ち。「緊張はあったけど相手に集中できた」。過去国体3度優勝の経験を惜しみなく発揮した。

中堅の飯塚瞳（さくら清修高教）は相手の気迫に負けず「攻撃あるのみ」と強気に対抗。大阪との決勝は開始30秒以内に引きメン2本を決める電光石火の決着だった。「ずっと練習してきた技をやっと出せた」と顔をほころばせた。

最後に控える関口は、チームの姉貴分としてどっしりと構えて戦った。冷静に状況を見極め一撃で仕留める男子に近いスタイル。「前日（3日）は緊張で硬くなったけど、きょうの2試合は落ち着いてできたと思う」。無敗を守り大将の責任を果たした。

技の巧みな竹中、攻める飯塚、そして冷静沈着な関口。性格も持ち味も違う3人の調和がもたらした同種目県勢初の日本一。「2人は本当に心強かったし、最高のチームです」。感涙を拭った飯塚の瞳はキラキラと輝いていた。　（星国典）

小山高単独の少年女子初の栄冠
選抜の少年男子、2度目の王座

少年女子決勝
小山高の中堅・刀川(右)が引きメンを狙う

剣道少年女子で初優勝し、笑顔の本県選抜チーム

少年女子 土壇場、魂の一撃で流れ変える

■何としても地元国体優勝を—。剣道少年女子に小山高単独チームで臨んだ本県チームの執念が結実した。「今までやってきたことが報われた。やってきたことを出せて優勝につながった」。大将で主将の高松由来が静かに歓喜をかみ締めた。

強い思いが決勝の劣勢をはね返した。先鋒で敗れ次鋒が引き分け。勝利のみがほしい中堅で刀川優希が土壇場の一撃で流れを変えた。互いに1本が出ない試合終了目前、鮮やかな引きメンで1—1のタイに持ち込んだ。

「この試合で引き技を出していなかったからやってみた」という会心の一本。続く副将でチーム唯一の1年生・大河原彩香が引きメンを2本決めて頂点への道筋を描き、最後は高松が冷静に戦い引き分け。「大将にしっかりつなぐことができた」と大河原が満面の笑みを浮かべた。

「気」「剣」「体」の一致が最重視される剣道で、小山高は「気」が「剣」と「体」を高みに引き揚げた。「他チームとは懸ける思いが違う」。全員が共有してきたことを決勝直前、佐藤弘隆監督の言葉で再確認。魂を込めた一撃を重ねて初優勝の悲願は成就した。

選手全員が県内出身。5年以上に渡る強化策が最高の花を開いた。「いろんな方が強化してくれた」と佐藤監督は感慨に浸りながら喜びの言葉を連ねた。「男子と一緒に勝てたのが何よりうれしい」

(星国典)

少年男子 武者修行が結実、難敵を次々撃破

剣道少年男子決勝
本県選抜の中堅・清武（右）がコテを決める

■期待の重みを力に変えて剣道少年男子本県チームが栄冠を勝ち取った。中堅の清武賢也（小山高）は「この日のために小さい頃からやってきた」。難敵を次々撃破して決勝は茨城に勝利。栃の葉国体以来42年ぶりの頂点に立った。

難関を突破して勢いづいた。福岡に挑んだ1回戦。先鋒の増森勇輝（佐野日大高）が1本勝ちした後は、相手の厳しい攻めを必死に耐える試合の連続だった。何とか4人が引き分ける薄氷の勝利。苦しくても踏み出した一歩が優勝への道につながった。

準々決勝は愛知、準決勝は兵庫を4－0で圧倒。決勝は1－1から清武、副将の藤田将人（同）が連勝して決着をつけた。「常に狙っていた引き技で相手の隙を突けた」。引きメンなど2本をきっちり決めた藤田は胸を張った。

快進撃の裏に厳しい〝武者修行〟があった。9月は毎週末に遠征を敢行。北は秋田から南は熊本まで強敵を求めた。愛知、兵庫とも遠征で対戦。過酷な遠征を経て「あの時は五分五分だった」（大関利治監督）相手を退けるチームへ成長を遂げた。

もう一つ成長した要因を佐野日大高の4人に小山高からただ一人加わる清武が明かした。「一緒に練習して、遠征して、自信を持って戦えるようになった」。5人が一つになった証しが日本一だった。

（星国典）

剣道少年男子で優勝し、笑顔を見せる本県選抜チーム

歴史的快挙、“オール栃木”強化実る

■現行種別となった1994年以降、7県目となる剣道全4種別制覇を達成した本県チーム。「正直、成年男子は厳しいと思っていたがここまで結果が出るとは」。佐藤哲通総監督（県連盟）は初の男女総合優勝に思わず声を上ずらせた。

成年は10年前、少年は6年前から有望選手の強化練習を実施。対外試合の結果などで選考を進めた。2年前は新型コロナウイルス感染拡大の影響で4カ月以上活動を停止したが、週1回の基礎練習から再開。体力と技術を徐々に回復させた。

8月の代表選手決定後も落選した選手が強化練習に参加。感染者が出た場合に即メンバー変更できるよう各種別2チーム分の強化を継続した。塩沢好和県連盟強化部長は「最後まで練習を続けた選手のおかげです」。文字通り〝オール栃木〟でつかんだ快挙だった。

（星国典）

スポーツクライミング

成年男子ボルダリング決勝
3位となった本県選抜の楢崎明智

成年男子ボルダリング決勝
3位となった本県選抜の楢崎智亜

楢崎兄弟、見せ場十分、笑顔の終幕

■兄弟で優勝した２０１４年長崎国体以来の頂点には届かなかった。スポーツクライミング成年男子の楢崎智亜・明智兄弟（ともに県スポーツ協会）はボルダリングで３位、リードで４位と惜しい結果で国体を終えた。智亜は「残念な結果だが、これも実力」と苦笑い。一方で明智は「結果に関係なく応援してくれる声がありがたかった」と周囲に感謝した。

リード決勝は明智が「足が滑ってしまった」と中盤で落下。智亜はトップホールドまで迫ったが直前で落下。「不用意な動きでスリップした」と省みた。

一方、得意のボルダリングは決勝前半から圧巻の登はんを見せた。開始45秒で智亜が第１課題、明智が第２課題を成功。その後も、それぞれが少ない試技数で残りの課題をクリアした。「どっちがどの課題を先に登るかなどのプランがうまくいった」と智亜。

しかし後半は一気に難易度が上がり、第４課題を完登した選手はゼロ。楢崎兄弟も苦戦を強いられ、智亜の第３課題完登のみにとどまった。それでも最後まで粘り強く難関に挑み続ける２人の姿に会場は大いに沸いた。

トップクラスの技術と、兄弟ならではのコンビネーションで連日会場を魅了した楢崎兄弟。智亜は「この国体を通してクライミングに興味を持ち、やってみたいと思う人が増えてくれればうれしい」と締めくくった。

（福田恭佳）

少年女子ボルダリング決勝
3位に入った本県の篠崎（左）と葛生

注目の楢崎兄弟、2種目で入賞
葛生・篠崎組ボルダリング3位

スポーツクライミングで期待が集まった成年男子の楢崎智亜（県スポーツ協会）・明智（同）兄弟がボルダリング3位、リード4位で入賞を果たした。少年女子は葛生真白（小山西高）・篠崎由希（真岡北陵高）組がボルダリングで3位表彰台、リードで7位入賞。少年男子の関口準太（宇都宮清陵高）・寺川陽（阿久津中）組がボルダリングで5位に入賞した。

成年男子ボルダリング予選
事前に課題をチェックする楢崎智亜（左）と明智

葛生・篠崎組、収穫と課題得た3位

■スポーツクライミング少年女子ボルダリングは葛生真白（小山西高）・篠崎由希（真岡北陵高）組が合計7完登で3位入賞。葛生は「決勝前に、2人で絶対に優勝しようと話していたので悔しい」と厳しい表情を浮かべた。

葛生はパワーとスピードを生かした登はんで3完登。しかし難関の第2課題に歯が立たず「相方の足を引っ張ってしまった」と反省しきりだった。

一方、篠崎は第2課題を7回の試技の末、残り8秒でクリアするなど奮闘。全完登を達成し「練習の成果を発揮できた」と充実感をにじませた。

収穫と課題が明らかになった今大会。「自信を胸に登っていきたい」と篠崎。葛生は「もっと練習して強くなりたい。来月のアジアカップでは絶対に納得のいく成績を残す」と成長を誓った。

（福田恭桂）

関口・寺川組「力出し切れず悔しい」

■少年男子ボルダリングは関口準太（宇都宮清陵高）・寺川陽（阿久津中）組が5位入賞。予選から順位を三つ上げたが、関口は「力を出し切れずに悔しい」と唇をかんだ。

競技開始後、わずか1分半で2人とも第1課題を完登。しかし、午前中に行われたリード予選の影響で、疲れがたまっていたという。第2課題以降は苦戦を強いられ、合計3完登で試技を終えた。「もう少し登れた課題もあった」と2人は悔しげに振り返った。

細かく情報交換しながら臨むなど、コンビ仲は良好。寺川は「頼りになる先輩と楽しく登ることができた」と充実感をにじませた。次戦は予選を3位で通過したリードに挑む。寺川は「一番上を取れるように頑張りたい」と活躍を誓った。（福田恭佳）

少年男子ボルダリング決勝
5位入賞を果たした本県の関口（手前）と寺川

葛生・篠崎組、7位に悔しさにじませる

■少年女子リードは葛生真白（小山西高）・篠崎由希（真岡北陵高）組が7位入賞。4位で通過した予選から順位を3つ落とし「もう少し登れれば」（篠崎）、「足を滑らせてしまったところがあった。応援してくれた人たちに申し訳ない」（葛生）と悔しさをにじませた。

それでも2人は予選、決勝と力強い登りで会場を沸かせた。葛生はスピード感のある動き、篠崎はフィジカルの強さを生かしたしなやかな動きで魅了。篠崎は「落ち着いて登れていた」と手応えを感じた様子だった。

次戦は2人の得意なボルダリングに挑む。葛生は「リードの悔いを晴らしたい」と闘志を燃やし、篠崎は「気持ちを切り替えて最後まで力を出し切る」と力を込めた。（福田恭佳）

少年女子リード決勝
7位入賞を果たした本県チームの篠崎

少年女子リード決勝
7位入賞を果たした本県チームの葛生

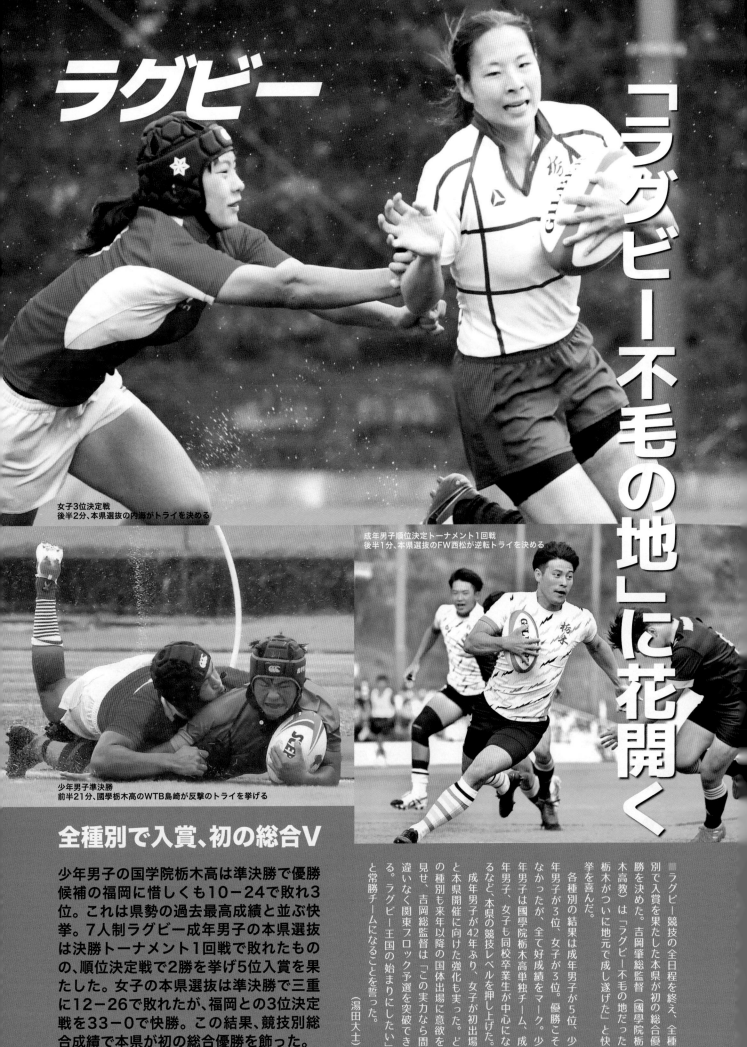

ラグビー

「ラグビー不毛の地」に花開く

女子3位決定戦
後半2分、本県選抜の内海がトライを決める

少年男子準決勝
前半21分、國學栃木高のWTB島崎が反撃のトライを挙げる

成年男子順位決定トーナメント1回戦
後半1分、本県選抜のFW西松が逆転トライを決める

全種別で入賞、初の総合V

少年男子の国学院栃木高は準決勝で優勝候補の福岡に惜しくも10－24で敗れ3位。これは県勢の過去最高成績と並ぶ快挙。7人制ラグビー成年男子の本県選抜は決勝トーナメント1回戦で敗れたものの、順位決定戦で2勝を挙げ5位入賞を果たした。女子の本県選抜は準決勝で三重に12－26で敗れたが、福岡との3位決定戦を33－0で快勝。この結果、競技別総合成績で本県が初の総合優勝を飾った。

■ラグビー競技の全日程を終え、全種別で入賞を果たした本県が初の総合優勝を決めた。吉岡肇総監督（國學院栃木高教）は「ラグビー不毛の地だった栃木がついに地元で成し遂げた」と快挙を喜んだ。

各種別の結果は成年男子が5位、少年男子が3位、女子が3位。優勝こそなかったが、全て好成績をマーク。少年男子は國學院栃木高単独チーム、成年男子、女子も同校卒業生が中心になるなど、本県の競技レベルを押し上げた。

成年男子が42年ぶり、女子が初出場と本県開催に向けた強化も実った。どの種別も来年以降の国体出場に意欲を見せ、吉岡総監督は「この実力なら間違いなく関東ブロック予選を突破できる。ラグビー王国の始まりにしたい」と常勝チームになることを誓った。

（湯田大士）

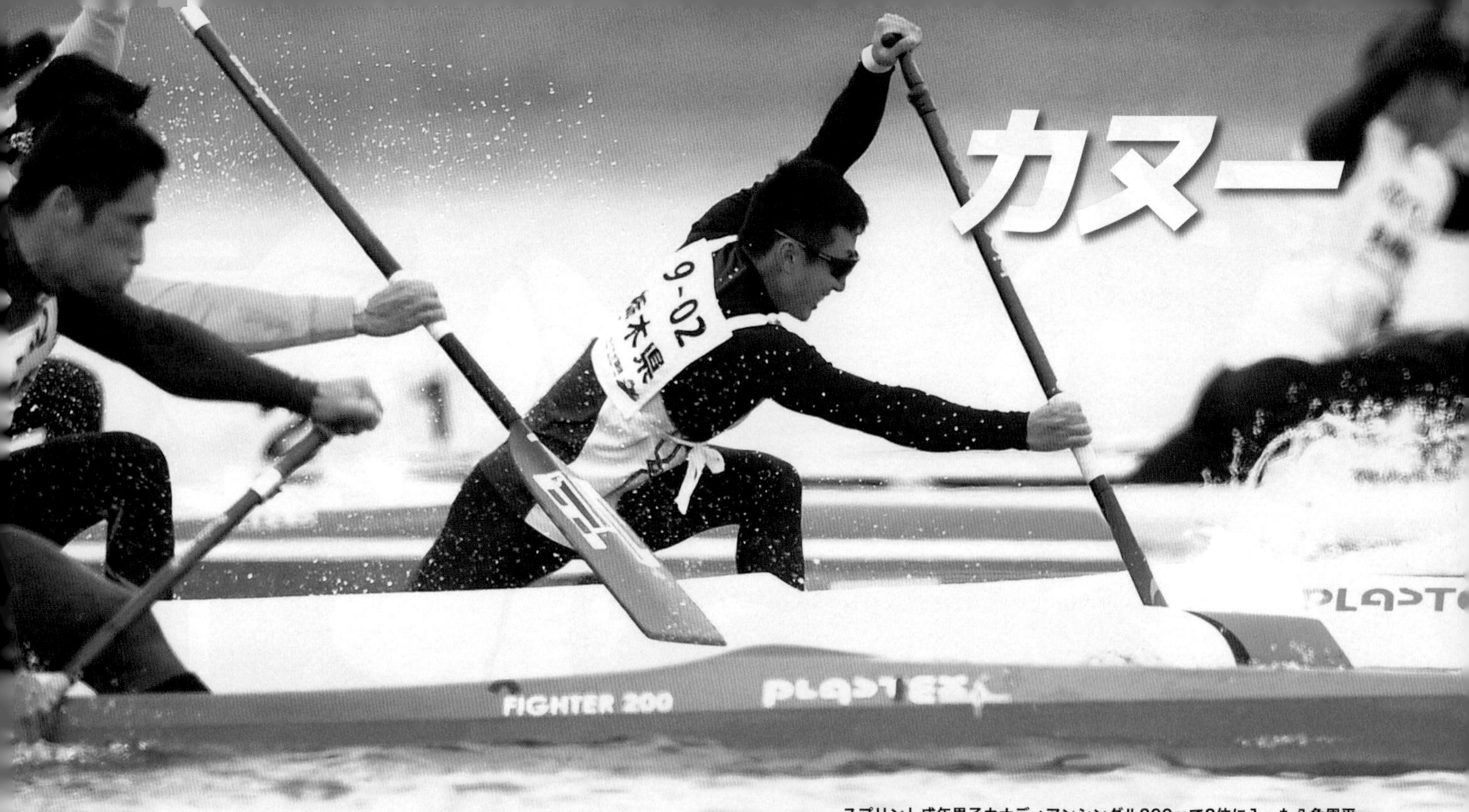

カヌー

スプリント成年男子カナディアンシングル200mで2位に入った八角周平

ワイルドウォーター成年男子スプリントで7位に入った中学3年の川村龍紅

スプリント成年女子カヤックで3位の森山和佳奈

八角、勢いに乗って自身最高成績

■カヌースプリント成年男子カナディアンシングル200mで、八角周平（県スポーツ協会）が準優勝に輝いた。同種目の自身最高成績で500mは4位だっただけに、「めちゃめちゃうれしい」と喜びに浸った。

200m予選同組でロンドン五輪出場選手を上回るタイムで決勝進出を決め「勢いに乗っていた」。決勝もスタートから良く、隣のコースの優勝選手に必死に食らい付いた。

東京五輪出場の夢はかなわず、新型コロナウイルスの影響で国体も2年連続で開催されなかったが、腐らなかった。「良い転換期ととらえた」とサップなどの異競技から重心やパドルの使い方を学んで今大会に臨んだ。

県スポーツ専門員の契約は本年度末で切れるが、「栃木でカヌーができて幸せだった」。来年度は成長した栃木から新天地に場所を移し、ロサンゼルス五輪出場を目指す。

（藤田賢）

スラローム斎藤が連日の準優勝
スプリント八角「うれしい」準V

カヌーの本県勢は、スラローム成年男子カヤックシングルスの斎藤康祐（県スポーツ協会）が15ゲートと25ゲートでともに準優勝。スプリント成年男子カナディアンシングル200mの八角周平（同）、スラローム成年女子成年女子カヤックシングルス15ゲートの富沢くるみ（同）も準優勝に輝いた。また、カヌーワイルドウォータースプリント成年男子カヤックシングルでは、中学3年の川村龍紅（上三川中）が7位に入る健闘を見せた。

スラローム25ゲート成年男子カヤックで2位の斎藤康祐

斎藤、手にしかけた優勝がするり

■手にしかけた優勝がするりと逃げていった。カヌー成年男子スラローム・カヤックシングル（15ゲート）の斎藤康祐（県スポーツ協会）は8日の25ゲートに続いて連日の2位。「昨日と同じく力は出し切ったが、悔しさはある」と複雑な表情を浮かべた。

25ゲートで優勝した岐阜県選手との一騎打ちとなった2本目。左右に大きく振られる旗門を攻めつつミスなくクリア。一時トップに立ったが、最終スタートの岐阜県選手にさらに上回られ「拍手を送るしかないですね」と苦笑いした。

兄弟選手としても知られ、神奈川県代表として8位に入賞した中学3年生の弟・徹平に温かいまなざしを向けつつ「まだまだ負けない」と笑う。21日からは日本選手権に出場する予定で、とちぎ国体をステップに「世界で戦える選手」を目指していく。（粂山英紀）

成年女子スラローム・カヤックシングル（15ゲート）で2位に入った富沢くるみ

アーチェリー

県勢、全種別で決勝T進出ならず

アーチェリーの県勢は、チーム3人の合計点で争う団体で成年男子が10位、成年女子が13位、少年男子が18位、少年女子が20位といずれも8位以内に入れず、決勝トーナメント進出を果たせなかった。

成年男子団体予選
集中して的を狙う本県の星

熱戦を繰り広げた成年男子予選

成年男子団体 リズムつくれず 無念の10位

■成年男子の本県選抜は星達也（三菱電機）、舘野磨生（日本体育大3年）、金子卓矢（東光高岳）の3人で予選に臨んだ。個人は星が42人中23位、舘野が25位、金子が34位に終わり、チームの合計点で争う団体は10位。団体の上位8位までが進む決勝トーナメント進出を逃した。

「（地元開催の）地の利を生かし、うまく打てたと思うが、1射ごとのタイミングを長く取ったことで体力を使ってしまい、後半崩れたかも」と星。金子も「国体ならではのプレッシャーが少なからずあり、リズムをつくりきれなかった」と唇をかんだ。

舘野は「（国体には）独特の雰囲気があった」と明かす一方、「トップ選手が集う中、多くの刺激をもらえた」と収穫も強調した。山下兼矢監督（エコアール）は「晴天の好コンディションの中、3人とも最後まで全力で頑張ってくれた」とねぎらった。

（手塚京治）

銃剣道

少年で優勝した本県チーム。
決勝1分37秒、大将の斎藤が上胴を決める

少年V、成年準Vで競技別総合優勝果たす

銃剣道で本県は少年が悲願の優勝、成年が準優勝に輝き、1980年の栃の葉国体以来となる競技別総合優勝を果たした。少年は文星芸大付高3人（大森丈瑠、真鍋翔吾、斎藤広人）の布陣で臨み、これまで本県が届かなかった種別優勝を地元開催で成し遂げた。成年は陸上自衛隊の3人（佐々木康行、斎藤慎一、藤原考貴）で臨み、決勝では4連覇を果たした強豪・長崎に敗れたものの、栃の葉国体と並ぶ準優勝となった。

8年の強化実った競技別総合優勝

■銃剣道は少年が優勝、成年が準優勝を果たし、栃の葉国体に続き2度目の競技別総合優勝に輝いた。

２０１４年に開催が決定されると、すぐに強化に取りかかった。最初に力を入れたのが指導者の養成。併せて高校生の育成も進めた。

成果は着実に形になった。昨年の全国高校生大会で、今回の少年チームメンバーである文星付の斎藤広人と真鍋翔吾が準優勝。真鍋は今夏の全国大会2年男子を制するなど成長、今大会での初の種別優勝につながった。「最強布陣」との呼び声が高かった成年チームも、実力通りの活躍を見せた。

総合優勝で示した高い競技力。少年チームの鈴木利広監督は「成果を次につなげたい」と誓い、成年チームの選手たちは「若い力を育てたい」と口をそろえた。

（田中勝）

成年で2位となった本県チーム。
決勝で先鋒の佐々木が攻め立てる

空手道

成年・少年男女共通の団体組手決勝
大将戦で佐合（左）が突きを決めポイントを奪う

団体組手、女子組手の澤江が栄冠
競技別男女総合、女子総合も初V

空手道の県勢は、成年女子個人組手を澤江優月（帝京大）が制し、本会期の優勝第1号となった。また、成年・少年男女共通の組手団体では県選抜が決勝で東京を3−1で下し初優勝を飾った。このほか空手道成年男子形の本龍二（イー・ギャランティ）が準優勝、成年男子個人組手軽量級の佐合尚人（高栄警備保障）と少年女子個人形の佐藤幸（作新学院高）、がともに3位入賞を果たした。本県は、競技別男女総合と女子総合でも初の栄冠に輝いた。

醸成した絆、頂点へ結実

■勝った方が競技別の男女総合優勝となる緊迫した決勝、勝利の雄たけびを上げたのは本県の精鋭たちだった。

空手道組手団体。準決勝までの4試合、大将戦を待たずに勝利を収めてきた本県の相手は、総合得点で追走してくる東京となった。

先鋒・根岸航太郎（埼玉栄高）が個人戦で敗れた相手にリベンジを果たして流れを呼び込むと、次鋒・澤江優月（帝京大）は、成年女子個人組手覇者の貫禄を示した。中堅・高橋昂輝（ティエム）は引き分け、副将・阿久津龍司（東北福祉大）が落とし、勝負の行方は大将・佐合尚人（高栄警備保障）に託された。「個人戦の負けを団体戦で取り返す」とマットに立った本県の主将は開始5秒、突きを決めてポイントを先取。その後じわじわと差を広げ、初の快挙を成し遂げた。

女子選手は成年と少年が試合ごとに交代で出場するため、決勝は出番がなかった小野崎陽菜（作新学院高）を含め、全員が「チーム力」を勝因に挙げた。合同練習を重ねて絆を醸成。仲間と重ねたきつい練習でつかんだ自信が拳に宿り、地元代表としての誇りが脚に乗り移った。

日本一という夢をかなえ、感動を呼んだメンバーたち。今大会で第一線を退く選手は、口をそろえて「この経験を伝えていきたい」。感動は間違いなく未来へとつながれる。（田中勝）

団体組手で初優勝を飾った本県チーム

成年女子組手 澤江、スタイル貫き一気

■優勝を宿命づけられたプレッシャーも、チームの仲間の敗退も関係ない。「自分の組手をやるだけ」。空手道成年女子組手を制し、本県選手団の本大会優勝第1号となった澤江優月（帝京大）。大仕事を成し遂げて「ホッとしているというのが一番です」と満面の笑みをたたえた。

強力布陣を敷いた本県チームの中でも、優勝を確実視されてきた。「普通の試合とは違う。責任感は大きかった」

1日に6試合を行う日程にうまく順応した。次の試合までの空き時間をうまく活用して体を動かし、小まめな補食でコンディションを整えた。

そして何より、自分の組手を見失わなかった。澤江の組手、それは攻めの組手だ。まさに「攻撃は最大の防御」。開始の合図とともに相手に襲いかかった。

得点を重ねても手を緩めない。失点は「普段から少ない方」と言うが、今大会も6試合で奪われたポイントはわずか1。危なげない試合運びで、一気にトーナメントの頂点まで駆け上がった。

「たくさんの応援が力になった。うれしかった」と声援に応えた。しかし、浮かれてばかりではない。「チームとしては1日目の成績は決してよくない」。次の舞台は団体組手。もう自身の優勝は忘れた。女王の目には、本県チームの競技別総合初優勝しか映っていない。（田中勝）

成年女子組手で優勝した澤江優月。決勝で蹴りを仕掛ける

少年男子組手３回戦 本県の根岸が蹴りを仕掛ける

成年男子形 本、力尽くし悔いなし

■「決勝で負けたけど、全力は出し切った。自分の形は悪くなかった。相手が一枚上手だった」

空手道成年男子形で準優勝だった本龍二（イー・ギャランティ）。期待された優勝には届かなかったが、2位の表彰状を手に笑顔を見せた。

決勝、3位決定戦まで進むと、1日に3種類の形を打つ今大会。どの場面にどの形をもってくるか、駆け引きも重要な要素になる。本の作戦は「一番得意な形を第2ラウンドにぶつける」。思案した末、決勝進出を最重要視した。

他を圧倒して第1ラウンドを難なく突破し、迎えた第2ラウンド。「どっしりとした立ち方、重厚感がある動きを見せられて自分に合っている」という「ゴシュウシホショウ」を力強く披露し、もくろみ通り、決勝進出を決めた。

大会前、「兄弟で決勝を」と千葉代表の兄・一将と誓い合ったが、決勝の相手は兄を第2ラウンドで破った大分代表。「兄のかたきを討つ」と心に決めたマットで力を出し尽くした。この日3度目の26点台。しかし、相手は28・06の高得点だった。

「27点、28点の壁を越えないと日本一にはなれない。スピードやパワーではなく、最後は武道としての空手の基本に戻る」。空手道本県チームのエースの一角として出場した今大会は、改めて大切なことを教えてくれた。（田中勝）

成年男子形で準優勝の本龍二。決勝で「ゴシュウシホダイ」を演武

競技別初の総合優勝 鍵の組手団体 采配奏功

■空手道の本県チームが競技別の男女総合、女子総合で初優勝を飾った。

競技の中盤までは思ったように得点が伸びず、組手団体が鍵となった。女子は成年と少年が交互に出場するルール。神崎正行監督は「女子の順番と大将と副将の入れ替えをぎりぎりまで悩んだ」。最終的に、初戦と決勝で成年の女王・澤江優月（帝京大）が出場するローテーションにし、決勝の大将は東京五輪代表で経験豊富な佐合尚人（高栄警備保障）に。この采配が実を結んだ。

大会前に合同練習を重ね、メンバーたちは個からチームへと成長を遂げた。総合優勝が決まった瞬間、会場にはこの日試合がなかった形の選手たちも駆け寄り、団体戦の選手たちと歓喜の抱擁を繰り返した。（田中勝）

少年女子形3位の佐藤幸。3位決定戦で力強く「ガンカク」を演武

少年女子試合3位決定戦
相手を攻め立てる本県の先鋒・石田(左)

なぎなた

少年女子、飛躍の3位入賞

なぎなたは、少年女子試合の本県選抜が兵庫との3位決定戦を勝ち抜き表彰台を決めた。成年女子試合の本県選抜は3回戦で西日本の強豪・奈良の前に無念の涙をのんだ。

成年女子試合3回戦
相手を攻め立てる本県の定田(左)

気持ち切り替え 殻を打ち破る

■なぎなた少年女子試合は本県選抜が3位入賞を果たし、2日に行われた演技4位を上回る好成績を収めた。

3人1組の団体戦。先鋒・石田煌香(國學院栃木高)、中堅・杉浦榛苗(宇都宮短大付高)、大将・坪山遥音(國學院栃木高)は、それぞれ反省や課題を口にしながらも「素直にうれしい」と笑顔を見せた。

準決勝は沖縄に完敗したが、兵庫との3位決定戦を前に「絶対勝つ」と気持ちを切り替え、石田がメンで一本勝ちし、続く杉浦は判定負けしたが善戦。大将戦は坪山が延長戦に突入した直後、1秒で決定打となるメンを決めた。「狙っていた」と坪山。

周囲の期待を上回る大健闘。地元国体という大舞台で選手たちがみせた飛躍に、萱場由華監督は「一人一人が自分の殻を打ち破って、負けても自分の試合ができた」と教え子たちの成長に目を細めた。

成年男子団体（2チーム）
1ゲーム目でストライクを奪い拍手で戻る
本県選抜の新井

ボウリング

少年男子個人予選
スペアを決め手をたたいて戻る
本県の人見

県勢、全種別で予選敗退喫す

ボウリングの県勢は、全種別で予選を突破することができなかった。成年女子団体（4人チーム）の本県選抜は23チーム中18位。成年男団体は、本県選抜4人が2チームに分かれて奮闘したがいずれも予選敗退だった。

予選敗退の悔しさ今後の糧に

■ボウリング成年女子団体（4人チーム）の本県選抜は奮闘届かず予選敗退。チーム唯一の大学生で主将の川上紗季（宇都宮共和大）は「コーチと相談しながら気持ちを決め投球することができた」と振り返った。

成年女子は別種別の試合後で、レーンの変化に翻弄されながら3ゲームを投げ抜いた。本県選抜はトータル1950点で23チーム中18位。3番手の新井一江（県連盟）は「もっと上の点数を出したかった」と苦渋の表情を浮かべた。

ボウリングは全種別で予選を突破することはできなかった。国体を経て公式戦を戦う日々に戻る川上は「国体は心残りのあるものとなってしまった。もっと納得できるゲーム展開ができるようにしたい」、新井は「練習の方法を見直すなどして、結果を出していきたい」と次なるステージでの活躍を誓った。

成年女子団体（4人チーム）
ストライクを決めガッツポーズの
本県選抜・増山

ゴルフ

少年男子
2オンを狙う粂谷

少年男子
松澤のティーショット

少年男子
中川のティーショット

少年男子団体で大健闘2位

ゴルフの県勢は、少年男子団体が2位に食い込む大健闘。松澤虎大（佐野日大高）と中川虎ノ介（作新学院高）が、悪天候の中で好スコアをマークし、初日の9位から大きく躍進した。

猛チャージで 7チームごぼう抜き

■ゴルフ少年男子で初日9位だった本県チームが、最終日猛チャージ。優勝候補筆頭の茨城には届かなかったが7チームをごぼう抜きし、一気に県勢最高成績となる2位まで躍進した。「歴史的なこと。やったね」と増渕洋介監督も喜びを爆発させた。

増渕監督、長江健市コーチなどが勝因の一番手にあげたのが、初日の粂谷海翔（栃木東中）の1オーバー73の健闘。「中学生の海翔がチームのベストスコア。これの頑張りが松澤虎大（佐野日大高）、中川虎ノ介（作新学院高）の奮起につながった」と増渕監督は説明した。

強い雨、気温10度を下回る寒さの最悪のコンディションの中、初日76でトップスタートの松澤が69をたたきだし、チームに勢いをもたらした。初日74の中川も7バーディーを奪うゴルフで68の好スコアをマーク。最終組の粂谷は残り3ホールまでパープレーにまとめた。「雨で思うようなプレーができなかった」と最後は3連続ボギーだったが、3位の埼玉に5打差をつける2位をもたらした。

粂谷は多くの高校生を振り切って予選会を勝ち抜いた本県チームで初めての中学生。163・50の体格ながら、高校生に交じって奮闘した。「初日を終わって海翔がキャプテンということでまとまった」と中川は笑う。

「地元というプレッシャーの中、よく頑張ってくれた。ここまできたら優勝したかったという欲はかかない。3人のこれまでの努力をたたえたい」と増渕監督は慰労した。（井上孝男）

トライアスロン

杉原、終盤加速「最大の力出せた」

杉原が県勢初の4位入賞

トライアスロンの県勢は、成年女子の杉原有紀（県スポーツ協会）がスイム20分55秒、バイク1時間3分53秒、ラン39分19秒の2時間6分6秒で4位となり県勢初の入賞を果たした。成年男子の佐山拓海（JR東海）は29位に終わった。

成年女子決勝
バイクで力走する
本県の杉原（右から2人目）

成年男子決勝
29位になった本県の佐山のラン

■成年女子トライアスロンの最後、ランの残り1周。6番手の杉原有紀（県スポーツ協会）が決断した。「前の2人は脚の回転が落ちている。ラストに力を出し切ろう」。表彰台を狙い、残り約2.7㎞に勝負を懸けた。

スイムとバイクの疲労をものともせずペースアップ。残り1.5㎞を過ぎて2人を抜き去り、トライアスロンで県勢初の入賞を手にした。3位と28秒差の4位に「少し悔しい」と本音を漏らしつつ「入賞で点が取れて自分の最大の力を出せた」と満足感もにじませた。

狙い通りの展開だった。先頭集団に食らいつくことを目指したスイムで「最低ライン」の第2集団に入ると、バイクは追走集団を形成して徐々に追い上げ。先頭を交代しながらスピードを上げ、全体3位の好記録で弾みをつけた。

事前の準備が奏功した。8月に本番と同じ会場で実施した県勢の合同合宿で、20度に届かない低い水温などを把握。通常の練習でプールの水温を低めに設定してきた。「合宿でコースを走れたのは大きかった」と"地の利"を十分に生かした。

滋賀県出身。昨春流通経済大を卒業後、スポーツ専門員に採用され、国体に照準を合わせてきた。「他の大会より緊張したけど、応援もあって苦しくても楽しく走れた」。本県トライアスロンの歴史に貴重な足跡を残した。（星国典）

鹿児島実との同時優勝で表彰状を受ける作新学院ナイン

決勝六回の1死満塁のピンチを
投－捕－一の併殺で切り抜けた作新学院

特別競技・高校野球（軟式）

作新学院、鹿児島実と同時で9度目V

特別競技の高校野球軟式は、作新学院が準決勝で今夏の全国選手権大会準決勝で苦杯を喫したあべの翔学（大阪）を1－0で下して決勝へ進出。決勝では鹿児島実（鹿児島）と0－0で引き分け、同時優勝となった。作新学院の優勝は9回目。

無失策の作新学院 鍛えた守り本領

3試合連続完封で
優勝に貢献した福島

■特別競技の高校野球軟式で作新学院が9回目の優勝を飾った。鹿児島実（鹿児島）と0－0の引き分けで両校優勝という形だが、黒川陽介監督は「日本一になるためにこれまで練習を積んできた。素直に喜びたい」と5大会ぶりの日本一に笑みがこぼれた。

苦しい試合だった。相手マウンドに上がったのは1回戦の上田西（長野）戦でノーヒットノーランを達成している右腕臼井陸渡。「微妙に変化する」（黒川監督）変化球に打線も手こずった。

六回の守備では1死満塁の大ピンチを迎えた。2安打で1死二、三塁から満塁策をとった。この作戦が見事に成功して投－捕－一の併殺で切り抜けた。そっぽを向きかけた〝勝利の女神〟を引き留めた。

今大会は高校軟式野球界を長年けん引する作新らしい内容だった。3試合でエース福島綾人は計27回を完封。鍛えられた守りは無失策。打線は数少ないチャンスを確実に得点に絡めた。「守り抜く野球ができた」と黒川監督も満足そうだ。

福島は「（決着するまで）やりたかったが、優勝できてよかった」。この日も二塁打を放つなど活躍した吉田諒も「二塁から還りたかったが、満足」と気持ちよさそうに汗を拭った。

地元国体に花を添える優勝。長年、監督、部長として支えてきた塩田充夫部長の最後の大会でもあり、「塩田先生の勇退にも花を添えることができた」と指揮官は安堵の表情を浮かべていた。

（井上孝男）

1回戦（近江戦）
七回、國學院栃木・小木曽の2点適時打で生還し喜ぶ原野ら

特別競技・高校野球（硬式）

2回戦で聖光学院に敗れ3位となり、
表彰式で行進する國學院栃木ナイン

1回戦　強豪の近江を破り、マウンドでガッツポーズする
國學院栃木のエース盛永

1回戦（近江戦）　七回、國學院栃木の飯塚が適時三塁打を放つ

國學院栃木、決勝進出ならず

特別競技の高校野球硬式は、國學院栃木が6－5で夏の甲子園4強の近江（滋賀）に逆転勝ち。県勢では1983年の宇都宮南以来、39年ぶりに準決勝に進んだ。準決勝ではやはり今夏の甲子園4強の聖光学院（福島）と対戦、相手左腕・小林剛介の前に散発4安打に抑えられ0－3で敗れた。

優勝を決め喜ぶゲートボール本県女子チーム

ゲートボール男子3位決定戦　本県の安達がショットを放つ

ゲートボールで女子が優勝、男子が3位に入り、笑顔を見せる本県チーム

公開競技

ゲートボール本県女子が連覇達成 パワーリフティング、綱引きなど5種目で熱戦

公開競技のゲートボール競技は、作新学院高ゲートボール部員と同OGの若手メンバーで構成する「作新クラブ」で臨んだ本県女子が、1回戦で茨城、準決勝で岩手を撃破。神奈川との決勝は1点を争う大接戦となり、12－12で並んだが内容差で勝利し、2019年の茨城大会に続く連覇で2度目の優勝を飾った。全メンバーが同校OBの「作新学院」単独チームで出場した本県男子は、準決勝で前回王者の岩手に敗北したものの3位決定戦で石川を15－9で破り、18年福井国体に並ぶ県勢最高の3位に食い込んだ。パワーリフティングは成年男子120kg級で本県の枝和輝（コベルコトレーニングクラブ）が優勝。綱引きの成年男女混合の部で本県のダイソナーズ（大田原）は決勝トーナメント1回戦（準々決勝）で岩手代表に敗退。成年男子に挑んだ本県の綱遊会（栃木）は決勝トーナメント準決勝を棄権し、那須地区消防（大田原）は同1回戦で神奈川県代表に敗れた。武術太極拳では、本県代表の田野実翔、稲垣璃樹＝いずれも宇都宮市、栃木武術隊＝が2位に入る活躍を見せた。グラウンド・ゴルフの団体で、本県の栃木Ｂは20位、栃木Aが21位だった。

ゲートボール本県女子／「最後の一打」思いをつなぐ

■作新学院高生と同校ＯＧで構成される本県女子代表チームの「作新クラブ」が底力を見せつけた。2019年の茨城国体と同カードとなった決勝で、神奈川代表に内容勝ちを収め、3年越しの連覇。その瞬間、チームが輪になり涙で喜びを分かち合った。

安達ちあき主将は「誰か一人でも欠けたらここまで来ることはできなかった。このチームで優勝できてうれしい」と喜びをかみしめる。

大会を通じ、ひときわ勝負強さが光った。準々決勝は終盤に攻め立て茨城代表に10－8で逆転勝利。準決勝は岩手代表に土壇場で10－10の同点に追い付かれたが、最後のゴールポールに当てる「上がり」を二つ決めた最終打者・小森水遥の活躍などで一挙5得点し、勝利をもぎ取った。

決勝では後半に大島果純が「自分が絶対に上げる」と約6ｍのロングショットを決め、両チーム唯一の「上がり」でチームをもり立て、終盤の猛攻につなげた。

「普段の練習から『最後の一打と思って打て』と意識させている」と岩田良文監督。緊張する場面や劣勢の場面を想定した練習を繰り返し、精神面の強化に取り組んできたという。

準決勝、決勝と2度の最終打者で確実に得点し、チームに勝利をもたらした小森は「来年もこのチームで国体に出場し、女子3連覇、栃木県としては男女優勝を狙う」とさらなる飛躍を誓った。

（福田恭佳）

綱引きで奮戦する那須地区消防の選手たち

全国の強豪と熱戦を繰り広げる綱遊会の選手たち

武術太極拳成年男子
自選長拳で
2位に入った稲垣

武術太極拳成年男子
総合太極拳(自選)で
2位に入った田野実

引きの成年男女混合の部で奮戦するダイナソーズの選手たち

パワーリフティング成年男子120kg

グラウンド・ゴルフで熱戦を展開する選手たち

いちご一会 満喫デモスポ

体動かす楽しさ仲間がいる幸せ

「いちご一会とちぎ国体」デモンストレーションスポーツ（デモスポ）は5月から9月末まで県内各地で31競技が行われた。デモスポは天皇杯、皇后杯の獲得を目指した正式競技とは別に、県内在住、在勤者などに気軽にスポーツを楽しんでもらうための催し。

キンボールスポーツ
（下野市）

クリケット
（佐野市）

アームレスリング
（宇都宮市）

さいかつぼーる
（那須塩原市）

エアロビック
（那須町）

インディアカ
（さくら市）

3B体操
（那珂川町）

オリエンテーリング
（矢板市）

ウォーキング
（鹿沼市）

スポーツウエルネス吹矢
（足利市）

カローリング
（高根沢町）

ウォーキング
（那須烏山市）

スポーツチャンバラ
（大田原市）

キッズトライアスロン
（那須塩原市）

ウォーキング
（益子町）

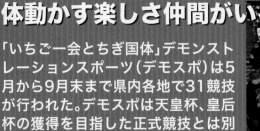

フットベースボール
（栃木市）

ドッジボール
（佐野市）

スマートフェンシング
（上三川町）

フライングディスク
（市貝町）

長ぐつアイスホッケー
（日光市）

3×3
（宇都宮市）

ふれあいトランポリン
（茂木町）

バウンドテニス
（野木町）

ソフトバレーボール
（真岡市）

ペタンク
（高根沢町）

パークゴルフ
（足利市）

ターゲット・バードゴルフ
（壬生町）

ママさんバレーボール
（芳賀町）

フォークダンス
（小山市）

タグラグビー
（栃木市）

リレーマラソン
（大田原市）

フットサル
（宇都宮市）

ダンススポーツ
（大田原市）

総合閉会式

他県の選手団を見送る本県選手たち

3年分の感動をありがとう 本県男女総合2位、天皇杯逃す

第77回国民体育大会「いちご一会とちぎ国体」の総合閉会式が11日、宇都宮市のカンセキスタジアムとちぎで行われ、11日間にわたる祭典が幕を閉じた。男女総合（天皇杯）と女子総合（皇后杯）の優勝はいずれも東京都が獲得し、本県はともに2位となった。新型コロナウイルスの影響で3年ぶりの開催となった国体は一部競技を除き有観客で実施。感染対策を講じながら選手やボランティア、観覧者ら総勢約36万人が参加した。国体の炬火は29日から始まる第22回全国障害者スポーツ大会（障スポ）へ、国体旗は来年の「特別国体」開催県の鹿児島へ引き継がれた。

午前10時過ぎ、47都道府県の選手団約670人が入場すると、約5千人の観覧者らが健闘をたたえ盛大な拍手を送った。式には秋篠宮家の次女佳子さまが臨席され、東京の選手に天皇・皇后杯を授与した。

天皇杯獲得を目標に掲げていた本県は惜しくも届かず、開催都道府県が逃すのは2017年の愛媛以来となった。東京の天皇杯獲得は5年ぶり16度目。

伊藤雅俊大会会長はあいさつで「皆さんの活躍は大会を盛り上げ、全国に勇気と元気を与えた」と述べた。

大会を見守った炬火は、本県選手が炬火台からトーチで分火し、障スポの出場選手へと託された。国体旗は福田富一知事から塩田康一鹿児島県知事へと手渡され、両知事は固い握手を交わした。

1時間の式を終え、選手団の退場では本県選手約200人が、退場口に立ち、共に競い合った全国選手団を笑顔と拍手で見送った。

大会実行委員会によると、国体期間中、選手や関係者、観客を合わせて37正式競技に29万5337人、1特別競技で1万9560人が参加。5公開競技に3238人、31デモンストレーションスポーツに1万848人が参加した。開閉会式を含めると計35万8075人となった。

コロナ下での初の開催となった今回の国体では、選手の来県前と来県後に検査を実施し「水際対策」を強化。県によると、会期前競技を含めて選手と関係者約2万3千人のうち陽性者は6人で、感染の広がりは確認されなかった。

福田知事は閉式後の記者会見で「本県では42年ぶり、コロナ下では初めての開催となった国体は無事に終了し、感動のフィナーレを迎えることができた。輝かしい国体の成果を栃木の未来につなげていきたい」と総括した。

（杁木澤良太）

あいさつする室伏広治スポーツ庁長官

あいさつする伊藤雅俊大会会長

総合閉会式で選手団に拍手される秋篠宮佳子さま

国体旗が次回鹿児島県に引き継がれる

女子総合2位の表彰を受ける本県選手団

いちご一会とちぎ国体がフィナーレを迎え、次は鹿児島国体へ

栃木県勢 最終結果一覧

成年・少年	男子・女子	競技名／最終試合 等	入賞	順位	選手／チーム・所属・記録 等	日付(月.日)	備 考
■陸 上							
カンセキスタジアムとちぎ(栃木県総合運動公園陸上競技場)							
成年	男子	100m 決勝	◎	4	水久保漱至(第一酒造) 10秒40	10. 8	
成年	男子	300m 決勝	◎	8	佐藤風雅(那須環境) 38秒30	10.10	
成年	男子	800m 決勝	◎	3	根本大輝(順天堂大院) 1分50秒14	10. 7	
成年	男子	10000m競歩 決勝	◎	5	近藤良亮(栃木県スポーツ協会) 39分35秒18	10. 8	
成年	男子	走幅跳 決勝		12	松原奨(滝沢ハム) 7m30	10. 8	
成年	男子	砲丸投 決勝	◎	2	武田歴次(栃木県スポーツ協会) 18m17	10. 8	
成年	男子	やり投 決勝	◎	3	小椋健司(栃木県スポーツ協会) 74m05	10. 7	
成年	女子	300m 予選4組		4	大島愛梨(中央大) 39秒55＝落選	10. 9	
成年	女子	5000m競歩 決勝	◎	7	内藤未唯(神奈川大) 22分30秒07	10.10	
成年	女子	走高跳 決勝	◎	2	竹内萌(栃木県スポーツ協会) 1m78	10. 9	
成年	女子	棒高跳 決勝	◎	1	諸田実咲(栃木県スポーツ協会) 4m10	10. 6	
成年	女子	ハンマー投 決勝		12	関口清乃(栃木県スポーツ協会) 51m31	10. 6	
成年	女子	やり投 決勝	◎	8	桑添友花(日本栄養給食協) 53m03	10. 8	
少年	男子	Aハンマー投 決勝		11	日渡陸斗(真岡高) 55m36	10. 8	
少年	男子	Aやり投 決勝		9	永沢良太(佐野東高) 59m75	10. 9	
少年	男子	B100m 準決勝2組		5	若菜敬(佐野高) 11秒16＝落選	10. 7	
少年	男子	B3000m 決勝	◎	6	大島福(佐野日大高) 8分17秒53	10.10	
少年	男子	B円盤投 決勝		15	野口晴也(宇都宮南高) 34m27	10. 6	
少年	男子	共通走高跳 決勝		12	穴山敦士(那須清峰高) 1m95	10. 9	
少年	女子	A800m 決勝	◎	6	長島結衣(真岡女子高) 2分9秒71	10. 8	
少年	女子	A100mハードル 準決勝1組		8	中里百葉(白鷗足利高) 14秒17＝落選	10. 8	
少年	女子	A300mハードル 準決勝1組		5	野村美月(石橋高) 43秒56＝落選	10. 6	
少年	女子	共通走高跳 決勝			越路結菜(黒磯南高)＝記録なし	10. 7	
成年少年男子共通		4×100mリレー 予選2組		7	栃木(水久保、東田、小堀、若菜) 56秒35＝落選	10. 6	
成年少年女子共通		4×100mリレー 準決勝2組		6	栃木(五月女、福田、関根、覚本) 47秒00＝落選	10. 7	
男女混合		4×400mリレー 決勝		10	栃木(小堀、大島愛、長島、東田) 3分29秒10	10.10	
■水 泳							
•競 泳							
日環アリーナ栃木屋内水泳場(栃木県総合運動公園屋内水泳場)							
成年	男子	400m自由形 予選		10	遠藤光(中央大) 3分55秒94＝落選	9.17	
成年	男子	100mバタフライ	◎	1	水沼尚輝(新潟医療福祉大職) 51秒62	9.17	
成年	女子	100m自由形 予選		18	笹原世玲菜(新潟医療福祉大) 57秒89＝落選	9.18	
成年	女子	100m平泳ぎ 予選		10	高橋奈々(筑波大) 1分9秒99＝落選	9.18	
少年	男子	A50m自由形	◎	3	蓮沼椋祐(宇都宮短大附高) 23秒25	9.19	
少年	男子	A100m自由形	◎	4	蓮沼椋祐(宇都宮短大附高) 50秒95	9.18	
少年	男子	A400m自由形	◎	6	松下知之(宇都宮南高) 3分58秒91	9.19	
少年	男子	A200m背泳ぎ 予選		11	尾崎元希(白鷗足利高) 2分5秒94＝落選	9.17	
少年	男子	A200m平泳ぎ 予選		22	岩沢裕(大田原高) 2分22秒44＝落選	9.17	
少年	男子	A400m個人メドレー	◎	2	松下知之(宇都宮南高) 4分14秒46	9.18	
少年	男子	A4×200mフリーリレー	◎	8	栃木選抜(松下、蓮沼、齊藤、福田) 7分34秒30	9.17	
少年	男子	A4×100mメドレーリレー	◎	8	栃木選抜(尾崎、岩澤、松下、蓮沼) 3分46秒00	9.19	
少年	男子	B50m自由形 予選		28	阿部匠真(大田原高) 25秒00＝落選	9.18	
少年	男子	B100m平泳ぎ 予選		20	吉原啓太(作新学院高) 1分5秒95＝落選	9.19	
少年	男子	B100mバタフライ	◎	7	阿部匠真(大田原高) 56秒03	9.17	
少年	女子	A50m自由形 予選		24	渡辺楓愛(宇都宮南高) 27秒81＝落選	9.19	
少年	女子	A100m自由形 予選		21	小嶋里菜(白鷗足利高) 1分0秒04＝落選	9.18	
少年	女子	A200m背泳ぎ 予選		11	赤羽沙也加(黒磯南高) 2分16秒92＝落選	9.17	
少年	女子	A200mバタフライ 予選		17	渡辺楓愛(宇都宮南高) 2分16秒70＝落選	9.18	
少年	女子	A4×100mフリーリレー 予選		15	小嶋、渡辺、武藤、赤羽 3分57秒74＝落選	9.17	
少年	女子	B50m自由形 予選		—	後藤結愛(佐野西中)＝棄権	9.18	
少年	女子	B100m自由形	◎	8	鈴木里歩(作新学院高) 57秒80	9.17	
少年	女子	B100m背泳ぎ 予選		15	新井友惟(足利二中) 1分6秒31＝落選	9.18	
少年	女子	B100mバタフライ 予選		—	後藤結愛(佐野西中)＝棄権	9.17	
少年	女子	B4×100mメドレーリレー 予選		—	栃木＝棄権	9.18	
•飛 込							
日環アリーナ栃木屋内水泳場(栃木県総合運動公園屋内水泳場)							
成年	男子	飛板飛込	◎	1	須山晴貴(栃木県スポーツ協会) 451.80点	9.14	
成年	男子	高飛込	◎	3	須山晴貴(栃木県スポーツ協会) 405.70点	9.15	
成年	女子	飛板飛込	◎	2	榎本遼香(栃木県スポーツ協会) 320.00点	9.15	
成年	女子	高飛込	◎	4	榎本遼香(栃木県スポーツ協会) 352.50点	9.13	
少年	女子	飛板飛込		9	関野思衣(宇都宮南高) 215.70点	9.14	
少年	女子	高飛込	◎	8	田所三夏姫(宇都宮南高) 223.10点	9.13	
•アーティスティックスイミング							
日環アリーナ栃木屋内水泳場(栃木県総合運動公園屋内水泳場)							
少年	女子	デュエット テクニカルルーティン＋フリールーティン		16	金山桃子(大平南中)、真塩柑菜(本郷中) 137.3795点 〈テクニカルルーティン67.7462、フリールーティン69.6333〉	9.11	
•水 球							
栃木県立温水プール館							
少年	男子	1回戦			岡山(関西高) 15〈5-4, 2-1, 3-0, 5-3〉8 栃木(選抜)	9.10	
女子		予選リーグAブロック		3	山口(選抜) 22〈8-2, 7-3, 4-4, 3-3〉12 栃木(選抜)	9.11	

成年・少年	男子・女子	競技名／最終試合 等	入賞	順位	選手／チーム・所属・記録 等	日付(月.日)	備　考
●オープンウォータースイミング(OWS)							
市貝町塩田調整池特設競技場							
		中　止　(水質悪化のため)					
■サッカー							
さくら市総合公園さくらスタジアム／真岡市総合運動公園陸上競技場／矢板運動公園サッカー場							
成年	男子	準々決勝	◎	5	岐阜(選抜) 0〈0-0, 0-0, PK5-3〉0 栃木(選抜)	10. 3	
少年	男子	準々決勝	◎	5	大阪(選抜) 2〈1-1, 1-0〉1 栃木(選抜) 得点者【大】山田、藤井【栃】揚石	10. 4	
少年	女子	準々決勝	◎	5	埼玉(選抜) 0〈0-0, 0-0, PK6-5〉0 栃木(選抜)	10. 4	
■テニス							
宇都宮市屋板運動場庭球場／栃木県総合運動公園テニスコート							
成年	男子	1回戦			大分 2〈単1-1, 複1-0〉1 栃木	10. 2	
成年	女子	5、6位決定戦	◎	5	栃木(森崎・今西) 棄権 佐賀(大前・緒方)	10. 5	
少年	男子	2回戦			宮崎 2〈単2-0〉0 栃木	10. 2	
少年	女子	2回戦			山口 2〈単1-1, 複1-0〉1 栃木	10. 3	
■ボート							
谷中湖特設ボートコース							
成年	男子	かじつきフォア 敗者復活戦A組			栃木選抜(大関、村野、桑村、光山、古賀) 3分24秒43＝落選	10. 2	
成年	男子	ダブルスカル 5～8位決定戦	◎	8	栃木選抜(田村、木村) 3分23秒27	10. 4	
成年	男子	シングルスカル 敗者復活戦A組			横尾剛士(栃木選抜) 3分57秒26＝落選	10. 2	
成年	女子	かじ付きクォドルプル 準決勝C組			栃木選抜(岡部、安彦、生熊、増田董、田中) 3分48秒00＝落選	10. 3	
成年	女子	ダブルスカル 敗者復活戦A組			栃木選抜(加藤、佐々木) 4分0秒17＝落選	10. 2	
成年	女子	シングルスカル 準決勝A組			増田萌(栃木選抜) 4分14秒36＝落選	10. 3	
少年	男子	かじ付きクォドルプル 敗者復活戦A組			栃木選抜(角田、清水、宋、船田、三田) 3分44秒03＝落選	10. 2	
少年	男子	ダブルスカル 敗者復活戦B組			栃木選抜(青木、小林) 3分38秒69＝落選	10. 2	
少年	男子	シングルスカル 敗者復活戦B組			佐藤悠太(栃木選抜) 3分56秒00＝落選	10. 2	
少年	女子	かじ付きクォドルプル 5～8位決定戦	◎	7	栃木選抜(高実子、藤倉望、堀越、遠藤、藤倉麻) 3分39秒20	10. 4	
少年	女子	ダブルスカル 敗者復活戦A組			栃木選抜(福地、高瀬) 3分55秒41＝落選	10. 2	
少年	女子	シングルスカル 決勝	◎	2	飯塚百合子(東京・成立学園高) 4分5秒89	10. 4	
■ホッケー							
今市青少年スポーツセンター人工芝競技場／日光市ホッケー場							
成年	男子	決勝	◎	1	栃木(選抜) 3〈1-0, 1-1, 1-0, 0-1〉2 岐阜(選抜)	10. 6	2大会連続3度目の優勝
成年	女子	3位決定戦	◎	3	栃木(グラクソ・スミスクライン) 2〈0-0, 1-0, 0-0, 1-0〉0 鹿児島(選抜)	10. 6	
少年	男子	準々決勝	◎	5	島根(横田高) 3〈1-0, 0-3, 0-0, 2-0, SO 3-2〉3 栃木(選抜)	10. 3	
少年	女子	準々決勝	◎	5	島根(横田高) 3〈1-0, 2-0, 0-0, 0-0〉0 栃木(今市高)	10. 3	
■ボクシング							
日光市大沢体育館							
成年	男子	フライ級 決勝	◎	1	平塚駿之介(栃木・駒澤大) 判定 田村拓実(広島・大野石油店)	10.10	
成年	男子	バンタム級 1回戦			小山涼介(埼玉・日本大) RSC1回3分0秒 若林陸人(栃木・駒澤大)	10. 7	
成年	男子	ライト級 準々決勝	◎	5	大橋蓮(愛知・東京農大) RSC2回2分42秒 大関潤(栃木・東京農大)	10. 8	
成年	男子	ライトウェルター級 準々決勝	◎	5	久保寺啓太(神奈川・駒澤大) 判定 小森勇典(栃木・小山市役所)	10. 8	
成年	男子	ミドル級 準々決勝	◎	5	和田岳大(福井・同志社大) 判定 斎藤夢胤(栃木・駒澤大)	10. 8	
成年	女子	成年女子フライ級 1回戦			篠原光(東京・青山学院大) 判定 吉澤颯希(栃木・日本体育大)	10. 6	
少年	男子	フライ級 2回戦			久原悠人(佐賀・白石高) RSC3回1分25秒 小川悠希(栃木・作新学院高)	10. 7	
少年	男子	バンタム級 準決勝	◎	3	伊藤優希(青森・青森山田高) 不戦勝 亀田昇吾(栃木・作新学院高)	10. 9	
少年	男子	ライトウェルター級 1回戦			山田幸多(奈良・王寺工高) 判定 津久井将太(栃木・作新学院高)	10. 6	
少年	男子	ウェルター級 準決勝	◎	3	浜田実來(青森・弘前工高) 判定 市村奏太(栃木・作新学院高)	10. 9	
少年	男子	ミドル級 決勝	◎	2	川村陸(北海道・札幌工高) 判定 シルバ・イエシュア(栃木・作新学院高)	10.10	
■バレーボール							
DAIKYOアリーナ佐野(佐野市アリーナたぬま)／TKCいちごアリーナ(鹿沼総合体育館)／宇都宮市清原体育館／宇都宮市体育館							
成年	男子	5・7位決定戦	◎	5	栃木(選抜) 3〈18-25, 31-29, 25-18, 25-15〉1 石川(選抜)	10. 9	
成年	女子	1回戦			香川(選抜) 3〈25-23, 25-16, 15-25, 25-23〉1 栃木(選抜)	10. 7	
少年	男子	1回戦			長崎(選抜) 2〈25-14, 20-25, 25-20〉1 栃木(選抜)	10. 7	
少年	女子	1回戦			熊本(熊本信愛女学院高) 2〈24-26, 25-22, 25-22〉1 栃木(選抜)	10. 7	
■ビーチバレーボール							
足利市特設ビーチバレーボール会場							
少年	男子	1回戦			森田・森脇(鳥取) 2〈21-11, 21-18〉0 高橋・小島(栃木)	9.10	
少年	女子	3回戦			篠田・光武(岐阜) 2〈21-13, 21-11〉0 石崎・山口(栃木)	9.12	
■体　操							
●体操競技							
日環アリーナ栃木メインアリーナ(栃木県総合運動公園メインアリーナ)							
成年	男子	団体総合	◎	1	栃木(前田、湯浅、青木、中川、山本) 331.400点 〈床運動56.150、あん馬53.200、つり輪55.200、跳馬57.350、 平行棒56.350、鉄棒53.150〉	9.12	
成年	女子	団体総合	◎	2	栃木(内山、井関、土橋、安井、臼田) 211.250点 〈跳馬52.150、段違い平行棒52.650、平均台53.700、床運動52.750〉	9.12	
少年	男子	団体総合	◎	2	栃木(谷田、小野、川口、杉山、大島) 324.950点 〈床運動54.800、あん馬51.800、つり輪53.300、跳馬56.450、 平行棒54.600、鉄棒54.000〉	9.13	
少年	女子	団体総合		11	栃木(安里、平沢、加藤、中山、伊藤) 198.050点 〈跳馬50.750、段違い平行棒47.650、平均台49.200、床運動50.450〉	9.13	

成年・少年	男子・女子	競技名/最終試合 等	入賞	順位	選手/チーム・所属・記録 等	日付(月.日)	備考
●新体操							
栃木県立県南体育館メインアリーナ							
少年	女子	個人		8	栃木(選抜＝富山、吉田、清水、田淵) 21.1125点	9.18	成績順位は団体と個人の合計による
少年	女子	総合(個人＋団体)		23	栃木(選抜＝富山、吉田、清水、田淵、依藤) 39.7625点〈個人21.1125点、団体18.650点〉	9.19	
●トランポリン							
茂木町民体育館メインアリーナ							
男子		決勝	◎	5	山田大翔(栃木県スポーツ協会) 58.390点	10. 9	
女子		決勝	◎	5	谷口空(栃木県スポーツ協会) 52.230点	10. 9	

■バスケットボール

成年・少年	男子・女子	競技名/最終試合 等	入賞	順位	選手/チーム・所属・記録 等	日付(月.日)	備考
宇都宮市体育館/日環アリーナ栃木メインアリーナ(栃木県総合運動公園メインアリーナ)							
成年	男子	1回戦			愛媛(選抜) 91〈19-20, 18-18, 21-22, 23-21, 延長10-7〉88 栃木(白鷗大)	10. 2	
成年	女子	1回戦			山形(山形銀行) 67〈20-20, 17-21, 14-7, 16-14〉62 栃木(白鷗大)	10. 2	
少年	男子	2回戦			福岡(選抜) 110〈25-14, 38-15, 24-15, 23-16〉60 栃木(選抜)	10. 3	
少年	女子	2回戦			宮城(選抜) 63〈21-18, 23-5, 11-10, 8-17〉50 栃木(選抜)	10. 3	

■レスリング

成年・少年	男子・女子	競技名/最終試合 等	入賞	順位	選手/チーム・所属・記録 等	日付(月.日)	備考
FUKAI SQUARE GARDEN 足利(足利市民体育館)							
成年	男子	フリースタイル61kg級 準々決勝	◎	5	深水小鉄(大分・東洋大) 6-0 鴇田昇大(栃木・明治大)	10. 3	
成年	男子	フリースタイル65kg級 決勝	◎	2	清岡幸大郎(高知・日本体育大) 8-1 上野裕次郎(栃木・栃木県スポーツ協会)	10. 3	
成年	男子	フリースタイル74kg級 準々決勝	◎	5	木下貴輪(鹿児島・クリナップ) Tフォール3分54秒 磯次郎(栃木・自衛隊)	10. 3	
成年	男子	フリースタイル86kg級 2回戦			栃倉健人(新潟・日本大) 5-3 市川アンディ(栃木・神奈川大)	10. 2	
成年	男子	グレコローマンスタイル60kg級 2回戦			河名真偉斗(広島・自衛隊) 3-1 矢部和希(栃木・栃木県スポーツ協会)	10. 4	
成年	男子	グレコローマンスタイル97kg級 準決勝	◎	3	仲里優力(佐賀・佐賀県スポーツ協会) Tフォール2分6秒 中原陸(栃木・大東文化大)	10. 5	
女子		フリースタイル53kg級 準々決勝	◎	5	下野佑実(群馬・育英大) 6-0 高山凜子(栃木・至学館大)	10. 3	
女子		フリースタイル62kg級 2回戦			入江くみ(鹿児島・鹿児島県スポーツ協会) 9-2 吉柴未彩輝(栃木・大東文化大)	10. 2	
少年	男子	フリースタイル51kg級 準決勝	◎	3	菊地優太(静岡・飛龍高) 5-2 與那城一輝(栃木・足利大附属高)	10. 3	
少年	男子	フリースタイル60kg級 1回戦			中野瑞己(大阪・興国高) 12-10 大関勁心(栃木・足利大附属高)	10. 2	
少年	男子	フリースタイル65kg級 1回戦			上村律心(高知・高知南高) Tフォール3分21秒 小野寺剛志(栃木・足利大附属高)	10. 2	
少年	男子	グレコローマンスタイル55kg級 準々決勝	◎	5	金澤孝羽(東京・自由ケ丘学園高) Tフォール1分45秒 半田智(栃木・足利大附属高)	10. 4	
少年	男子	グレコローマンスタイル71kg級 準々決勝	◎	5	長谷川虎次郎(山梨・韮崎工高) Tフォール3分52秒 加藤佑規(栃木・宇都宮商高)	10. 4	
少年	男子	グレコローマンスタイル92kg級 決勝	◎	1	植木優斗(栃木・足利大附属高) Tフォール1分43秒 磯谷輝(滋賀・八幡工高)	10. 5	
少年	男子	グレコローマンスタイル125kg級 準々決勝	◎	5	織山昭成(秋田・秋田商高) 4-3 福島煌天(栃木・足利大附属高)	10. 4	

■重量挙げ(ウエイトリフティング)

成年・少年	男子・女子	競技名/最終試合 等	入賞	順位	選手/チーム・所属・記録 等	日付(月.日)	備考
小山市立体育館							
成年	男子	81kg級スナッチ	◎	2	山根大地(自衛隊) 144kg	10. 7	
成年	男子	81kg級クリーン＆ジャーク	◎	3	山根大地(自衛隊) 170kg	10. 7	
成年	男子	81kg級トータル	◎	2	山根大地(自衛隊) 314kg〈スナッチ144、ジャーク170〉	10. 7	総合得点対象外
成年	男子	89kg級スナッチ		11	櫻井歩(エステート住宅産業) 125kg	10. 7	
成年	男子	89kg級クリーン＆ジャーク		12	櫻井歩(エステート住宅産業) 155kg	10. 7	
成年	男子	89kg級トータル		11	櫻井歩(エステート住宅産業) 280kg〈スナッチ125、ジャーク155〉	10. 7	総合得点対象外
成年	男子	96kg級スナッチ		12	野尻雄基(足利特別支援学校教) 125kg	10. 7	
成年	男子	96kg級クリーン＆ジャーク		9	野尻雄基(足利特別支援学校教) 161kg	10. 7	
成年	男子	96kg級トータル		12	野尻雄基(足利特別支援学校教) 286kg〈スナッチ125、ジャーク161〉	10. 7	総合得点対象外
成年	男子	109kg級スナッチ	◎	3	ジェンディ今夢(栃木県スポーツ協会) 152kg	10. 7	
成年	男子	109kg級クリーン＆ジャーク	◎	4	ジェンディ今夢(栃木県スポーツ協会) 187kg	10. 7	
成年	男子	109kg級トータル		3	ジェンディ今夢(栃木県スポーツ協会) 339kg〈スナッチ152、ジャーク187〉	10. 7	総合得点対象外
女子		49kg級スナッチ		15	田中千桜音(栃木翔南高) 49kg	10. 9	
女子		49kg級クリーン＆ジャーク		14	田中千桜音(栃木翔南高) 56kg	10. 9	
女子		49kg級トータル		14	田中千桜音(栃木翔南高) 105kg〈スナッチ49、ジャーク56〉	10. 9	総合得点対象外
女子		55kg級スナッチ	◎	5	井崎茅夏(栃木県スポーツ協会) 79kg	10. 9	
女子		55kg級クリーン＆ジャーク	◎	5	井崎茅夏(栃木県スポーツ協会) 100kg	10. 9	
女子		55kg級トータル		5	井崎茅夏(栃木県スポーツ協会) 179kg〈スナッチ79、ジャーク100〉	10. 9	総合得点対象外
女子		59kg級スナッチ	◎	8	山村侑生(栃木県スポーツ協会) 81kg	10.10	
女子		59kg級クリーン＆ジャーク	◎	4	山村侑生(栃木県スポーツ協会) 105kg	10.10	
女子		59kg級トータル		5	山村侑生(栃木県スポーツ協会) 186kg〈スナッチ81、ジャーク105〉	10.10	総合得点対象外
女子		71kg級スナッチ	◎	7	山根緑(平成国際大) 87kg	10.10	
女子		71kg級クリーン＆ジャーク		13	山根緑(平成国際大) 102kg	10.10	
女子		71kg級トータル		10	山根緑(平成国際大) 189kg〈スナッチ87、ジャーク102〉	10.10	総合得点対象外
少年	男子	73kg級スナッチ		9	石塚智也(栃木翔南高) 99kg	10. 8	
少年	男子	73kg級クリーン＆ジャーク		12	石塚智也(栃木翔南高) 112kg	10. 8	
少年	男子	73kg級トータル		11	石塚智也(栃木翔南高) 211kg〈スナッチ99、ジャーク112〉	10. 8	総合得点対象外
少年	男子	89kg級スナッチ		9	及川瑛人(青藍泰斗高) 103kg	10. 9	
少年	男子	89kg級クリーン＆ジャーク	◎	4	及川瑛人(青藍泰斗高) 136kg	10. 9	
少年	男子	89kg級トータル		7	及川瑛人(青藍泰斗高) 239kg〈スナッチ103、ジャーク136〉	10. 9	総合得点対象外
少年	男子	＋102kg級スナッチ	◎	1	塚田直人(小山南高) 133kg	10.10	大会新
少年	男子	＋102kg級クリーン＆ジャーク	◎	1	塚田直人(小山南高) 171kg	10.10	大会新
少年	男子	＋102kg級トータル	◎	1	塚田直人(小山南高) 304kg〈スナッチ133＝大会新、ジャーク171〉	10.10	総合得点対象外

成年・少年	男子・女子	競技名／最終試合 等	入賞	順位	選手／チーム・所属・記録 等	日付(月.日)	備考
■ハンドボール							
日立栃木体育館／野木町立野木中学校体育館／学校法人國學院大學栃木学園第二体育館							
成年	男子	準々決勝	◎	5	愛知(豊田合成) 41〈20-4, 21-9〉13 栃木(選抜)	10. 7	
成年	女子	1回戦			大阪(選抜) 22〈11-11, 11-10〉21 栃木(選抜)	10. 6	
少年	男子	1回戦			三重(選抜) 31〈13-8, 18-12〉20 栃木(選抜)	10. 6	
少年	女子	1回戦			兵庫(神戸星城高) 28〈10-8, 18-9〉17 栃木(選抜)	10. 6	
■自転車							
那須町特設ロードレース・コース／宇都宮競輪場							
成年	男子	個人ロードレース(123.2km) 決勝		9	石原悠希(栃木県スポーツ協会) 2時間55分14秒	10. 9	
成年	男子	個人ロードレース(123.2km) 決勝		31	貝原涼太(栃木県スポーツ協会) 2時間58分14秒	10. 9	
成年	男子	1kmタイムトライアル 決勝		16	福田稔希(日本競輪選手会) 1分7秒436	10. 7	
成年	男子	スプリント 5～8位決定戦	◎	8	川上隆義(日本大)	10. 8	
成年	男子	ポイント・レース(30km) 決勝	◎	1	貝原涼太(栃木県スポーツ協会)20点	10. 7	
成年	男子	ケイリン 決勝	◎	2	町田颯(日本大)	10. 8	
成年	男子	スクラッチ 決勝		14	石原悠希(栃木県スポーツ協会)	10. 7	
男子		4kmチーム・パーシュート 最終順位	◎	2	栃木(石原、阿久津、貝原、浅野)	10. 6	
男子		チームスプリント 最終順位	◎	8	栃木(川上隆、福田、町田)	10. 6	
女子		個人ロードレース(52.8km) 決勝		11	新沼杏菜(作新学院高) 1時間31分15秒	10. 9	
女子		500mタイムトライアル 決勝	◎	2	荒牧聖未(日本競輪選手会) 37秒233	10. 8	
女子		ケイリン 敗者復活戦1組		2	普久原美海(作新高)＝落選	10. 6	
女子		スクラッチ 決勝	◎	4	新沼杏菜(作新学院高)	10. 7	
女子		チームスプリント 最終順位	◎	3	栃木(荒牧、普久原)	10. 6	
少年	男子	個人ロードレース(88.0km) 決勝		24	金沢映幸(真岡工高) 2時間11分45秒	10. 9	
少年	男子	個人ロードレース(88.0km) 決勝		―	阿久津仰祐(作新学院高)＝途中棄権	10. 9	
少年	男子	1kmタイムトライアル 決勝	◎	5	阿久津仰祐(作新学院高) 1分7秒623	10. 7	
少年	男子	スプリント 予選		29	川上修義(作新学院高) 12秒490＝落選	10. 5	
少年	男子	ケイリン 7～12位決定戦	◎	7	浅野涼太(作新学院高) 11秒513	10. 8	
少年	男子	スクラッチ 予選3組		11	金澤映幸(真岡工高)＝落選	10. 6	
■ソフトテニス							
石川スポーツグラウンドくろいそ(那須塩原市くろいそ運動場)テニスコート							
成年	男子	2回戦			京都 3〈単1-0, 複2-0〉0 栃木 ○川崎・星野慎 4-2 正木・福田成, ○星野雄 4-2 福田栄, ○阪本・山本 4-1 狩俣・田代	10. 9	
成年	女子	2回戦			広島 2〈単1-0, 複1-1〉1 栃木 岡本・又江 0-4 井腰・佐藤○, ○尾上 4-0 柴田, ○浅見・濱島 4-0 高松・久我	10. 9	
少年	男子	1回戦			香川 3〈単1-0, 複2-0〉0 栃木 ○宮本・上田 4-1 渡邊・荒井, ○岩田 4-1 星野, ○中川・宮田 4-2 深澤・小林	10. 7	
少年	女子	7・8位決定戦	◎	8	広島 2〈単1-0, 複1-0〉0 栃木 ○佐藤・杉本 4-1 日笠・橋本, ○宮前 4-0 直井	10. 8	
■卓　球							
TKCいちごアリーナ(鹿沼総合体育館)							
成年	男子	1次リーグHグループ		2	愛知 3〈○田中 3-2 上田, 篠塚 0-3 吉田○, ○谷垣 3-0 平野, 篠塚 2-3 上田○, ○田中 3-2 吉田〉2 栃木	10. 2	
成年	女子	決勝	◎	1	栃木 3〈○安藤 3-1 木村, 鈴木 0-3 成本○, 木村 1-3 青木○, ○安藤 3-2 成本, ○鈴木 3-0 木村〉2 広島	10. 5	
少年	男子	1次リーグCグループ		4	福岡 3〈○道廣 3-1 大久保, 浅見 0-3 星○, ○石井 3-1 續橋, ○道廣 3-2 星〉1 栃木	10. 3	
少年	女子	3回戦			岡山 3〈吉井 0-3 東川○, ○面手 3-0 佐久間, ○高橋 3-1 小川, ○面手 3-0 東川〉1 栃木	10. 3	
■軟式野球							
益子町北公園野球場							
成年	男子	1回戦			栃木(栃木選抜) 0〈0-0, 0-0, 0-0, 0-0, 0-0, 0-0, 0-0, 0-2, 0×〉2 富山(武内プレス工業) (栃)新藤、斎藤、永澤―渭原　(富)山本―布施　◇本塁打／森川(富)	10. 7	
■相　撲							
栃木県立県北体育館							
成年	男子	団体 決勝トーナメント1回戦			和歌山 2〈五島○ おしだし 三田, 宮崎 よりきり ○西方, 沢田○ つきおとし 菊池〉1 栃木	10. 3	
成年	男子	個人 準々決勝	◎	5	石崎涼馬(高知・日本体育大)○ はたきこみ 三田大生(栃木・近畿大)	10. 3	総合得点対象外
少年	男子	団体 予選3回戦			石川 3〈武内 おくりだし ○佐川, 上田○ おくりだし 福田, 小村 おしだし ○磯, 森田○ おしだし 直江, 篠(侑)○ よりたおし 大塚〉2 栃木	10. 1	
少年	男子	個人 決勝トーナメント1回戦			鈴木大和(青森・三本木農・三本木農恵拓高)○ よりきり 佐川勇斗(栃木・黒羽高)	10. 2	総合得点対象外

■馬　術

那須塩原市地方競馬教養センター

成年·少年	男子·女子	競技名／最終試合 等	入賞	順位	選手／チーム・所属・記録 等	日付(月.日)	備　考
成年	男子	国体総合馬術(減点法)	◎	3	駒津眞希[ハイペリオンKG](栃の葉乗馬クラブ) 36.5点 〈馬場馬術36.5、障害飛越0.0〉	10. 8	
成年	男子	馬場馬術(得点率)	◎	3	鈴木直人[ファーストオリバー](鍋掛牧場) 68.382	10. 6	
成年	男子	自由演技馬場馬術(得点率)	◎	1	鈴木直人[ファーストオリバー](鍋掛牧場) 71.020	10. 8	
成年	男子	国体大障害飛越(減点法)	◎	2	広田龍馬[ニック・オブ・タイム](那須トレーニングファーム) 4点、 1分12秒57	10. 9	
成年	男子	ダービー(減点法)	◎	4	増山誠倫[アダマス](小山乗馬クラブ) 0点、1分51秒19	10. 6	
成年	男子	トップスコア	◎	1	広田龍馬[ニック・オブ・タイム](那須トレーニングファーム) 440点	10. 6	
成年	男子	スピードアンドハンディネス	◎	2	増山誠倫[アダマス](小山乗馬クラブ) 1分0秒15	10. 7	
成年	男子	六段障害飛越(減点法)		14	増山治夫[キャンベラZ](小山乗馬クラブ) 1回、8点	10.10	
成年	女子	馬場馬術(得点率)	◎	2	金城友[ハイテック](筑波PRI) 67.088	10. 7	
成年	女子	自由演技馬場馬術(得点率)	◎	2	金城友[ハイテック](筑波PRI) 69.375	10.10	
成年	女子	標準障害飛越(減点法)	◎	4	広田思乃[ライフ・イズ・ビューティフル](那須トレーニングファーム) 0点、1分4秒64	10. 8	
成年	女子	ダービー(減点法)	◎	3	増山久佳[ビューティー](小山乗馬クラブ) 0点、1分53秒18	10. 7	
成年	女子	トップスコア	◎	1	増山久佳[ビューティー](小山乗馬クラブ) 1300点	10. 9	
成年	女子	二段階障害飛越(減点法)	◎	1	広田思乃[ライフ・イズ・ビューティフル](那須トレーニングファーム) 0点、27秒73	10. 6	
少年		馬場馬術(得点率)	◎	6	渡邊心[ジキータ](鍋掛牧場) 64.559	10. 6	
少年		自由演技馬場馬術(得点率)	◎	1	渡邊心[ジキータ](鍋掛牧場) 69.515	10. 9	
少年		標準障害飛越(減点法)	◎	7	広田大和[ブレイヴスターズｏｆヤス](那須トレーニングファーム) 0点、1分4秒60	10. 7	
少年		ダービー(減点法)	◎	2	瀧田玲[グッドルーカス](那須トレーニングファーム) 0点、1分57秒97	10. 9	
少年		トップスコア	◎	5	広田大和[ブレイヴスターズofヤス](那須トレーニングファーム) 1220点	10.10	
少年		スピードアンドハンディネス	◎	1	瀧田玲[グッドルーカス](那須トレーニングファーム) 53秒92	10. 6	
少年		二段階障害飛越(減点法)		12	駒津壱成[カリズマウィッシュ](栃の葉乗馬クラブ) ＝第2段階に進出できず	10. 8	
少年		リレー	◎	6	栃木(広田・ブレイヴスターズofヤス、瀧田・グッドルーカス) 1分2秒62〈加算秒数8〉	10. 8	
少年		団体障害飛越1回戦(減点法)		9	鹿児島(上村・鳥居) 1-4 栃木(駒津・富永)	10. 7	

■フェンシング

上三川町体育センター

成年·少年	男子·女子	競技名／最終試合 等	入賞	順位	選手／チーム・所属・記録 等	日付(月.日)	備　考
成年	男子	フルーレ 5·6位決定戦	◎	5	栃木 2〈○伊藤大 5-0 山田, ○伊藤拓 5-3 鬼沢〉0 茨城	10. 3	伊藤大·伊藤拓·京極
成年	男子	サーブル 3回戦			三重 2〈○柏木 5-3 京極, ○小久保 5-1 伊藤大〉0 栃木	10. 5	
成年	女子	フルーレ 1回戦順位第1プール		4	富山 2〈駒場 2-5 大西○, ○永井 5-1 國谷, ○山口 5-4 中浦〉1 栃木	10. 2	1勝3敗
成年	女子	エペ 決勝	◎	2	京都 2〈○寺山 5-3 中浦, 竹山 3-5 國谷○, ○池端 5-3 大西〉1 栃木	10. 5	
少年	男子	フルーレ 1回戦第5プール		3	長野 2〈○埋橋 5-4 土澤, 小池 3-5 栃木○, ○有賀 5-0 石川〉1 栃木	10. 3	2敗
少年	女子	フルーレ 1回戦第5プール		3	岐阜 3〈○村瀬 5-2 中西, ○長瀬 5-2 大久保, ○清水 5-3 三谷〉0 栃木	10. 3	2敗

■柔　道

ユウケイ武道館(栃木県総合運動公園武道館)

成年·少年	男子·女子	競技名／最終試合 等	入賞	順位	選手／チーム・所属・記録 等	日付(月.日)	備　考
成年	男子	決勝	◎	1	栃木 1-1 宮崎　(栃木内容勝ち) ○山本〔③〕優勢 杉本〔②〕, 齋五澤〔③〕引き分け 立川〔②〕, 長島〔⑤〕引き分け 笹谷〔③〕, 熊代〔⑥〕引き分け 川田〔③〕, 北野〔③〕優勢 尾原〔④〕○	10. 9	初優勝
女子		2回戦			滋賀 3-0 栃木 ○足立〔初〕優勢 増渕〔初〕, 足達〔③〕引き分け 栗田〔③〕, ○篠原〔初〕反則勝ち 青田〔②〕, ○本田〔初〕肩固め 岡〔②〕, 杉村〔②〕引き分け 蓮尾〔③〕	10. 9	
少年	男子	2回戦			兵庫 3-1 栃木 ○藤本〔初〕優勢 田宮〔初〕, ○顕徳〔初〕合わせ技 長須〔初〕, 望月〔初〕釣り込み腰 齋五澤〔②〕○, 内海〔初〕引き分け 片山〔初〕, ○村瀬〔初〕優勢 藤井〔②〕	10.10	

■ソフトボール

黒羽運動公園多目的運動場／美原公園第2球場／エコアールグリーン球場(足利市総合運動場軟式野球場)／大田原グリーンパーク

成年·少年	男子·女子	競技名／最終試合 等	入賞	順位	選手／チーム・所属・記録 等	日付(月.日)	備　考
成年	男子	準決勝	◎	3	岡山(選抜) 6〈1-0, 0-0, 4-1, 0-0, 1-0, 0-0, 0-1〉2 栃木(ホンダ) (岡)小山－藤井　(栃)長井、大西－遠畑、加藤　◇本塁打／和田(岡)	10. 9	
成年	女子	準決勝	◎	3	神奈川(日立) 10〈3-0, 7-0, 0-0, 0-0, 0-0〉0 栃木(ホンダ) 5回規定によりコールドゲーム (神)田内一清原　(栃)秋豆一棚町　◇本塁打／清原(神)	10. 9	
少年	男子	1回戦			栃木(選抜) 1〈1-4, 0-0, 0-0, 0-3, 0-1×〉8 福岡(選抜) 5回規定によりコールドゲーム (栃)梁島一袴田、蝶野　(福)遠藤一日高　◇本塁打／新村(福)	10. 8	
少年	女子	準決勝	◎	3	栃木(選抜) 0〈0-0, 0-0, 0-0, 0-0, 0-0, 0-0, 0-0, 0-0, 0-0, 0-3×〉3 佐賀(佐賀女子高) 延長10回タイブレーク (栃)鈴木一八木沢　(佐)辻一椎場　◇本塁打／小松(佐)	10. 9	

■バドミントン

栃木県立県北体育館

成年·少年	男子·女子	競技名／最終試合 等	入賞	順位	選手／チーム・所属・記録 等	日付(月.日)	備　考
成年	男子	2回戦			富山 2〈単1-0, 複1-0〉0 栃木 ○金子·大林 2〈21-15, 15-21, 21-13〉1 寺田·北川, ○秦野 2〈21-10, 21-9〉0 大堀	10. 7	
成年	女子	1回戦			大阪 2〈単1-0, 複1-0〉0 栃木 ○兒玉·坂中 2〈22-20, 13-21, 21-19〉1 杉村·佐川, ○重山 2〈5-21, 23-21, 21-17〉1 舛木	10. 8	
少年	男子	1回戦			熊本 2〈単1-0, 複1-0〉0 栃木 ○毛利·山本 2〈11-21, 21-17, 23-21〉1 浅石·遠井, ○石原 2(21-16, 21-16)0 白田	10. 8	

成年・少年	男子・女子	競技名／最終試合 等	入賞	順位	選手／チーム・所属・記録 等	日付(月.日)	備考
少年	女子	2回戦			佐賀 2(単1-1, 複1-0)1 栃木 ○永渕・下村 2(21－16, 14－21, 21－10)1 須崎・遠藤 今泉 1(10－21, 21－11, 4－21)2 水井○, ○永渕 2(21－14, 21－19)0 遠藤	10. 8	

■弓　道

ユウケイ武道館(栃木県総合運動公園武道館)

成年・少年	男子・女子	競技名／最終試合 等	入賞	順位	選手／チーム・所属・記録 等	日付(月.日)	備考
成年	男子	近的5～8位決定戦(6射)	◎	6	栃木 5中〈柿崎2中、寺崎1中、五十嵐2中〉	9.13	
成年	男子	遠的予選(24射)		9	栃木 156点〈柿崎46点、寺崎67点、五十嵐43点〉＝落選	9.10	
成年	女子	近的5～8位決定戦(6射)	◎	5	栃木 6中〈アリ2中、滝田2中、犬塚2中〉	9.13	
成年	女子	遠的決勝(12射)	◎	1	栃木 62-56 石川 〈栃木＝アリ24点、滝田17点、犬塚21点／ 石川＝越能22点、山本17点、中村17点〉	9.12	初優勝
少年	男子	近的予選(24射)		9	栃木 17中〈石川7中、坂本5中、久保田5中〉＝落選	9.10	
少年	男子	遠的3位決定戦(6射)	◎	4	千葉 38-21 〈千葉＝井上12点、高木12点、袴田14点／ 栃木＝石川0点、坂本3点、久保田18点〉	9.11	
少年	女子	近的予選(24射)		16	栃木 13中〈大町6中、小池5中、橋壁2中〉＝落選	9.10	
少年	女子	遠的３位決定戦(6射)	◎	3	栃木 21-19 福島 〈栃木＝大町14点、小池0点、橋壁7点／福島＝高橋7点、中島5点、阿部7点〉	9.11	

■ライフル射撃

栃木県ライフル射撃場／栃木県警察学校射撃場／栃木県総合教育センター体育館

成年・少年	男子・女子	競技名／最終試合 等	入賞	順位	選手／チーム・所属・記録 等	日付(月.日)	備考
成年	男子	50mライフル三姿勢 決勝	◎	3	小林郁弥(日本ウオーターテックス) 436.1点	10. 7	
成年	男子	50mライフル伏射(60発) 予選		9	上竹強仁(栃木銀行) 612.4点	10. 6	
成年	男子	50mライフル膝射(20発) 決勝	◎	7	上竹強仁(栃木銀行) 186点	10. 7	
成年	男子	10mエア・ライフル立射(60発) 決勝	◎	5	井黒友斗(北関東綜合警備保障) 182.8点	10. 6	
成年	男子	10mエア・ライフル伏射(60発) 決勝	◎	5	井黒友斗(北関東綜合警備保障) 627.1点	10. 7	
成年	男子	10mエア・ピストル(60発) 予選		24	海賀竜之介(那須国際射撃場) 533点	10. 7	
成年	男子	25mセンター・ファイア・ピストル(60発、決勝20発) 決勝		15	村山敦史(栃木県警) 568点〈精密射撃276、速射292、合計568〉	10. 8	
成年	男子	25mセンター・ファイア・ピストル(30発) 決勝	◎	8	村山敦史(栃木県警) 284点	10. 9	
成年	女子	50mライフル三姿勢 予選		19	中山結愛(県ライフルスポーツ射撃協会) 555点〈膝射185、伏射185、立射185〉	10. 8	
成年	女子	50mライフル伏射(60発) 決勝		16	中山結愛(県ライフルスポーツ射撃協会) 605.6点	10. 6	
成年	女子	10mエア・ライフル立射(60発) 予選		34	佐藤泉美(TKCカスタマーサポートサービス) 596.9点	10. 6	
成年	女子	10mエア・ライフル伏射(60発) 決勝		31	佐藤泉美(TKCカスタマーサポートサービス) 615.3点	10. 8	
成年	女子	10mエア・ピストル(60発) 予選		11	小林明菜(栃木県警) 549点	10. 7	
少年	男子	10mエア・ライフル立射(60発) 予選		19	三村夢生(真岡北陵高) 587.8点	10. 8	
少年	男子	ビーム・ライフル立射(60発) 予選		30	藤川暁匡(真岡北陵高) 608.9点	10. 7	
少年	男子	ビーム・ピストル(60発) 予選		16	青柳斉来(真岡北陵高) 514点	10. 6	
少年	女子	10mエア・ライフル立射(60発) 決勝	◎	8	鈴木仁子(真岡北陵高) 112.2点	10. 9	
少年	女子	ビーム・ライフル立射(60発) 決勝	◎	4	小林和奈(真岡北陵高) 207.0点	10. 8	
少年	女子	ビーム・ピストル(60発) 予選		13	田崎美羽(真岡北陵高) 506点	10. 6	
MIX少年		ビーム・ライフルミックス 3位決定戦	◎	4	佐賀(馬場、松尾) 16-4 栃木(藤川、小林)	10. 8	

■剣　道

ユウケイ武道館(栃木県総合運動公園武道館)

成年・少年	男子・女子	競技名／最終試合 等	入賞	順位	選手／チーム・所属・記録 等	日付(月.日)	備考
成年	男子	決勝	◎	1	栃木 4-1 神奈川 ○大平〔④〕 メー 貝塚〔④〕, ○市川〔⑤〕 ドドー 田中〔⑤〕, 鈴木〔⑦〕 ーメ 浦川〔⑦〕○, ○藤原〔⑦〕 ドドーメ 北条〔⑦〕, ○大島〔⑧〕 メー 宮崎〔⑧〕	10. 5	初優勝
成年	女子	決勝	◎	1	栃木 2-0 大阪 ○竹中〔⑤〕 ドメー 藤崎〔④〕, ○飯塚〔⑥〕 メメー 有本〔④〕, 関口〔⑦〕 ドーメ 近藤〔⑦〕	10. 4	初優勝
少年	男子	決勝	◎	1	栃木 3-1 茨城 ○増森〔③〕 メー 望月〔③〕, 西野〔③〕 ーコ 神賀〔③〕○, ○清武〔③〕 コー 高木〔③〕, ○藤田〔③〕 メメー 田中〔③〕, 土井〔③〕 ツーメ 熊木〔③〕	10. 3	42年ぶり2度目の優勝
少年	女子	決勝	◎	1	栃木 2-1 秋田 毛塚〔②〕 メーメメ 佐藤〔③〕○, 屋代〔②〕 メーメ 及川〔③〕, ○刀川〔②〕 メー 高階〔③〕, ○大河原〔②〕 メメー 高橋〔②〕, 高松〔②〕 メーメ 小野〔③〕	10. 3	初優勝

■ラグビーフットボール

佐野市運動公園第1多目的球技場／清酒開華スタジアム(佐野市運動公園陸上競技場)

成年・少年	男子・女子	競技名／最終試合 等	入賞	順位	選手／チーム・所属・記録 等	日付(月.日)	備考
成年	男子	(7人制) 5・6位決定戦	◎	5	栃木(選抜) 26〈26-5, 0-12〉17 大阪(選抜)	10. 4	
女子		(7人制) 3・4位決定戦	◎	3	栃木(選抜) 33〈14-0, 19-0〉0 福岡(選抜)	10. 6	
少年	男子	(15人制) 準決勝	◎	3	福岡(選抜) 24〈21-5, 3-5〉10 栃木(國學院栃木高)	10. 5	

■スポーツクライミング

壬生町総合運動場特設会場

成年・少年	男子・女子	競技名／最終試合 等	入賞	順位	選手／チーム・所属・記録 等	日付(月.日)	備考
成年	男子	リード 決勝	◎	4	栃木(楢﨑智、楢﨑明)	10. 4	
成年	男子	ボルダリング 決勝	◎	3	栃木(楢﨑智、楢﨑明)	10. 4	
成年	女子	リード 予選			栃木(工藤、長嶋)＝落選	10. 2	
成年	女子	ボルダリング 予選			栃木(工藤、長嶋)＝落選	10. 3	
少年	男子	リード 決勝	◎	6	栃木(関口、寺川)	10. 4	
少年	男子	ボルダリング 決勝	◎	5	栃木(関口、寺川)	10. 3	
少年	女子	リード 決勝	◎	7	栃木(葛生、篠崎)	10. 2	
少年	女子	ボルダリング 決勝	◎	3	栃木(葛生、篠崎)	10. 4	

成年・少年	男子・女子	競技名／最終試合 等	入賞	順位	選手／チーム・所属・記録 等	日付(月.日)	備考
■アーチェリー							
那須烏山市緑地運動公園多目的競技場							
成年	男子	団体予選		10	栃木 1853点〈星627、舘野622、金子604〉＝落選	10. 8	
成年	男子	個人		—	〔23〕星達也(三菱電機) 627点 〔25〕舘野磨生(日本体育大) 622点 〔34〕金子卓矢(東光高岳) 604点	10. 8	総合得点対象外
成年	女子	団体予選		13	栃木 1758点〈宮下594、星584、井上580〉＝落選	10. 8	
成年	女子	個人		—	〔29〕宮下真奈美(グランディハウス) 594点 〔30〕星亜沙美(ダイサン印刷) 584点 〔31〕井上いづみ(TA・Lazo) 580点	10. 8	総合得点対象外
少年	男子	団体予選		18	栃木 1639点〈梶塚550、川上550、佐藤539〉＝落選	10. 8	
少年	男子	個人			〔50〕川上颯大(烏山高) 550点 〔51〕梶塚一葉(烏山高) 550点 〔56〕佐藤義斗(烏山高) 539点	10. 8	総合得点対象外
少年	女子	団体予選		20	栃木 1541点〈平野533、芝沼522、福田486〉＝落選	10. 8	
少年	女子	個人		—	〔40〕平野薫(烏山高) 533点 〔44〕芝沼亜衣果(烏山高) 522点 〔61〕福田実玖(鹿沼高) 486点	10. 8	総合得点対象外
■空手道							
栃木県立県南体育館							
成年・少年 男女共通		組手団体 決勝	◎	1	栃木 3-1 東京〈○根岸 7-4 阿部, ○澤江 3-0 久保田, 高橋 0-0 芝本, 阿久津 5-6 片岡○, ○佐合 9-4 長沼〉	10. 4	初優勝
成年	男子	組手個人軽量級 3位決定戦	◎	3	佐合尚人(栃木・高栄警備保障) 4-1 畔上輝(長野・駒澤大)	10. 2	
成年	男子	組手個人中量級 2回戦			中野壮一朗(京都・イーギャランティ) 3-1 高橋昂輝(栃木・ティエムティ)	10. 2	
成年	男子	組手個人重量級 2回戦			米山航生(鹿児島・近畿大) 6-5 阿久津龍司(栃木・東北福祉大)	10. 2	
成年	男子	個人形 順位	◎	2	本龍二(栃木・イー・ギャランティ)	10. 3	
成年	女子	組手個人 決勝	◎	1	澤江優月(栃木・帝京大) 2-0 小堂利奈(京都・京都産業大)	10. 2	
成年	女子	形 ラウンド1第1プール		5	久保田凪(栃木・国士舘大) 22.80点＝落選	10. 3	
少年	男子	組手個人 3回戦			阿部遥佑(東京・世田谷学園高) 6-3 根岸航太郎(栃木・埼玉栄高)	10. 3	
少年	男子	形 ラウンド2第1プール		5	植田颯真(栃木・宇都宮短大附属高) 23.10点	10. 2	
少年	女子	組手個人 1回戦			江尻ふみ(岐阜・済美高) 3-2 小野崎陽菜(栃木・作新学院高)	10. 3	
少年	女子	個人形 順位	◎	3	佐藤幸(栃木・作新学院高)	10. 2	
■なぎなた							
関東ホーチキにしかた体育館(栃木市西方総合文化体育館)							
成年	女子	演技 3回戦			茨城(服部、水谷) 4-1 栃木(中島、疋田)	10. 3	
成年	女子	試合 3回戦			奈良 2〈○井口〔3〕 コー 中島〔3〕, ○石塚〔4〕 判定 佐藤〔5〕, 大倉〔錬〕 ース 疋田〔4〕○〉1 栃木	10. 4	
少年	女子	演技 3位決定戦	◎	4	愛媛(神山、渡辺) 3-2 栃木(杉浦、坪山)	10. 2	
少年	女子	試合 3位決定戦	◎	3	栃木 2〈○石田〔1〕 メー 阿比留〔初〕, 杉浦〔2〕 判定 高田遥〔2〕○, ○坪山〔初〕 メー 高田愛〔初〕〉1 兵庫	10. 3	
■ボウリング							
足利スターレーン							
成年	男子	団体(4人チーム) 予選		10	栃木 2212点〈新井575、荒井585、大室527、佐々木525〉＝落選	10.10	
成年	男子	団体(2人チーム) 予選		42	栃木(B) 1049点〈新井482、荒井567〉＝落選	10. 9	
成年	男子	団体(2人チーム) 予選		51	栃木(A) 1005点〈佐々木487、大室518〉＝落選	10. 9	
成年	男子	個人 予選(前半＋後半)		37	新井審護 1190点〈前半621、後半569〉＝落選	10. 8	
成年	男子	個人 予選(前半＋後半)		61	佐々木銀次 1139点〈前半575、後半564〉＝落選	10. 8	
成年	男子	個人 予選(前半＋後半)		92	荒井崇聡 1074点〈前半560、後半514〉＝落選	10. 8	
成年	男子	個人 予選(前半＋後半)		112	大室勝幸 949点〈前半466、後半483〉＝落選	10. 8	
成年	女子	団体(4人チーム) 予選		18	栃木 1950点〈増山516、阿久津455、新井481、川上498〉＝落選	10.10	
成年	女子	団体(2人チーム) 予選		19	栃木(A) 1071点〈増山497、川上574〉＝落選	10. 9	
成年	女子	団体(2人チーム) 予選		37	栃木(B) 1002点〈阿久津512、新井490〉＝落選	10. 9	
成年	女子	個人 予選(前半＋後半)		43	川上紗季 1042点〈前半544、後半498〉＝落選	10. 8	
成年	女子	個人 予選(前半＋後半)		44	阿久津るみ 1038点〈前半506、後半532〉＝落選	10. 8	
成年	女子	個人 予選(前半＋後半)		72	増山満枝 988点〈前半497、後半491〉＝落選	10. 8	
成年	女子	個人 予選(前半＋後半)		84	新井一江 939点〈前半474、後半465〉＝落選	10. 8	
少年	男子	団体 予選		15	栃木 1097点〈市村533、人見564〉＝落選	10. 6	
少年	男子	個人 予選(前半＋後半)		13	人見皇己 1112点〈前半555、後半557〉＝落選	10. 6	
少年	男子	個人 予選(前半＋後半)		22	市村飛陽 1071点〈前半511、後半560〉＝落選	10. 6	
少年	女子	団体 予選		21	栃木 901点〈須永522、吉田379〉＝落選	10. 6	
少年	女子	個人 予選(前半＋後半)		38	須永栞名 911点〈前半439、後半472〉＝落選	10. 6	
少年	女子	個人 予選(前半＋後半)		40	吉田夏帆 899点〈前半443、後半456〉＝落選	10. 6	
■ゴルフ							
ホウライカントリー倶楽部／塩原カントリークラブ／西那須野カントリー倶楽部							
成年	男子	団体 最終成績		9	栃木 445〈226、219＝前田73、豊田75、塚原71〉		
成年	男子	個人 最終成績		—	〔13〕前田光史朗 143〈70、73〉 〔41〕塚原悠斗 150〈79、71〉 〔54〕豊田龍生 152〈77、75〉		総合得点対象外
女子		団体 最終成績		34	栃木 474〈230、244＝横山77、辻88、鷲崎79〉		
女子		個人 最終成績		—	〔47〕横山珠々奈 150〈73、77〉 〔56〕鷲崎奈未 151〈72、79〉 〔128〕辻結名 173〈85、88〉		総合得点対象外
少年	男子	団体 最終成績	◎	2	栃木 435〈223、212＝松澤69、中川68、条谷75〉		
少年	男子	個人 最終成績		—	〔5〕中川虎ノ介 142〈74、68〉 〔13〕松澤虎大 145〈76、69〉 〔20〕条谷海翔 148〈73、75〉		総合得点対象外

カヌー

谷中湖特設カヌー競技場／鬼怒川特設カヌー競技場

成年・少年	男子・女子	競技名／最終試合 等	入賞	順位	選手／チーム・所属・記録 等	日付(月.日)	備考
成年	男子	カヌースプリント・カヤックシングル(200m) 決勝	◎	6	田原瞭太(栃木県スポーツ協会) 37秒654	10.10	
成年	男子	カヌースプリント・カヤックシングル(500m) 決勝	◎	6	田原瞭太(栃木県スポーツ協会) 1分43秒874	10. 8	
成年	男子	カヌースプリント・カナディアンシングル(200m) 決勝	◎	2	八角周平(栃木県スポーツ協会) 42秒225	10.10	
成年	男子	カヌースプリント・カナディアンシングル(500m) 決勝	◎	4	八角周平(栃木県スポーツ協会) 1分52秒947	10. 8	
成年	男子	カヌースラローム・カヤックシングル(15ゲート) 決勝	◎	2	斎藤康祐(栃木県スポーツ協会) 88.37点	10. 9	
成年	男子	カヌースラローム・カヤックシングル(25ゲート) 決勝	◎	2	斎藤康祐(栃木県スポーツ協会) 98.52点	10. 8	
成年	男子	カヌースラローム・カナディアンシングル(15ゲート) 決勝	◎	8	村上竣一(森永乳業) 124.65点	10. 9	
成年	男子	カヌースラローム・カナディアンシングル(25ゲート) 決勝		9	村上竣一 480.70点	10. 8	
成年	男子	カヌーワイルドウォーター・カヤックシングル(スプリント) 決勝	◎	7	川村龍紅(上三川中) 51秒17	10.10	
成年	男子	カヌーワイルドウォーター・カヤックシングル(1500m) 決勝	◎	8	川村龍紅(上三川中) 5分30秒32	10. 7	
成年	女子	カヌースプリント・カヤックシングル(200m) 準決勝		5	森山和佳奈(栃木県スポーツ協会)47秒304＝落選	10. 9	3位までが決勝へ
成年	女子	カヌースプリント・カヤックシングル(500m) 決勝	◎	3	森山和佳奈(栃木県スポーツ協会)2分0秒276	10. 8	
成年	女子	カヌースプリント・カナディアンシングル(200m) 決勝	◎	4	西分友貴子(栃木県スポーツ協会)53秒839	10.10	
成年	女子	カヌースプリント・カナディアンシングル(500m) 決勝	◎	5	西分友貴子(栃木県スポーツ協会)2分29秒454	10. 8	
成年	女子	カヌースラローム・カヤックシングル(15ゲート) 決勝	◎	2	富沢くるみ(栃木県スポーツ協会)102.45点	10. 9	
成年	女子	カヌースラローム・カヤックシングル(25ゲート) 決勝	◎	3	富沢くるみ(栃木県スポーツ協会)118.10点	10. 8	
成年	女子	カヌースラローム・カナディアンシングル(15ゲート) 決勝	◎	5	後藤紗世(日新中)143.50点	10. 9	
成年	女子	カヌースラローム・カナディアンシングル(25ゲート) 決勝	◎	6	後藤紗世(日新中)214.33点	10. 8	
少年	男子	カヌースプリント・カヤックシングル(200m) 準決勝3組		8	藤野倖成(佐野東高) 48秒897＝落選	10. 9	
少年	男子	カヌースプリント・カヤックシングル(500m) 準決勝1組		9	藤野倖成(佐野東高) 2分11秒822＝落選	10. 8	
少年	男子	カヌースプリント・カナディアンシングル(200m) 予選2組		8	佐藤善信(小山南高) 1分5秒615＝落選	10. 9	
少年	男子	カヌースプリント・カナディアンシングル(500m) 予選1組		9	佐藤善信(小山南高) 3分15秒477＝落選	10. 7	
少年	男子	カヌースプリント・カヤックペア(200m) 準決勝		5	栃木(佐野東高＝黒田、野本) 49秒089＝落選	10. 9	3位までが決勝へ
少年	男子	カヌースプリント・カヤックペア(500m) 準決勝		5	栃木(佐野東高＝黒田、野本) 2分5秒047＝落選	10. 8	3位までが決勝へ
少年	男子	カヌースプリント・カナディアンペア(200m) 準決勝		5	栃木(小山南高＝中山、橋本) 55秒733＝落選	10. 9	3位までが決勝へ
少年	男子	カヌースプリント・カナディアンペア(500m) 準決勝		5	栃木(小山南高＝中山、橋本) 2分25秒998＝落選	10. 8	3位までが決勝へ
少年	女子	カヌースプリント・カヤックシングル(200m) 予選3組		8	遠山夏海(小山南高) 59秒716＝落選	10. 9	
少年	女子	カヌースプリント・カヤックシングル(500m) 準決勝2組		8	遠山夏海(小山南高) 2分26秒737＝落選	10. 8	
少年	女子	カヌースプリント・カヤックペア(200m) 準決勝		4	栃木(佐野東高＝縫田、石川) 53秒314＝落選	10. 9	3位までが決勝へ
少年	女子	カヌースプリント・カヤックペア(500m) 準決勝		5	栃木(佐野東高＝縫田、石川) 2分19秒828＝落選	10. 8	3位までが決勝へ
少年	女子	カヌースプリント・カヤックフォア(200m) 決勝		9	栃木(佐野東高＝横塚、齋川、藤田、川島) 48秒800	10.10	
少年	女子	カヌースプリント・カヤックフォア(500m) 決勝	◎	6	栃木(佐野東高＝横塚、齋川、藤田、川島) 1分55秒268	10. 8	

セーリング

千葉市稲毛ヨットハーバー

成年・少年	男子・女子	競技名／最終試合 等	入賞	順位	選手／チーム・所属・記録 等	日付(月.日)	備考
成年	男子	470級 最終成績		15	栃木(畑、森田) 57点	10. 5	
成年	男子	国体ウインドサーフィン級 最終成績	◎	3	小松大悟(ホンダ) 22.5点	10. 5	
成年	女子	レーザーラジアル級 最終成績		28	村上光子(村上光子一級建築士事務所) 78点	10. 5	
成年	女子	国体ウインドサーフィン級 最終成績	◎	1	小嶺恵美(栃木県スポーツ協会) 3点	10. 5	
少年	男子	レーザーラジアル級 最終成績		31	伊藤良寛(文星芸大附属高) 139点	10. 5	

■銃剣道

栃木県立壬生高等学校 体育館

成年・少年	男子・女子	競技名／最終試合 等	入賞	順位	選手／チーム・所属・記録 等	日付(月.日)	備考
成年	男子	決勝	◎	2	長崎 3〈○高浜〔6〕 下上一下 佐々木〔7〕, ○薗田〔7〕 上上 一 齋藤〔7〕, ○岩永〔7〕 上上 一上 藤原〔7〕〉0 栃木	10.10	
少年	男子	決勝	◎	1	栃木 3〈○大森〔3〕 上上 一 西山〔2〕, ○眞鍋〔2〕 下上 一 來〔2〕, ○齋藤〔3〕 の上 一上 永田〔2〕〉0 高知	10. 9	

■トライアスロン

戸田調整池周辺特設コース

成年・少年	男子・女子	競技名／最終試合 等	入賞	順位	選手／チーム・所属・記録 等	日付(月.日)	備考
成年	男子	スイム(S)1.5km、バイク(B)40km、ラン(R)10km		29	佐山拓海 1時間59分25秒〈S 22分10秒、B 1時間0分6秒、R 35分9秒〉	10. 2	
成年	男子	スイム(S)1.5km、バイク(B)40km、ラン(R)10km		48	渡邊優介 2時間3分11秒〈S 24分20秒、B 1時間1分6秒、R 35分54秒〉	10. 2	
成年	女子	スイム(S)1.5km、バイク(B)40km、ラン(R)10km	◎	4	杉原有紀 2時間6分6秒〈S 20分55秒、B 1時間3分53秒、R 39分19秒〉	10. 2	
成年	女子	スイム(S)1.5km、バイク(B)40km、ラン(R)10km		34	日引華子 2時間19分9秒〈S 22分54秒、B 1時間9分23秒、R 44分36秒〉	10. 2	

■特別競技・高等学校野球硬式

宇都宮清原球場

成年・少年 / 男子・女子	競技名／最終試合 等	入賞	順位	選手／チーム・所属・記録 等	日付(月.日)	備考
高校野球 硬 式	準決勝	◎	3	國學院栃木(栃木) 0-3 聖光学院(福島) 〈0-0, 0-0, 0-1, 0-0, 0-0, 0-1, 0-1, 0-0, 0×〉 (國)盛永ー武田 (聖)小林剛ー山浅	10. 3	

■特別競技・高等学校野球軟式

栃木県総合運動公園硬式野球場

成年・少年 / 男子・女子	競技名／最終試合 等	入賞	順位	選手／チーム・所属・記録 等	日付(月.日)	備考
高校野球 軟 式	決勝	◎	1	作新学院(栃木) 0-0 鹿児島実(鹿児島) 〈0-0, 0-0, 0-0, 0-0, 0-0, 0-0, 0-0, 0-0, 0-0〉 (作)福島ー大沼 (鹿)臼井ー福盛 規定により両校優勝	10. 5	7年ぶり9度目の優勝

栃木県選手団 選手名鑑

サッカー

種別	氏名	所属
成年男子	谷田部 晃輔	FC CASA FORTUNA OYAMA
成年男子	神村 秀斗	ヴェルフェ矢板
成年男子	増渕 利樹	ヴェルフェ矢板
成年男子	加藤 聖哉	FC CASA FORTUNA OYAMA
成年男子	近藤 太	FC CASA FORTUNA OYAMA
成年男子	鳥海 翔	栃木シティフットボールクラブ
成年男子	村上 達哉	ヴェルフェ矢板
成年男子	赤澤 蓮	栃木シティフットボールクラブ
成年男子	室崎 雄斗	栃木シティフットボールクラブ
成年男子	神崎 大雅	ヴェルフェ矢板
成年男子	古谷 三国	栃木シティフットボールクラブU-25
成年男子	藤井 陽登	明治大学体育会サッカー部
成年男子	阿部 翔	栃木シティフットボールクラブU-25
成年男子	板橋 幸大	立正大学体育会サッカー部
成年男子	吉田 篤志	栃木シティフットボールクラブ
監督	堀田 利明	作新学院大学サッカー部
少年男子	熊谷 匡祐	栃木SCU18(宇都宮中央高校)
少年男子	遠藤 仁	真岡高校
少年男子	山﨑 柊	栃木SCU18(宇都宮白楊高校)
少年男子	清水 陽	矢板中央高校
少年男子	鶴田 大和	栃木SCU18(矢板東高校)
少年男子	小森 輝星	矢板中央高校
少年男子	石関 琉	栃木SCU18(作新学院高校)
少年男子	佐藤 漣	栃木SCU18(作新学院高校)
少年男子	坂本 勇	佐野日本大学高校
少年男子	揚石 琉生	栃木SCU18(作新学院高校)
少年男子	渡部 嶺斗	矢板中央高校
少年男子	福田 彩人	大田原高校
少年男子	中丸 功大	栃木SCU18(真岡高校)
少年男子	中村 脩人	栃木SCU18(作新学院高)
少年男子	直井 芳樹	栃木SCU18(真岡高校)
少年男子	山岡 鼓人	宇都宮工業高校
監督	只木 章広	栃木SCU18
少年女子	君嶋 留果	ヴェルフェ矢板レディース
少年女子	鹿沼 亜沙美	宇都宮文星女子高校
少年女子	麻生 李瑚	栃木SCレディース
少年女子	岩城 恋音美	栃木SCレディース
少年女子	大場 凪沙	宇都宮短大附属高校
少年女子	稲川 璃	栃木SCレディース
少年女子	小林 凛	栃木SCレディース
少年女子	桑子 愛央	足利・両毛ローザFC
少年女子	飯田 怜唯	宇都宮文星女子高校
少年女子	佐藤 愛真	栃木SCレディース
少年女子	笹沼 沙良	栃木SCレディース
少年女子	大藤 彩夏	宇都宮文星女子高校
少年女子	増山 結菜	栃木SCレディース
少年女子	津久井 桜	栃木SCレディース
少年女子	寺田 百杏	栃木SCレディース
監督	久保田 圭一	栃木SCレディース

監督	佐藤 智俊	栃木工業高校
少年女子	渡辺 楓愛	宇都宮南高校
少年女子	赤羽 沙也加	黒磯南高校
少年女子	武藤 和香奈	白鷗大足利高校
少年女子	小嶋 里菜	白鷗大足利高校
少年女子	鈴木 里歩	作新学院高校
少年女子	後藤 結愛	佐野市立西中学校
少年女子	新井 友惟	足利市立第二中学校
少年女子	福田 円	宇都宮市立晃陽中学校
監督	永松 康一	スウィン宇都宮スイミングスクール

飛込

成年男子	須山 晴貴	栃木県スポーツ協会
成年女子	榎本 遼香	栃木県スポーツ協会
少年女子	関野 思衣	宇都宮南高校
少年女子	田所 三夏姫	宇都宮南高校
監督	松本 行夫	栃木ダイビングクラブ

水球

少年男子	柏木 一太	宇都宮東高校
少年男子	渡邊 魁	宇都宮東高校
少年男子	戸﨑 健心	宇都宮東高校
少年男子	福山 航市	宇都宮東高校
少年男子	福田 健太	宇都宮東高校
少年男子	鈴木 雅典	宇都宮東高校
少年男子	三村 耕平	宇都宮東高校
少年男子	朝倉 隼磨	宇都宮東高校
少年男子	豊嶋 悠護	宇都宮東高校
少年男子	青木 竜蔵	宇都宮東高校
少年男子	岩田 仁志	宇都宮東高校
少年男子	海老澤 潤一	宇都宮東高校
監督	松田 貴比古	宇都宮東高校
女子	岩野 夏帆	栃木県スポーツ協会
女子	島村 彩加	白鷗大学
女子	吉里 舞	東海大学
女子	鎌田 澪	東北福祉大学
女子	中江 凜子	宇都宮南高等学校
女子	柏﨑 美月	宇都宮南高等学校
女子	風間 星空	宇都宮東高等学校
女子	大貫 玲果	宇都宮短大附属高校
女子	武原 優里	宇都宮東高附属中学校
女子	細野 眞愛	宇都宮東高附属中学校
監督	齋藤 真己	東洋ビューティ

アーティスティックスイミング

少年女子	真塩 柑菜	上三川町立本郷中学校
少年女子	金山 桃子	栃木市立大平南中学校
監督	岸 愛弓	宇都宮商業高校

オープンウォータースイミング

男子	伊原 大翔	日光市立東原中学校
女子	福田 円	宇都宮市立晃陽中学校
監督	鈴木 賢二	今市スイミングスクール

陸上

種別	氏名	所属
成年男子	水久保 漱至	第一酒造
成年男子	東田 旺洋	栃木県スポーツ協会
成年男子	佐藤 風雅	那須環境技術センター
成年男子	根本 大輝	順天堂大学大学院
成年男子	近藤 良亮	栃木県スポーツ協会
成年男子	松原 奨	滝沢ハム(株)
成年男子	武田 歴次	栃木県スポーツ協会
成年男子	小椋 健司	栃木県スポーツ協会
監督	相馬 聡	作新学院大学
成年女子	福田 奈央	作新学院大学
成年女子	関根 こころ	作新学院大学
成年女子	大島 愛梨	中央大学
成年女子	内藤 未唯	神奈川大学
成年女子	竹内 萌	栃木県スポーツ協会
成年女子	諸田 実咲	栃木県スポーツ協会
成年女子	関口 清乃	栃木県スポーツ協会
成年女子	桑添 友花	日本栄養給食協会
少年男子	小堀 至	茂木高校
少年男子	日渡 陸斗	真岡高校
少年男子	永澤 良太	佐野東高校
少年男子	若菜 敬	佐野高校
少年男子	大島 福	佐野日本大高校
少年男子	野口 晴也	宇都宮南高校
少年男子	穴山 敦士	那須清峰高校
監督	遠藤 史晃	佐野東高校
少年女子	五月女 光	作新学院高校
少年女子	長島 結衣	真岡女子高校
少年女子	中里 百葉	白鷗大足利高校
少年女子	野村 美月	石橋高校
少年女子	覚本 千莉	白鷗大足利高校
少年女子	越路 結菜	黒磯南高校
監督	栗原 浩司	宇都宮女子高校

水泳

競泳

種別	氏名	所属
成年男子	水沼 尚輝	新潟医療福祉大学職員
成年男子	遠藤 光	中央大学
成年女子	笹原 世玲菜	新潟医療福祉大学
成年女子	髙橋 奈々	筑波大学
監督	大畑 豊	フィールドビックスイミングスクール
少年男子	蓮沼 椋祐	宇都宮短大附属高校
少年男子	福田 奈央	白鷗大足利高校
少年男子	岩澤 裕	大田原高校
少年男子	齊藤 優太	作新学院高校
少年男子	尾﨑 元希	白鷗大足利高校
少年男子	松下 知之	宇都宮南高校
少年男子	阿部 匠真	大田原高校
少年男子	吉原 啓太	作新学院高校

少年男子	宋 佳修	佐野高校
少年男子	船田 佳佑	佐野高校
少年男子	三田 翔愛	佐野高校
少年男子	野永 真明史	佐野東高校
少年男子	小林 淳乃介	佐野東高校
少年男子	青木 瑛久	佐野高校
少年男子	佐藤 悠太	佐野東高校
監　督	塚本 孝史	栃木県ボート協会
監　督	石塚 勝彦	栃木市役所
少年女子	高實子 紗笑	佐野東高校
少年女子	藤倉 望妃	佐野高校
少年女子	堀越 紅羽	佐野高校
少年女子	遠藤 三蘭	佐野東高校
少年女子	藤倉 真妃	佐野高校
少年女子	小林 真依	佐野東高校
少年女子	福地 琴美	佐野高校
少年女子	高瀬 綾乃	佐野高校
少年女子	飯塚 百合子	成立学園
監　督	戸田 圭一	佐野高校(教)
監　督	小堀 篤史	栃木市役所

ホッケー

種別	氏名	所属
成年男子	森田 陽介	(株)サンコー
成年男子	下畝地 洸聖	グランディハウス(株)
成年男子	和田 友道	北関東綜合警備保障(株)
成年男子	霧下 義貴	栃木県スポーツ協会
成年男子	稲山 巧	北関東綜合警備保障(株)
成年男子	村田 和麻	(株)サンコー
成年男子	加藤 凌聖	栃木県スポーツ協会
成年男子	大嶋 雄飛	学校法人明治大学
成年男子	大橋 雅貴	北関東綜合警備保障(株)
成年男子	星 卓	(株)サンコー
成年男子	松本 航	北関東綜合警備保障(株)
成年男子	永吉 拳	天理大学
成年男子	大岡 凌磨	明治大学
監　督	落合 大将	北関東綜合警備保障(株)
成年女子	工藤 優	グラクソ・スミスクライン
成年女子	佐藤 瑞帆	グラクソ・スミスクライン
成年女子	中村 詩織	グラクソ・スミスクライン
成年女子	中村 莉緒	グラクソ・スミスクライン
成年女子	加藤 夏美	グラクソ・スミスクライン
成年女子	山根 麻衣子	グラクソ・スミスクライン
成年女子	小宮 晴菜	グラクソ・スミスクライン
成年女子	柴田 ひかる	グラクソ・スミスクライン
成年女子	狐塚 美樹	グラクソ・スミスクライン
成年女子	伊藤 由貴	グラクソ・スミスクライン
成年女子	渡邊 未彩季	グラクソ・スミスクライン
成年女子	伊藤 星	グラクソ・スミスクライン
成年女子	田中 彩樹	グラクソ・スミスクライン
監　督	五島 梨奈	グラクソ・スミスクライン
少年男子	折笠 幸喜	今市工業高校
少年男子	篠原 陵佑	今市高校
少年男子	原 慎太郎	今市高校
少年男子	根岸 輝羽	今市高校
少年男子	桑原 光輝	今市高校
少年男子	齋藤 朝陽	今市高校
少年男子	仁平 侑利	今市高校

少年女子	伊澤 慧夢	宇都宮文星女子高校
少年女子	大貫 愛桜	宇都宮文星女子高校
少年女子	齋藤 咲桜	國學院大栃木高校
少年女子	マツナガ 来沙	國學院大栃木高校
少年女子	大澤 佑香	宇都宮文星女子高校
少年女子	菊地 さくら	國學院大栃木高校
少年女子	増田 夢加	國學院大栃木高校
少年女子	大坪 みやび	宇都宮中央高校
監　督	奥田 竜輔	宇都宮中央高校

ビーチバレーボール

少年男子	髙橋 遥斗	上三川高校
少年男子	小島 旭陽	真岡工業高校
監　督	熊木 則裕	栃木県教育委員会事務局 スポーツ振興課
少年女子	石﨑 咲暮	宇都宮文星女子高校
少年女子	山口 桂奈	宇都宮文星女子高校
監　督	外松 広美	とちぎビーチバレークラブ

卓　球

種別	氏名	所属
成年男子	平野 友樹	協和キリン(株)
成年男子	上田 仁	栃木県スポーツ協会
成年男子	吉田 雅己	栃木県スポーツ協会
監　督	鈴木 俊光	(株)栃木銀行
成年女子	鈴木 李茄	栃木県スポーツ協会
成年女子	安藤 みなみ	栃木県スポーツ協会
成年女子	木村 香純	栃木県スポーツ協会
監　督	香取 宏禎	(株)栃木銀行
少年男子	大久保 樹	作新学院高校
少年男子	續橋 秀人	青藍泰斗高校
少年男子	星 和志	文星芸術大附属中学校
監　督	佐藤 稔	作新学院高校(教)
少年女子	東川 羽菜	宇都宮文星女子高校
少年女子	佐久間 芽生	文星芸術大附属中学校
少年女子	小川 彩音	真岡女子高校
監　督	星野 朗	真岡女子高校(教)

ボート

種別	氏名	所属
成年男子	大関 世翼	群馬大学
成年男子	村野 滉太郎	(株)タスク
成年男子	桑村 潤	栃木県スポーツ協会
成年男子	光山 和希	仙台大学大学院
成年男子	古賀 健嗣	栃木県スポーツ協会
成年男子	木村 稔	警視庁
成年男子	田村 海斗	早稲田大学
成年男子	横尾 剛士	(株)サイサン
監　督	戸田 幸雄	栃木県ボート協会
成年女子	岡部 華林	明治大学
成年女子	安彦 こゆき	中央大学
成年女子	生熊 里彩	中央大学
成年女子	増田 菫	法政大学
成年女子	田中 紗貴	早稲田大学
成年女子	佐々木 遥香	関綜エンジニアリング(株)
成年女子	加藤 彩香	大協建設(株)
成年女子	増田 萌	佐野高校(教)
監　督	古谷 恭浩	足利清風高校(教)
少年男子	角田 龍星	佐野東高校
少年男子	清水 雅裕	佐野高校

テニス

種別	氏名	所属
成年男子	川橋 勇太	栃木県スポーツ協会
成年男子	柚木 武	イカイ
成年女子	森崎 可南子	栃木県スポーツ協会
成年女子	今西 美晴	栃木県スポーツ協会
監　督	阿久津 定之	下都賀農業振興事務所
少年男子	笹本 龍哉	足利大附属高校
少年男子	石橋 万佐希	足利大附属高校
少年女子	石井 絢	浦和麗明高校
少年女子	平野 愛実	宇都宮海星女子学院高校
監　督	斎藤 良徳	宇都宮海星女子学院高校

バレーボール

6人制

種別	氏名	所属
成年男子	寺内 剛仁	順天堂大学
成年男子	多賀谷 直輝	大田原高校
成年男子	関根 健太	宇都宮東高校
成年男子	山本 和宏	真岡市立西田井小学校
成年男子	水島 健	栃木県スポーツ協会
成年男子	タナカ ショーンカ	栃木県スポーツ協会
成年男子	小倉 有矢	鹿沼市消防本部
成年男子	横山 龍二	東武建設(株)
成年男子	佐々木 優	宇都宮清陵高校
成年男子	中田 悠太	日光市立東原中学校
成年男子	アハンガル ジュネイド	矢板高校
成年男子	柳澤 賢	日本大学
監　督	手塚 千貴	宇都宮市立清原中学校
成年女子	戸田 優奈	茨城トヨタ自動車(株)境店
成年女子	井岡 茉紀	アイン薬局獨協医大店
成年女子	佐藤 花優	日本大学
成年女子	安村 星砂	敬愛大学
成年女子	関沢 小雪	白鷗大学
成年女子	中峯 ビビアン	金城大学
成年女子	神保 那奈	金城大学
成年女子	岩崎 世佳	宇都宮市教育委員会 宇都宮市立緑が丘小学校
成年女子	水本 千咲	宇都宮市立姿川第一小学校
成年女子	秋山 華代	鹿沼南高校
成年女子	田中 遥	富屋特別支援学校
成年女子	チュク ビヨンセ サトミ	敬愛大学
監　督	福田 舞	鹿沼市役所
少年男子	岩岡 日向我	足利大附属高校
少年男子	荒井 瑛汰	足利大附属高校
少年男子	安野 鳳人	足利大附属高校
少年男子	小林 竜也	作新学院高校
少年男子	相良 匡人	作新学院高校
少年男子	小林 響生	足利大附属高校
少年男子	小林 優人	足利大附属高校
少年男子	寺内 琥珀	作新学院高校
少年男子	中野 佑月	作新学院高校
少年男子	阿久津 望羽	作新学院高校
少年男子	大塚 慶吾	足利大附属高校
少年男子	川田 夢叶	足利大附属高校
監　督	新井 房巳	足利大附属高校(教)
少年女子	渡部 陽奈	宇都宮中央高校
少年女子	髙橋 未知	宇都宮文星女子高校
少年女子	石塚 愛理	宇都宮文星女子高校
少年女子	大嶋 優貴乃	宇都宮中央高校

少年女子	篠崎 真緒	作新学院高校
少年女子	鈴木 結稀	宇都宮中央高校
少年女子	植竹 凛	宇都宮文星女子高校
少年女子	松本 結愛	作新学院高校
少年女子	河津 春香	白鷗大足利高校
少年女子	星野 琉奈	白鷗大足利高校
少年女子	松本 望空	宇都宮文星女子高校
少年女子	奈良 友愛	宇都宮中央高校
少年女子	菅原 梨乃	宇都宮中央高校
少年女子	中嶋 彩愛	作新学院高校
少年女子	和田部 花歩	作新学院高校
少年女子	小島 愛昊	サザンギャルズ1031
監督	渡邊 明美	作新学院高校

レスリング

種別	氏名	所属
成年男子	矢部 和希	栃木県スポーツ協会
成年男子	鴇田 昇大	明治大学
成年男子	上野 裕次郎	栃木県スポーツ協会
成年男子	磯 次郎	自衛隊体育学校
成年男子	市川 アンディ	神奈川大学
成年男子	中原 陸	大東文化大学
少年男子	與那城 一輝	足利大附属高校
少年男子	半田 智	足利大附属高校
少年男子	大関 勁心	足利大附属高校
少年男子	小野寺 剛志	足利大附属高校
少年男子	加藤 佑規	宇都宮商業高校
少年男子	植木 優斗	足利大附属高校
少年男子	福島 煌天	足利大附属高校
女子	髙山 凜子	至学館大学
女子	吉柴 未彩輝	大東文化大学

セーリング

種別	氏名	所属
成年男子	森田 暁洋	杏林製薬(株)
成年男子	畑 大輔	野木町立野木第二中学校
成年男子	小松 大悟	本田技研工業(株)
成年女子	村上 光子	村上光子一級建築士事務所
成年女子	小嶺 恵美	栃木県スポーツ協会
監督	白井 保	栃木県セーリング連盟
少年男子	伊藤 良寛	栃木県セーリング連盟
監督	瀧田 剛也	(株)グットウィン

ウエイトリフティング

種別	氏名	所属
成年男子	山根 大地	自衛隊体育学校
成年男子	櫻井 歩	エステート住宅産業(株)
成年男子	野尻 雄基	足利特別支援学校
成年男子	ジェンディ 今夢	栃木県スポーツ協会
監督	会沢 豊	昭和電工(株)
少年男子	石塚 智也	栃木翔南高校
少年男子	及川 瑛人	青藍泰斗高校
少年男子	塚田 直人	小山南高校
監督	須田 俊幸	足利南高校(教)
女子	田中 千桜音	栃木翔南高校
女子	井崎 茅夏	栃木県スポーツ協会
女子	山村 侑生	栃木県スポーツ協会
女子	山根 緑	栃木翔南高校

少年女子	安里 れみ	宇都宮短大附属高校
少年女子	平澤 萌	國學院栃木高
少年女子	加藤 陽莉	宇都宮短大附属高校
少年女子	松浦 さくら	宇都宮短大附属高校
少年女子	伊藤 凛	鹿沼ジュニアクラブ
監督	安里 春雄	オリオンSC御幸

新体操

少年女子	田淵 日向	宇都宮南高校
少年女子	富山 愛結花	宇都宮中央高校
少年女子	清水 愛梨衣	石橋高校
少年女子	吉田 小雪	栃木女子高校
少年女子	依藤 葵	宇都宮中央高校
監督	國田 真由	ASKAスポーツクラブ

トランポリン

男子	山田 大翔	栃木県スポーツ協会
女子	谷口 空	栃木県スポーツ協会
監督	渡邊 一郎	栃木県体操協会

バスケットボール

種別	氏名	所属
成年男子	根本 大	白鷗大学
成年男子	ポーグ 健	白鷗大学
成年男子	陳岡 流羽	白鷗大学
成年男子	良知 宏大	白鷗大学
成年男子	森山 ロバート隼太	白鷗大学
成年男子	平澤 遥斗	白鷗大学
成年男子	森山 陽向	白鷗大学
成年男子	市川 真人	白鷗大学
成年男子	齋藤 隆太郎	白鷗大学
成年男子	鈴木 聡汰	白鷗大学
成年男子	田島 楓	白鷗大学
監督	石井 悠右	白鷗大学
成年女子	鈴置 彩夏	白鷗大学
成年女子	大竹 優香子	白鷗大学
成年女子	松永 夏海	白鷗大学
成年女子	大村 早和	白鷗大学
成年女子	樋口 鈴乃	白鷗大学
成年女子	三浦 舞華	白鷗大学
成年女子	小林 美穂	白鷗大学
成年女子	桐原 麻尋	白鷗大学
成年女子	田中 平和	白鷗大学
成年女子	舘山 萌菜	白鷗大学
成年女子	高田 栞里	白鷗大学
成年女子	佐坂 光咲	白鷗大学
監督	佐藤 智信	白鷗大学
少年男子	石川 晃希	宇都宮工業高校
少年男子	伊藤 健仁	宇都宮高校
少年男子	伊澤 亨知	小山高校
少年男子	松本 楽生	宇都宮工業高校
少年男子	中山 純	宇都宮工業高校
少年男子	茂田 透弥	宇都宮工業高校
少年男子	池田 陽平	文星芸術大附属高校
少年男子	川邉 璃音	宇都宮工業高校
少年男子	高桑 雅哉	文星芸術大附属高校
少年男子	小川 蓮央	宇都宮ブレックスU18
少年男子	神山 勇斗	宇都宮北高校
少年男子	石川 優斗	宇都宮工業高校
監督	髙﨑 徹	宇都宮工業高校

少年男子	植木 海帆	今市高校
少年男子	早川 仁人	今市高校
少年男子	角田 稜人	今市高校
少年男子	小倉 勇大	今市工業高校
少年男子	山本 遼太郎	今市高校
少年男子	小倉 千空	今市高校
監督	木村 浩一郎	今市高校
少年女子	大見 優音	今市高校
少年女子	阿久津 祈音	今市高校
少年女子	金井 零音	今市高校
少年女子	岡部 優里	今市高校
少年女子	櫻井 美胡	今市高校
少年女子	笹沼 凜桜	今市高校
少年女子	赤松 仁美	今市高校
少年女子	福田 望乃	今市高校
少年女子	阿久津 夢	今市高校
少年女子	齋藤 輝	今市高校
少年女子	今井 捺葵	今市高校
少年女子	家泉 優華	今市高校
少年女子	福田 叶愛	今市高校

ボクシング

種別	氏名	所属
成年男子	平塚 駿之介	駒澤大学
成年男子	若林 陸人	駒澤大学
成年男子	大関 潤	東京農業大学
成年男子	小森 勇典	小山市役所
成年男子	齋藤 夢胤	駒澤大学
監督	大河原 賢祐	社会福祉法人瑞宝会
成年女子	吉澤 颯希	日本体育大学
監督	伊澤 源水	NPO法人一期一笑〜かみのかわ〜
少年男子	小川 悠希	作新学院高校
少年男子	亀田 昇吾	作新学院高校
少年男子	津久井 将太	作新学院高校
少年男子	市村 奏太	作新学院高校
少年男子	Silva Yeshua	作新学院高校
監督	手塚 紀夫	作新学院高校

体操

体操競技

種別	氏名	所属
成年男子	青木 翔汰	栃木県スポーツ協会
成年男子	中川 将径	栃木県スポーツ協会
成年男子	前田 航輝	栃木県スポーツ協会
成年男子	山本 威吹	栃木県スポーツ協会
成年男子	湯浅 賢哉	栃木県スポーツ協会
監督	濱崎 裕介	白鷗大学
成年女子	内山 由綺	栃木県スポーツ協会
成年女子	井関 実紀	栃木県スポーツ協会
成年女子	土橋 ココ	栃木県スポーツ協会
成年女子	安井 若菜	栃木県スポーツ協会
成年女子	臼田 梨夏	栃木県スポーツ協会
監督	國西 佑輔	小山北桜高校
少年男子	谷田 雅治	作新学院高校
少年男子	小野 凉城	作新学院高校
少年男子	川口 雄飛	作新学院高校
少年男子	杉山 諒将	作新学院高校
少年男子	大島 凱	作新学院高校
監督	谷田 治樹	富屋特別支援学校(教)

成年男子	佐藤 真也	富士通(株)那須
成年男子	岡田 元気	JA森林組合
成年男子	菊地 陽介	足利赤十字病院
監督	大竹 俊行	富士通(株)小山

相撲

種別	氏名	所属
成年男子	西方 航	矢板高校
成年男子	菊池 大史芽	那須塩原市立黒磯中学校
成年男子	三田 大生	近畿大学
成年男子	後藤 剛	矢板高校
少年男子	福田 真祐	矢板高校
少年男子	磯 友樹	黒羽高校
少年男子	相馬 伸哉	黒羽高校
少年男子	大塚 風太	黒羽高校
少年男子	直江 重虎	黒羽高校
監督	三田 尚紀	宇都宮市立若草中学校

馬術

種別	氏名	所属
成年男子	駒津 眞希	栃の葉乗馬クラブ
成年男子	鈴木 直人	鍋掛牧場
成年男子	増山 治夫	小山乗馬クラブ
成年男子	増山 誠倫	小山乗馬クラブ
成年男子	広田 龍馬	那須トレーニングファーム
成年女子	金城 友	筑波ライディングパーク インターナショナル
成年女子	広田 思乃	那須トレーニングファーム
成年女子	増山 久佳	小山乗馬クラブ
少年	渡邉 心	鍋掛牧場
少年	駒津 壱成	栃の葉乗馬クラブ
少年	広田 大和	那須トレーニングファーム
少年	瀧田 玲	那須トレーニングファーム
少年	富永 龍斗	那須トレーニングファーム
ホースマネージャー	細川 映里香	鍋掛牧場

フェンシング

種別	氏名	所属
成年男子	伊藤 拓真	栃木県スポーツ協会
成年男子	京極 光志	日本体育大学
監督	伊藤 大輝	上三川町
成年女子	大西 愛	日本体育大学
成年女子	國谷 優奈	明治大学
監督	中浦 柚樹	上三川フェンシングクラブ
少年男子	土澤 悠貴	宇都宮南高校
少年男子	石川 隼成	宇都宮南高校
少年男子	栃木 舜也	宇都宮南高校
監督	土澤 直也	宇都宮南高校
少年女子	中西 凜	宇都宮南高校
少年女子	大久保 歩美	宇都宮中央高校
少年女子	三谷 日向子	宇都宮中央高校
監督	春山 正幸	宇都宮中央高校

自転車

種別	氏名	所属
成年男子	石原 悠希	栃木県スポーツ協会／JAVA kiwi atlantico 那須ブラーゼン
成年男子	川上 隆義	日本大学
成年男子	貝原 涼太	栃木県スポーツ協会／宇都宮ブリッツェン
成年男子	町田 颯	日本大学
成年男子	福田 稔希	日本競輪選手会 愛好会
監督	山本 宏恒	作新学院高校(教)
少年男子	阿久津 仰祐	作新学院高校
少年男子	浅野 涼太	作新学院高校
少年男子	川上 修義	作新学院高校
少年男子	金澤 映幸	真岡工業高校
監督	小口 達矢	作新学院高校(教)
女子	荒牧 聖未	日本競輪選手会栃木支部
女子	普久原 美海	作新学院高校
女子	新沼 杏菜	作新学院高校

ソフトテニス

種別	氏名	所属
成年男子	正木 孝裕	宇都宮短大附属高校
成年男子	福田 成海	法政大学
成年男子	福田 栄太郎	日光市消防本部
成年男子	狩俣 勇太	結城市役所
成年男子	田代 陽己	東京経済大学
監督	山根 浩二	日清紡ブレーキ(株)
成年女子	井腰 恵理	(株)ベスト
成年女子	佐藤 梨乃	青山学院大学
成年女子	髙松 紗季	鹿沼市立北押原中学校
成年女子	久我 奈々子	白河信用金庫
成年女子	柴田 琳	青山学院大学
監督	佐藤 啓一	サトウスポーツ
少年男子	渡邉 優心	宇都宮短大附属高校
少年男子	荒井 大尚	宇都宮短大附属高校
少年男子	深澤 綺翔	矢板中央高等学校
少年男子	大森 旭陽	矢板中央高等学校
少年男子	星野 弾	矢板中央高等学校
監督	岩波 恭平	宇都宮工業高校
少年女子	日笠 愛美	白鷗大足利高校
少年女子	橋本 和香菜	白鷗大足利高校
少年女子	菊次 萌花	白鷗大足利高校
少年女子	梶原 理央	白鷗大足利高校
少年女子	直井 莉里	宇都宮短大附属高校
監督	星 涼人	黒磯南高校(教)

軟式野球

種別	氏名	所属
成年男子	伊藤 篤	足利赤十字病院
成年男子	目﨑 晃也	足利赤十字病院
成年男子	新藤 将照	足利赤十字病院
成年男子	永澤 友也	足利赤十字病院
成年男子	斎藤 雅貴	藤井産業(株)
成年男子	相田 莉斗	富士通(株)那須
成年男子	佐藤 史隆	(株)栃木銀行
成年男子	渭原 悠太	足利赤十字病院
成年男子	山城 紹史	足利赤十字病院
成年男子	仙波 孝志	富士通(株)小山
成年男子	山梨 浩太	(株)足利銀行
成年男子	上澤 亮太	関西ペイント(株)

ハンドボール

種別	氏名	所属
成年男子	鏑木 大輔	栃木特別支援学校(教)
成年男子	川田 俊樹	佐野東高校(教)
成年男子	横倉 祐貴	Monkey farm(株)
成年男子	伊集院 聖悟	小山西高校(教)
成年男子	小田 純矢	栃木市立大平中学校(教)
成年男子	武蔵 京典	北関東綜合警備保障(株)
成年男子	古川 巧	足利工業高校(教)
成年男子	堀尾 健太郎	下野農業協同組合
成年男子	岩﨑 滉大	Gymval(株)
成年男子	齋藤 諒恒	日本体育大学
成年男子	猿山 春仁	Monkey farm(株)
成年男子	静谷 椋	新小山市民病院
監督	志賀 勇亮	鹿沼商工高校(教)
成年女子	鎌倉 絵美子	(株)ラフィング
成年女子	小田 麻衣	宇都宮市立大谷中学校(教)
成年女子	陣野 瞳	栃木特別支援学校(教)
成年女子	菊池 麻美	国分寺特別支援学校(教)
成年女子	加倉田 結希	小山農業協同組合
成年女子	小舘 美紀	ALSOK昇日セキュリティサービス(株)
成年女子	本田 利緒	(株)ウィズネット
成年女子	横倉 藍佳	栃木市立大平南中学校(教)
成年女子	永塚 梓	栃木商業高校(教)
成年女子	齋藤 美紀	日立ジョンソンコントロールズ空調(株)
成年女子	知久 彩乃	日本ピストンリング(株)
成年女子	長谷部 真央	日本女子体育大学
監督	伊藤 宏幸	シーデーピージャパン
少年男子	漆原 慧聖	國學院大栃木高校
少年男子	猿山 大翔	國學院大栃木高校
少年男子	畑中 陸人	國學院大栃木高校
少年男子	保栖 大登	國學院大栃木高校
少年男子	泉川 祥吾	國學院大栃木高校
少年男子	角田 拓海	國學院大栃木高校
少年男子	道浦 悠貴	國學院大栃木高校
少年男子	廣富 駿	國學院大栃木高校
少年男子	蓼沼 智明	國學院大栃木高校
少年男子	山口 十磋	國學院大栃木高校
少年男子	塚原 未来琉	小山西高校
少年男子	イケダ ラファエル	小山西高校
監督	髙山 洋太	國學院大栃木高校
少年女子	今川 美鈴	栃木商業高校
少年女子	小林 礼実	栃木商業高校
少年女子	小林 流瑠	栃木商業高校
少年女子	七五三掛 佑衣	栃木商業高校
少年女子	郷 聖奈	栃木商業高校
少年女子	播岡 沙英	栃木商業高校
少年女子	久我 友来	栃木商業高校
少年女子	羽田野 真瑚	小山西高校
少年女子	小林 花奈	小山西高校
少年女子	大竹 麻心	栃木女子高校
少年女子	菊地 結愛	栃木女子高校
少年女子	渡辺 咲蘭	栃木女子高校

成年男子	五十嵐 翔	栃木県弓道連盟
監　督	増田 訓彦	(株)安土矢
成年女子	アリ マリヤム	足利大附属高校
成年女子	滝田 実優	宇都宮大学
成年女子	犬塚 友佳子	ミズノスポーツサービス
監　督	増渕 敦人	宇都宮清陵高校
少年男子	石川 碧輝	足利大附属高校
少年男子	坂本 翔	足利大附属高校
少年男子	久保田 匠	足利大附属高校
監　督	宮澤 章啓	足利大附属高校(教)
少年女子	大町 恵未	作新学院高校
少年女子	小池 輝来々	足利大附属高校
少年女子	橋壁 良奈	鹿沼高校
監　督	直井 宏仁	鹿沼高校(教)

ライフル

種別	氏名	所属
成年男子	小林 郁弥	(株)日本ウォーターテックス
成年男子	上竹 強仁	(株)栃木銀行
成年男子	井黒 友斗	北関東綜合警備保障(株)
成年男子	海賀 竜之介	(株)那須国際射撃場
成年男子	村山 敦史	栃木県警察
成年女子	中山 結愛	栃木県ライフルスポーツ射撃協会
成年女子	佐藤 泉美	TKCカスタマーサポートサービス(株)
成年女子	小林 明菜	栃木県警察
少年男子	三村 夢生	真岡北陵高校
少年男子	藤川 暁匡	真岡北陵高校
少年男子	青柳 斉来	真岡北陵高校
少年女子	鈴木 仁子	真岡北陵高校
少年女子	小林 和奈	真岡北陵高校
少年女子	田﨑 美羽	真岡北陵高校
監　督	岩田 貴宏	真岡北陵高校(教)

剣　道

種別	氏名	所属
成年男子	大島 朗央	(株)パーソルサンクス
成年男子	藤原 真児	栃木県警察
成年男子	鈴木 慎太郎	小山高校(教)
成年男子	市川 巧	栃木県警察
成年男子	大平 翔士	筑波大学
監　督	佐藤 哲通	
成年女子	竹中 美帆	スポーツ協会
成年女子	飯塚 瞳	さくら清修高校
成年女子	関口 祥子	ゴールドジムスパレア足利
監　督	山田 博子	宇都宮市立晃陽中学校
少年男子	増森 勇輝	佐野日本大高校
少年男子	土井 康頌	佐野日本大高校
少年男子	藤田 将人	佐野日本大高校
少年男子	西野 聡	佐野日本大高校
少年男子	清武 賢也	小山高校
監　督	大関 利治	佐野日本大高校(教)
少年女子	高松 由來	小山高校
少年女子	毛塚 飛鳥	小山高校
少年女子	刀川 優希	小山高校
少年女子	屋代 悠	小山高校
少年女子	大河原 彩香	小山高校
監　督	佐藤 弘隆	小山高校(教)

成年女子	下村 歩実	本田技研工業(株)
成年女子	塚本 蛍	本田技研工業(株)
成年女子	大工谷 真波	本田技研工業(株)
成年女子	大川 茉由	本田技研工業(株)
成年女子	山口 美紀	本田技研工業(株)
監　督	大西 舞	本田技研工業(株)
少年男子	梁島 晴登	白鷗大足利高校
少年男子	金田 大典	白鷗大足利高校
少年男子	田中 洸成	足利工業高校
少年男子	蝶野 光亮	足利工業高校
少年男子	袴田 龍之介	白鷗大足利高校
少年男子	會田 洋平	白鷗大足利高校
少年男子	青木 覚士	足利工業高校
少年男子	岩﨑 想拓	白鷗大足利高校
少年男子	木村 颯汰	白鷗大足利高校
少年男子	世取山 快	足利工業高校
少年男子	小林 翔大	足利工業高校
少年男子	舟橋 嘉人	白鷗大足利高校
少年男子	佐藤 恒希	白鷗大足利高校
監　督	大関 孝雄	白鷗大足利高校(教)
少年女子	立花 愛莉	宇都宮文星女子高校
少年女子	内田 朱音	宇都宮文星女子高校
少年女子	藤田 和奏	宇都宮文星女子高校
少年女子	小堀 愛莉	宇都宮文星女子高校
少年女子	佐藤 寿音	宇都宮文星女子高校
少年女子	大金 千夏	宇都宮文星女子高校
少年女子	平山 優那	矢板中央高校
少年女子	鈴木 菖	矢板中央高校
少年女子	荒浪 翔愛	矢板中央高校
少年女子	八木沢 結菜	矢板中央高校
少年女子	直井 あかね	大田原女子高校
少年女子	室井 瑛美	白鷗大足利高校
少年女子	山田 花菜	白鷗大足利高校
監　督	久喜 則宏	宇都宮文星女子高校

バドミントン

種別	氏名	所属
成年男子	大堀 新	教職員(宇都宮白楊高校)
成年男子	寺田 真也	鹿沼商工高校
成年男子	北川 史翔	法政大学
監　督	笠井 孝之	日産自動車(株)
成年女子	佐川 智香	筑波大学
成年女子	杉村 南美	丸杉
成年女子	舛木 さくら	北都銀行
監　督	芝田 由紀恵	作新学院大学バドミントン部
少年男子	浅石 裕都	作新学院高校
少年男子	白田 圭人	作新学院高校
少年男子	遠井 嵩玄	宇都宮南高校
監　督	遠井 努	宇都宮南高校(教)
少年女子	水井 寿々妃	作新学院高校
少年女子	須﨑 沙織	作新学院高校
少年女子	遠藤 美羽	作新学院高校
監　督	遠藤 敦史	作新学院高校(教)

弓　道

種別	氏名	所属
成年男子	柿崎 雅哉	小山市役所
成年男子	寺﨑 隼登	マレリ(株)

スポーツクライミング

種別	氏名	所属
成年男子	楢﨑 智亜	TEAM au
成年男子	楢﨑 明智	TEAM au
監　督	藤沼 秀行	(株)栃毛木材工業
成年女子	工藤 花	日本大学
成年女子	長嶋 百香	筑波大学
監　督	荒井 克仁	クライミングジムROCKY'N
少年男子	関口 準太	宇都宮清陵高校
少年男子	寺川 陽	高根沢町立阿久津中学校
監　督	小管 雅之	クライミングジムZERO
少年女子	葛生 真白	小山西高校
少年女子	篠﨑 由希	真岡北稜高校
監　督	雨笠 浩嗣	ボルダリングスペースH

柔　道

種別	氏名	所属
成年男子	山本 達彦	北関東綜合警備保障(株)
成年男子	齋五澤 航介	筑波大学
成年男子	長島 啓太	日本中央競馬会
成年男子	熊代 佑輔	国際武道大学(教)
成年男子	北野 裕一	アドヴィックス
監　督	本田 俊朗	栃木県警察
女　子	増渕 さくら	國學院大栃木高校
女　子	栗田 ひなの	北関東綜合警備保障(株)
女　子	青田 れもん	國學院大栃木高校
女　子	岡 葉月	足利短大附属高校
女　子	蓮尾 沙樹	北関東綜合警備保障(株)
監　督	村田 剛	石橋高校(教)
少年男子	田宮 令都	作新学院高校
少年男子	長須 祐太	白鷗大足利高校
少年男子	齋五澤 凌生	白鷗大足利高校
少年男子	片山 涼	國學院大栃木高校
少年男子	藤井 達也	國學院大栃木高校
監　督	葭葉 国士	國學院大栃木高校(教)

ソフトボール

種別	氏名	所属
成年男子	長井 風雅	Honda
成年男子	大西 泰河	Honda
成年男子	遠畑 光希	Honda
成年男子	浦本 大嗣	Honda
成年男子	坂田 大士	Honda
成年男子	笹原 允	Honda
成年男子	船原 雄大	Honda
成年男子	加藤 翼	Honda
成年男子	眞茅 大翔	Honda
成年男子	福田 空脩	Honda
成年男子	川島 大空	Honda
成年男子	藤原 綜俊	Honda
監　督	保坂 真樹	Honda
成年女子	秋豆 朱音	本田技研工業(株)
成年女子	棚町 佳奈	本田技研工業(株)
成年女子	安山 涼香	本田技研工業(株)
成年女子	菱谷 香実	本田技研工業(株)
成年女子	木村 愛	本田技研工業(株)
成年女子	長谷川 優理	本田技研工業(株)
成年女子	渡邉 瑞貴	本田技研工業(株)
成年女子	糟谷 舞乃	本田技研工業(株)

なぎなた

種別	氏名	所属
成年女子	佐藤 亜季	社会福祉法人パステル
成年女子	疋田 かんな	栃木県スポーツ協会
成年女子	中島 理沙	栃木特別支援学校
少年女子	杉浦 榛苗	宇都宮短大附属高校
少年女子	石田 煌香	國學院大栃木高校
少年女子	坪山 遥音	國學院大栃木高校
監督	萱場 由華	荒井商事(株)

ボウリング

種別	氏名	所属
成年男子	新井 審護	日本電産エレシス(株)
成年男子	荒井 崇聡	(株)フォーカス
成年男子	佐々木 銀次	江崎工業(株)
成年男子	大室 勝幸	関東能開大
監督	福地 恒雄	栃木県ボウリング連盟
成年女子	増山 満枝	VIPゴルフプラザ
成年女子	阿久津 るみ	栃木県ボウリング連盟
成年女子	新井 一江	栃木県ボウリング連盟
成年女子	川上 紗季	宇都宮共和大学
監督	山本 耕平	栃木県ボウリング連盟
少年男子	人見 皇己	矢板中央高校
少年男子	市村 飛陽	足利大付属高校
監督	藤沼 史暁	(株)ツルオカ
少年女子	須永 栞名	白鷗大足利高校
少年女子	吉田 夏帆	大田原女子高校
監督	山谷 新也	足利スターレーン

ゴルフ

種別	氏名	所属
成年男子	塚原 悠斗	日本大学
成年男子	豊田 龍生	日本大学
成年男子	前田 光史朗	日本大学
女子	横山 珠々奈	栃木県スポーツ協会 スポーツ専門員
女子	鷲﨑 奈未	ホウライカントリー倶楽部
女子	辻 結名	佐野日本大高校
監督	小森 幸恵	58ロハスクラブ
少年男子	粂谷 海翔	栃木市立栃木東中学校
少年男子	中川 虎ノ介	作新学院高校
少年男子	松澤 虎大	佐野日本大高校
監督	増渕 洋介	栃木県ゴルフ連盟

トライアスロン

種別	氏名	所属
成年男子	佐山 拓海	東海旅客鉄道(株)
成年男子	渡邉 優介	真岡郵便局
監督	村上 晃史	一般社団法人 宇都宮村上塾
成年女子	杉原 有紀	栃木県スポーツ協会
成年女子	日引 華子	東海大学
監督	渡辺 亜希子	一般社団法人 宇都宮村上塾

少年男子	中山 龍翔	小山南高校
少年男子	橋本 律樹	小山南高校
少年男子	佐藤 善信	小山南高校
少年女子	石川 彩花	佐野東高校
少年女子	縫田 桜	佐野東高校
少年女子	横塚 香美	佐野東高校
少年女子	川島 菜乃香	佐野東高校
少年女子	藤田 真帆	佐野東高校
少年女子	齋川 華音	佐野東高校
少年女子	遠山 夏海	小山南高校
監督	鈴谷 謙太朗	足利中央特別支援学校

カヌーワイルドウォーター

成年男子	川村 龍紅	栃木県カヌー協会

カヌースラローム

成年男子	齋藤 康祐	栃木県カヌー協会
監督	村上 竣一	栃木県カヌー協会
成年女子	富沢 くるみ	栃木県カヌー協会
成年女子	後藤 沙世	栃木県カヌー協会

アーチェリー

種別	氏名	所属
成年男子	舘野 磨生	日本体育大学
成年男子	星 達也	(株)三菱電機
成年男子	金子 卓矢	(株)東光高岳
成年女子	宮下 真奈美	グランディハウス(株)
成年女子	星 亜沙美	(株)ダイサン印刷
成年女子	井上 いづみ	TA:Lazo
監督	山下 兼矢	(株)エコアール
少年男子	梶塚 一葉	烏山高校
少年男子	佐藤 義斗	烏山高校
少年男子	川上 颯大	烏山高校
少年女子	平野 薫	烏山高校
少年女子	芝沼 亜衣果	烏山高校
少年女子	福田 実玖	鹿沼高校
監督	宮下 朋幸	本田技研工業(株)

空手道

種別	氏名	所属
成年男子	佐合 尚人	高栄警備保障(株)
成年男子	高橋 昂輝	(株)ティエム
成年男子	阿久津 龍司	東北福祉大学
成年男子	本 龍二	イーギャランティ(株)
成年女子	澤江 優月	帝京大学
成年女子	久保田 凪	国士舘大学
少年男子	根岸 航太郎	埼玉栄高校
少年男子	植田 颯真	宇都宮短大付属高校
少年女子	小野崎 陽菜	作新学院高校
少年女子	佐藤 幸	作新学院高校
監督	神崎 正行	コダマ樹脂工業(株)

銃剣道

種別	氏名	所属
成年男子	佐々木 康行	陸上自衛隊宇都宮駐屯地
成年男子	齋藤 慎一	陸上自衛隊宇都宮駐屯地
成年男子	藤原 考貴	陸上自衛隊宇都宮駐屯地
少年男子	大森 丈瑠	文星芸術大附属高校
少年男子	眞鍋 翔吾	文星芸術大附属高校
少年男子	齋藤 広人	文星芸術大附属高校
監督	鈴木 利広	陸上自衛隊宇都宮駐屯地

ラグビー

種別	氏名	所属
成年男子	矢島 隼汰	白鷗大学
成年男子	大澤 僚也	医療法人社団弘徳会 那須訪問診療所
成年男子	西松 大輝	三菱製鋼株式会社
成年男子	古田 京	済生会宇都宮病院
成年男子	武山 達哉	白鷗大学
成年男子	菊池 優介	(株)アベルコ
成年男子	三輪 京介	Honda
成年男子	福田 航己	白鷗大学
成年男子	新井 勇士	白鷗大学
成年男子	伊東 琢真	白鷗大学
監督	大島 佐利	サントリー(株)
女子	杉本 姫菜乃	國學院大栃木高校
女子	阿部 純佳	日本体育大学
女子	佐々木 理子	流通経済大学
女子	秋山 歩花	(株)丹青社
女子	内海 春菜子	ヒューマンライフケア横浜
女子	田中 笑伊	ヤマネ鉄工建設
女子	中平 あみ	日本体育大学
女子	梅津 悠月	日本体育大学
女子	田中 杏奈	横河武蔵野アルテミスターズ
女子	高橋 夏未	日本体育大学
監督	石井 勝尉	佐野高校
少年男子	木村 陽太	國學院大栃木高校
少年男子	尾池 政人	國學院大栃木高校
少年男子	佐藤 蒼	國學院大栃木高校
少年男子	岡部 義大	國學院大栃木高校
少年男子	大谷 亜蓮	國學院大栃木高校
少年男子	櫻井 瑛太	國學院大栃木高校
少年男子	青木 梨駒	國學院大栃木高校
少年男子	北村 優	國學院大栃木高校
少年男子	島﨑 聖弥	國學院大栃木高校
少年男子	伊藤 龍之介	國學院大栃木高校
少年男子	青栁 潤之介	國學院大栃木高校
少年男子	福田 正武	國學院大栃木高校
少年男子	山田 壮	國學院大栃木高校
少年男子	大友 佳介	國學院大栃木高校
少年男子	神尾 樹凜	國學院大栃木高校
少年男子	岩﨑 煌生	國學院大栃木高校
少年男子	山本 龍河	國學院大栃木高校
少年男子	長谷川 心弘	國學院大栃木高校
少年男子	小坂 龍平	國學院大栃木高校
少年男子	家登 正旺	國學院大栃木高校
少年男子	生田 旭	國學院大栃木高校
少年男子	比嘉 亮多	國學院大栃木高校
少年男子	西本 壮	國學院大栃木高校
監督	吉岡 肇	國學院大栃木高校

カヌー

カヌースプリント

種別	氏名	所属
成年男子	八角 周平	栃木県スポーツ協会
成年男子	田原 瞭太	栃木県スポーツ協会
成年女子	森山 和佳奈	栃木県スポーツ協会
成年女子	西分 友貴子	栃木県スポーツ協会
少年男子	黒田 航平	佐野東高校
少年男子	野本 結太	佐野東高校
少年男子	藤野 倖成	佐野東高校

「いちご一会とちぎ国体」冬季大会

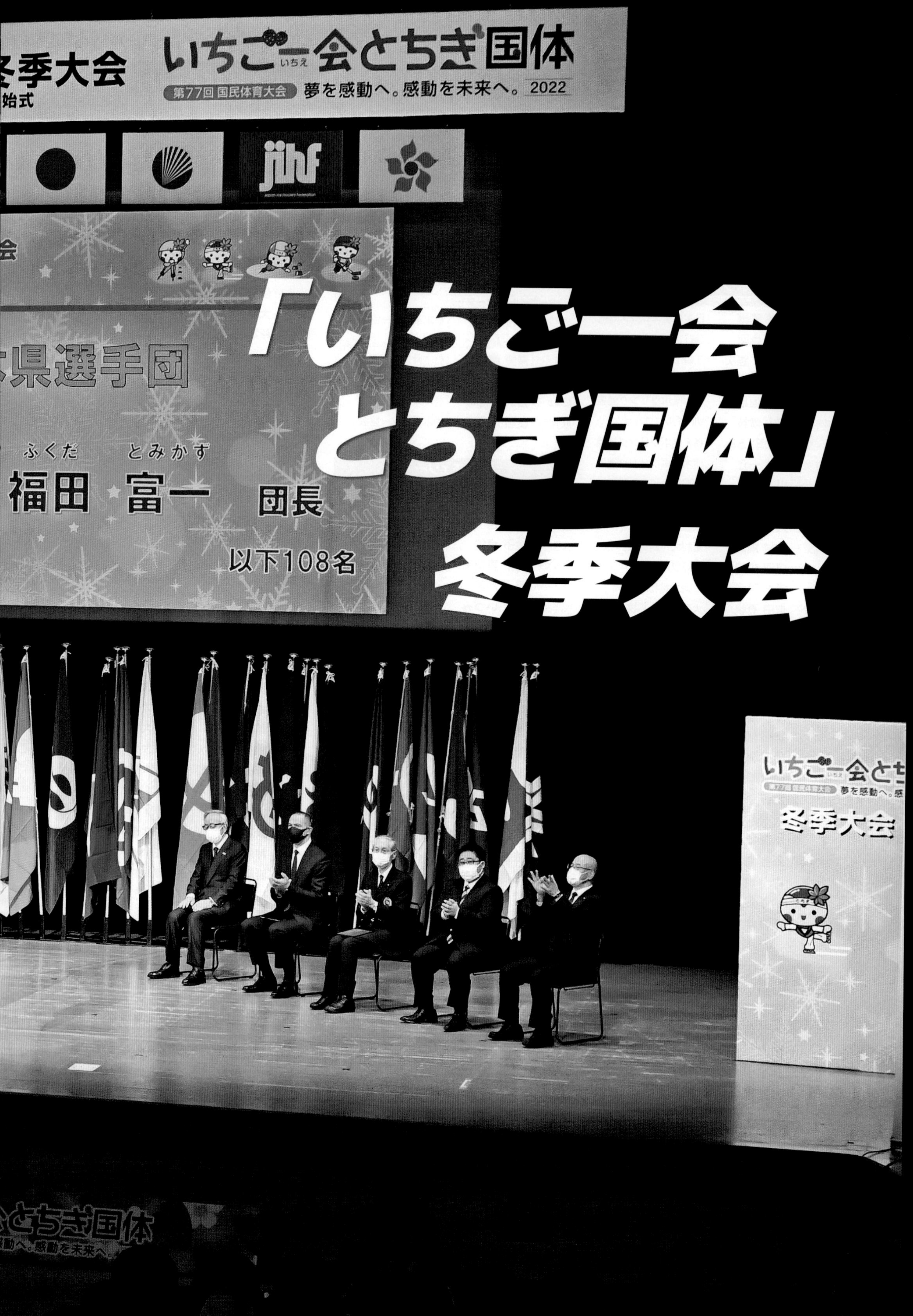

日光でスケート・アイスホッケー競技会
3種目制し、天皇杯・皇后杯で大躍進

「夢を感動へ。感動を未来へ。」をスローガンとした第77回国民体育大会「いちご一会とちぎ国体」冬季大会スケート・アイスホッケー競技会が1月24日、日光市今市文化会館で開始式を行い、30日までの7日間にわたって熱戦を繰り広げた。栃木県での冬季大会開催は2014年「ひかりの郷《さと》日光国体」以来8年ぶり9度目。42都道府県から1700人を超える選手団が参加する中、総勢73人の本県選手団は、県スポーツ専門員が活躍しスケート競技3種目で優勝。天皇杯得点（男女総合成績）は124点で7位（前回19位）、皇后杯得点（女子総合成績）は38点で10位（前回18位）と大きく躍進した。

スピードスケート

阿部啓吾

成年男子500mで初の栄冠

スピードスケート成年男子500mで25歳の県スポーツ専門員阿部啓吾（県スポーツ協会）が36秒44で初優勝。阿部は最終コーナーを抜けて2番手からトップに立ち、2位以下を0秒06差で抑えた。

終盤爆発　感謝胸に力走・阿部

スピードスケート成年男子500m優勝の阿部

■スピードスケート成年男子500m決勝の最終コーナー中盤。阿部啓吾（県スポーツ協会）は、前を行く川目拓磨（同）が外にふくらんだことを見逃さなかった。

当初の外側勝負のプランを瞬時に捨て「イン（コース）で抜く」と心を決めた。今大会を現役ラストレースに定める25歳が、競技人生の全てを懸けた勝負に出た。

スタート位置は4人の中で最速の飛び出しを誇る川目の隣。「付いて行けば2番手で進められる」と序盤から背後にぴたり。スプリントにたける後続2人が仕掛ける気配を見せれば、巧みな位置取りで抜かせない。「理想の展開」を氷上に描き出していた。

残り約100mのホームストレート。川目の空けた内側のスペースに飛び込み加速した。「終盤に絶対の自信を持っているわけではない」。だが「足がちぎれるくらい」の気迫で攻めた。僅差でゴールへ飛び込んだ瞬間、突き上げた右拳。それが本県チームに所属した3年間の「答え」だった。

19年の国体後に茨城県から所属を変えた。規則上、20～21年は出場できなかった。その間も献身的にサポートした本県関係者らへ募った思いは「感謝」。左足の負傷が影響し「初めて500mの自己ベストが出なかった」今季途中に引退を決めた。だが、この国体だけは譲れなかった。

「気持ち良かった」と晴れやかな表情で場内の喝采に応えた。集大成のレース。国体舞台の500mでは、自身初となる栄冠だった。　（伊藤慧）

ショートトラック

成年男子1000m
斎藤慧

ショートトラック成年女子
500m優勝の山浦

男女2人が栄冠つかむ

スケート競技のショートトラック成年女子500mで23歳の県スポーツ専門員 山浦美和子(県スポーツ協会)が優勝を飾った。同種目を県勢が制したのは初めて。ショートトラック成年男子1000mは斎藤慧(県スポーツ協会)が1分27秒557で初優勝した。

成年女子500m

山浦美和子

有言実行1位譲らず・山浦

■ゴールラインを越える瞬間、両手を広げて喜びを表した。「現役最後の集大成。本当にうれしい」。ショートトラック成年女子の山浦美和子（県スポーツ協会）は引退レースに据えた国体を制覇。最後の氷上を満面の笑みで下りた。

準決勝をトップで通過。決勝は最も内側の1レーンからスタートした。「最初から1番でいく」。素早い出足で先頭に出ると、鋭いコーナリングを継続。最後まで1位の座を譲らずにフィニッシュした。

前日の1000mは内側の選手に左手が触れ、走路妨害で失格になった。「クリーンな滑りで優勝する。有言実行できた」。前日に宣言した通りの美しい勝ち方だった。

長野県出身の23歳。2年前に県スポーツ専門員となり、競技人生のゴールに見据えたのは北京五輪と今国体。「どういう結果になっても最後」と昨春から心に決めていた。

五輪の代表から漏れた後は「チーム栃木の一員」として国体に集中。プレッシャーにも原動力にもなった。「栃木の人に支えてもらってここまでこれた」。表彰台の一番上で感謝の気持ちがあふれた。

「とりあえずゆっくりしたい」と、故郷に帰ることだけが決まっている。小学6年から始めたショートトラック。「この経験がこれからの人生で、何かに生かせれば」。晴れやかな顔で、11年間の競技人生に別れを告げた。

（田井伎）

ショートトラック成年男子
5000mリレーで本県チームは5位

スピードスケート＆ショートトラック

スピードスケート少年女子
2000mリレーで本県チームは8位。
アンカーの平岡

トラックで輝いた県勢選手たち

スピード成年男子500mの川目拓磨（県スポーツ協会）、成年男子2000mリレーの本チームが3位入賞。成年男子1500mで山本大史（県スポーツ協会）、同女子1500mと3000mで北原もえ（同）が4位に入るなど、スピード、ショートトラックでは県勢の入賞が相次いだ。

スピードスケート少年男子
1000mで6位の湯澤

スピードスケート少年男子
1500mで7位の湯澤

スピードスケート成年女子
500mで4位の宇佐見

スピードスケート成年男子
500mで3位の川目

スピードスケート成年女子
1500mで4位の北原

スピードスケート成年男子
2000mリレーで3位の本県チーム。
アンカーの中村

スピードスケート成年男子2000mリレーで3位の本県チーム

スピードスケート成年男子
5000mで5位の小川

スピードスケート成年女子
3000mで4位の北原

アイスホッケー

アイスホッケー競技は成年男子の本県チームが5位決定戦で神奈川に4－1で勝ち、今大会を5位で終えた。本県チームは同日午前に予定していた順位決定戦が、対戦相手の青森の棄権で不戦勝となり、5位決定戦へ進出。試合は第1ピリオドに先制点を許しながらも第2ピリオドに一挙4点を挙げて逆転した。

アイスホッケー成年男子5位決定戦を制して喜ぶ本県チーム

アイスホッケー成年男子1回戦の本県チーム

アイスホッケー成年男子
5位決定戦の本県チーム

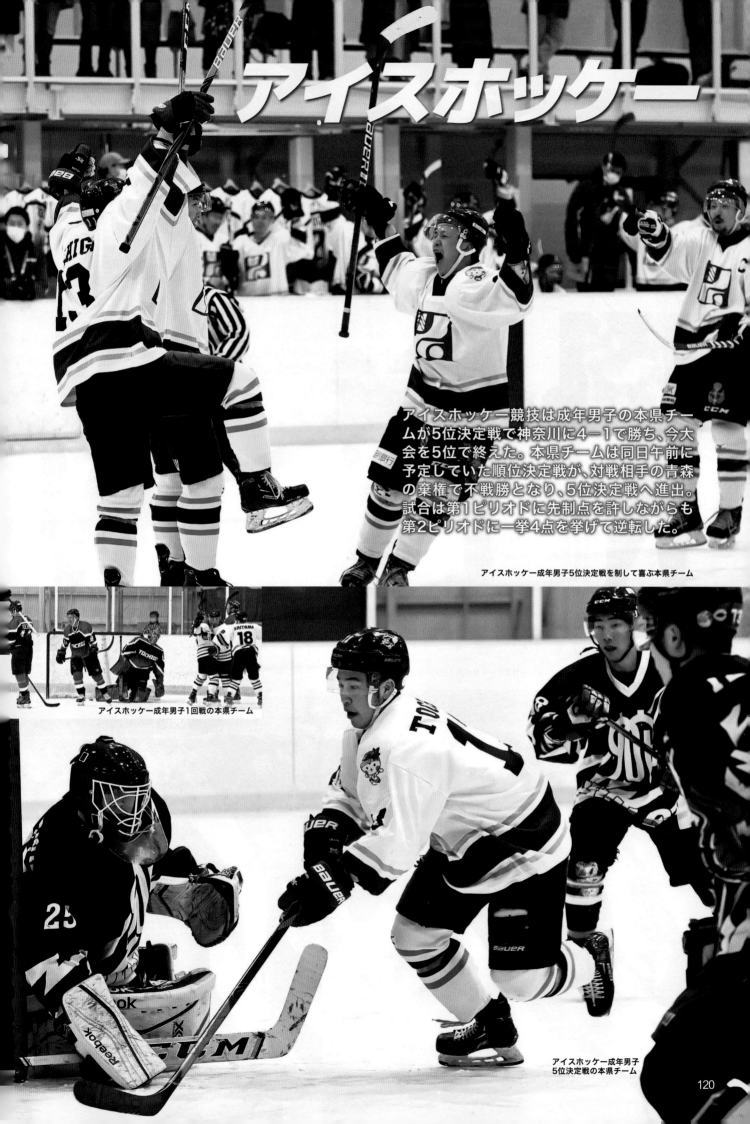

アイスホッケー成年男子
1回戦の本県チーム

「悔い残さないように」成年男子の本県チーム

■意地と誇りの45分間だった。地元開催優勝の夢は消えても、最後に圧巻のゴールラッシュを見せたアイスホッケー成年男子の本県チーム。「選手がハートを、執念を見せてくれた」。瀬口剛嗣監督（宇都宮市役所）は思わず声を震わせた。

パックを支配しながらも1点ビハインドで迎えた第2ピリオド開始前。選手たちは自らを鼓舞した。「気持ちを一つに、悔いを残さないようにやろうと声を掛け合った」とFW宮本明朗（同）。目の色を変えて神奈川ゴールを襲い始めた。

7分過ぎにFW柚木辰徳（県スポーツ協会）の同点ゴールから宮本が決めた3点目まで3分足らず。GKからのリバウンドが出やすいようシュートのコースを際どくする工夫に、ゴール前に突っ込む気迫が加わって一気に相手を突き放した。

第3ピリオドは守備陣が奮闘。GK龍翔太郎（県連盟）を中心に2人少ないキルプレーなど、再三の苦境を無失点でしのいだ。この試合3度反則を取られたDF福澤直哉主将（古河電工）は「自分のせいでピンチになったけど、守備で本当に頑張ってくれた」と感謝した。

前日の準々決勝で埼玉に屈し、1度は失意のどん底に落とされた。「勝たなきゃいけないというプレッシャーの中で戦っていた」と胸の内を明かした福澤。「5位は残念な気持ちもあるけど、最後に勝てて良かった」と最後は胸を張ってリンクを後にした。

（星国典）

フィギュアスケート

フィギュア成年男子で24位の鈴木

フィギュア成年女子で23位の小室

フィギュア少年女子で23位の北條

県勢、エントリー種別全てでフリー進出

フィギュアは成年女子フリーの小室笑凜（早大）、少年女子フリーの北條楓（鹿沼東高）がともに23位。成年男子のフリーに出場した鈴木雄大（尚美学園大）は24位で大会を終えた。フィギュアは2014年の「ひかりの郷（さと）日光国体」以来8年ぶりに、エントリーした複数種別全てで選手がフリーに進む好成績を収めた。

フィギュア成年女子のSPに臨んだ田所

フィギュア成年男子のSPに挑んだ平田

スキー

ジャンプ成年男子Aで8位入賞の栗田

大回転少年女子で
8位入賞した横尾

県勢、46年ぶり複数競技入賞

秋田県鹿角市で開催された「美の国あきた鹿角国体2022」。本県勢は、大回転少年女子の横尾彩乃(足利大付高)が8位、同成年女子Bの小番聖夏(いずみ産業)が7位に入り、ジャンプでも栗田力樹(県スポーツ協会)が8位に食い込み、県勢として同競技で初めて入賞した。スキー国体では大回転とクロスカントリーで入賞者を出した1976年の第31回大会以来、46年ぶりに複数競技で入賞を果たした。

大回転成年女子Bで7位入賞の小番

栃木県勢 最終結果一覧

成年・少年	男子・女子	競技名／最終試合 等	入賞	順位	選手／チーム・所属・記録 等	日付(月.日)	備考
■スピードスケート							
日光市霧降スケートセンター							
成年	男子	500mA 決勝	◎	1	阿部啓吾（栃木県スポーツ協会）36秒44	1.26	
成年	男子	500mA 決勝	◎	3	川目拓磨（栃木県スポーツ協会）36秒50(7)	1.26	
成年	男子	1000m 予選 1組			宇賀神怜眞（大東文化大）1分18秒13＝落選	1.26	
成年	男子	1000m 決勝			中村隼人（栃木県スポーツ協会）DQ	1.28	
成年	男子	1500m 準決勝 1組			渡邉拓（山梨学院大）1分58秒41＝落選	1.26	
成年	男子	1500m 決勝	◎	4	山本大史（栃木県スポーツ協会）2分00秒93	1.27	
成年	男子	5000m 決勝	◎	5	小川拓朗（栃木県スポーツ協会）6分32秒68	1.28	
成年	男子	5000m 決勝	◎	6	山本大史（栃木県スポーツ協会）タイムなし	1.28	
成年	男子	2000mリレーA 決勝	◎	3	栃木県（川目拓磨、宇賀神怜眞、阿部啓吾、中村隼人）2分24秒96	1.28	
成年	女子	500mB 決勝	◎	6	上鹿渡双葉（栃木県スポーツ協会）40秒25	1.26	
成年	女子	500mA 決勝	◎	4	宇佐見鈴音（栃木県スポーツ協会）40秒50	1.26	
成年	女子	1000m 予選 1組			上鹿渡双葉（栃木県スポーツ協会）1分22秒50＝落選	1.26	
成年	女子	1000m 決勝	◎	8	宇佐見鈴音（栃木県スポーツ協会）1分46秒90	1.28	
成年	女子	1500m 予選 2組			熊谷帆乃香（栃木県スポーツ協会）2分07秒42＝落選	1.25	
成年	女子	1500m 決勝	◎	4	北原もえ（栃木県スポーツ協会）2分04秒85 完	1.27	
成年	女子	3000m 予選 2組			熊谷帆乃香（栃木県スポーツ協会）4分40秒56＝落選	1.26	
成年	女子	3000m 決勝	◎	4	北原もえ（栃木県スポーツ協会）4分22秒55 完	1.28	
成年	女子	2000mリレーA 決勝			栃木県（上鹿渡双葉、熊谷帆乃香、北原もえ、宇佐見鈴音）DNS	1.28	
少年	男子	500mB 決勝	◎	7	萩原由侑（宇都宮工業高）39秒20	1.26	
少年	男子	1000m 予選 1組			萩原由侑（宇都宮工業高）1分21秒81＝落選	1.26	
少年	男子	1000m 決勝	◎	6	湯澤大翔（日光明峰高）1分16秒99	1.28	
少年	男子	1500m 決勝	◎	7	湯澤大翔（日光明峰高）1分54秒77	1.27	
少年	男子	5000m 予選 2組			篠原光佑（日光明峰高）7分16秒39＝落選	1.27	
少年	男子	10000m 予選 1組			篠原光佑（日光明峰高）DQ＝落選	1.25	
少年	女子	500m 予選 1組			増田朱華（作新学院高）48秒11＝落選	1.25	
少年	女子	500m 予選 3組			篠原侑愛（日光明峰高）45秒89＝落選	1.25	
少年	女子	1000m 予選 2組			増田朱華（作新学院高）1分39秒29＝落選	1.26	
少年	女子	1000m 予選 3組			篠原侑愛（日光明峰高）1分33秒18＝落選	1.26	
少年	女子	1500m 予選 1組			久綾花（作新学院高）2分38秒12＝落選	1.25	
少年	女子	1500m 予選 3組			平岡由圭（日光明峰高）2分22秒13＝落選	1.25	
少年	女子	3000m 予選 1組			久綾花（作新学院高）5分37秒18＝落選	1.26	
少年	女子	3000m 決勝		12	平岡由圭（日光明峰高）5分02秒75	1.28	
少年	女子	2000mリレーB 決勝	◎	8	栃木県（篠原侑愛、増田朱華、久綾花、平岡由圭）3分18秒53	1.28	

成年・少年	男子・女子	競技名／最終試合 等	入賞	順位	選手／チーム・所属・記録 等	日付(月.日)	備考
■ショートトラック							
今市青少年スポーツセンター 屋内スケートリンク							
成年	男子	500m 準々決勝 3組			河合健朗（栃木県スポーツ協会）ペナルティー＝落選	1.25	
成年	男子	500mA 決勝	◎	4	齋藤慧（栃木県スポーツ協会）42秒682	1.25	
成年	男子	1000m 準決勝 2組			河合健朗（栃木県スポーツ協会）ペナルティー＝落選	1.24	
成年	男子	1000mA 決勝	◎	1	齋藤慧（栃木県スポーツ協会）1分27秒557	1.24	
成年	男子	5000mリレーB 決勝	◎	5	栃木県（河合健朗、齋藤慧、田崎辰也、平石貴之）7分35秒388	1.25	
成年	女子	500m 予選 5組			岡部紅巴（日本外国語専門学校）53秒076＝落選	1.25	
成年	女子	500mA 決勝	◎	1	山浦美和子（栃木県スポーツ協会）45秒897	1.25	
成年	女子	1000m 予選 7組			岡部紅巴（日本外国語専門学校）1分54秒293＝落選	1.24	
成年	女子	1000m 準々決勝 2組			山浦美和子（栃木県スポーツ協会）ペナルティ＝落選	1.24	
少年	男子	500m 予選 5組			木村明揮（宇都宮白楊高）49秒074＝落選	1.25	
少年	男子	500m 準々決勝 1組			並木碧飛（宇都宮商業高）45秒471＝落選	1.25	
少年	男子	1000m 予選 1組			並木碧飛（宇都宮商業高）1分35秒938＝落選	1.24	
少年	男子	1000m 予選 5組			木村明揮（宇都宮白楊高）1分41秒489＝落選	1.24	
少年	女子	500m 予選 1組			村上由衣（真岡女子高）1分01秒084＝落選	1.25	
少年	女子	1000m 予選 3組			村上由衣（真岡女子高）1分49秒782＝落選	1.24	

成年・少年	男子・女子	競技名／最終試合 等	入賞	順位	選手／チーム・所属・記録 等	日付(月.日)	備考
■フィギュアスケート							
栃木県立日光霧降アイスアリーナ							
成年	男子	SP		23	鈴木雄大（尚美学園大）38.66	1.25	
成年	男子	SP		25	平田大和（白鷗大）34.10＝FSに進めず	1.25	
成年	男子	FS		24	鈴木雄大（尚美学園大）62.07	1.26	
成年	男子	総合		24	鈴木雄大（尚美学園大）100.73	1.26	
成年	男子	総合		25	平田大和（白鷗大）34.10	1.25	
成年	女子	SP		18	小室笑凜（早稲田大）42.09	1.26	
成年	女子	SP		32	田所五十鈴（東京女子体育大）22.95＝FSに進めず	1.26	
成年	女子	FS		23	小室笑凜（早稲田大）63.22	1.27	
成年	女子	総合		23	小室笑凜（早稲田大）105.31	1.27	
成年	女子	総合		32	田所五十鈴（東京女子体育大）22.95	1.26	
少年	女子	SP		19	北條楓（鹿沼東高）43.44	1.24	
少年	女子	SP		30	芦塚明日佳（宇都宮女子高）33.67＝FSに進めず	1.24	
少年	女子	FS		23	北條楓（鹿沼東高）67.65	1.25	
少年	女子	総合		23	北條楓（鹿沼東高）111.09	1.25	
少年	女子	総合		30	芦塚明日佳（宇都宮女子高）33.67	1.24	

■アイスホッケー							
今市青少年スポーツセンター屋内スケートリンク／日光市細尾ドームリンク／日光霧降アイスアリーナ							
成年	男子	5位決定戦		5	栃木県 4〈0-1, 4-0, 0-0〉1 神奈川県	1.29	
少年	男子	1回戦			富山県(不戦勝)　栃木県	1.27	

美の国あきた鹿角国体2022

■スキー							
花輪スキー場							
成年	男子A	大回転		43	堀口直暉（法政大）1分0秒34	2.18	
成年	男子A	大回転			手塚芳宗（YELL）＝棄権	2.18	
成年	男子A	大回転			金子竣哉（東洋大）＝途中棄権	2.18	
成年	男子A	ジャンプ(ヒルサイズ86m)	◎	8	栗田力樹（栃木県スポーツ協会）218・5点〈77・5m、76m〉	2.18	
成年	男子A	ジャンプ(ヒルサイズ86m)		18	木村吉大（栃木県スポーツ協会）172・7点〈69・5m、67・5m〉	2.18	
成年	男子A	複合		9	木村吉大（栃木県スポーツ協会）タイム差2分38秒3 〈飛躍(11) 88・3点、距離(7) 23分29秒9〉	2.19	
成年	男子B	クロスカントリー10kmクラシカル		29	佐藤岳史（常盤小教）36分8秒3	2.19	
成年	男子C	大回転		11	三井田雄太（全国銀行協会）1分3秒27	2.19	
成年	男子C	大回転		77	柴田幸兵（本田技術研究所）1分14秒64	2.19	
成年	男子C	大回転			石田憲二郎（太鼓センター）＝途中棄権	2.19	
成年	男子C	クロスカントリー5kmクラシカル		31	高松清（高松保険事務所）15分53秒9	2.19	
成年	男子C	クロスカントリー5kmクラシカル		33	新井申（栃木県庁ク）16分25秒3	2.19	
成年	男子C	クロスカントリー5kmクラシカル		42	石塚正明（キヤノンメディカルシステムズ）18分47秒1	2.19	
成年	女子A	大回転		56	渡辺仁美（獨協医大）1分6秒76	2.18	
成年	女子B	大回転	◎	7	小番聖夏（いずみ産業）59秒83	2.20	
少年	男子	大回転		9	深沢嵩晴（足大附属高）57秒28	2.20	
少年	男子	大回転		15	横尾錬（足大附属高）57秒90	2.20	
少年	男子	大回転		28	中島崇秀（足大附属高）59秒68	2.20	
少年	男子	大回転		42	塩田優介（作新学院高）1分1秒23	2.20	
少年	男子	大回転		76	大貫零旺（足大附属高）1分4秒51	2.20	
少年	男子	大回転			権田武蔵（足大附属高）＝途中棄権	2.20	
少年	男子	クロスカントリー10kmクラシカル		100	白井佑典（那須拓陽高）34分54秒3	2.18	
少年	女子	大回転	◎	8	横尾彩乃（足大附属高）1分1秒75	2.19	
少年	女子	大回転		56	鈴木杏（足大附属高）1分11秒36	2.19	
少年	女子	大回転		63	室井さくら（大田原女子高）1分12秒64	2.19	
少年	女子	大回転		73	町井友香（真岡女子高）1分14秒77	2.19	
少年	女子	クロスカントリー5kmクラシカル			丸山美乃（矢板東高）＝棄権	2.19	

栃木県選手団 選手名鑑

スキー競技会

アルペン大回転

種別	氏名	所属
成年男子A	手塚 芳宗	YELL
成年男子A	金子 竣哉	東洋大学
成年男子A	堀口 直暉	法政大学
成年男子C	三井田 雄太	全国銀行協会
成年男子C	柴田 幸兵	本田技術研究所
成年男子C	石田 憲二郎	太鼓センター
成年女子A	渡辺 仁美	獨協医科大学
成年女子B	小番 聖夏	いずみ産業
少年男子	大貫 零旺	足利大附属高校
少年男子	中島 崇秀	足利大附属高校
少年男子	深澤 嵩晴	足利大附属高校
少年男子	権田 武蔵	足利大附属高校
少年男子	横尾 錬	足利大附属高校
少年男子	塩田 優介	作新学院高校
少年女子	横尾 彩乃	足利大附属高校
少年女子	鈴木 杏	足利大附属高校
少年女子	室井 さくら	大田原女子高校
少年女子	町井 友香	真岡女子高校

距離

種別	氏名	所属
成年男子B	佐藤 岳史	佐野市立常盤小学校(教)
成年男子C	新井 申	県庁スキークラブ
成年男子C	高松 清	高松保険事務所
成年男子C	石塚 正明	キヤノンメディカルシステムズ
少年男子	白井 佑典	那須拓陽高校
少年女子	丸山 美乃	矢板東高校

複合

種別	氏名	所属
成年男子A	木村 吉大	栃木県スポーツ協会

ジャンプ

種別	氏名	所属
成年男子A	栗田 力樹	栃木県スポーツ協会
成年男子A	木村 吉大	栃木県スポーツ協会

監督

種別	氏名	所属
成年男子	源田 道昭	足利大附属高校(教)
成年男子	山口 昌利	エーデルワイススキースクール
成年女子	足助 浩之	那須町役場
少年男子	足助 彰信	RAISE
少年女子	小茂田 香奈	ゴールドウイン
監督	鈴木 伸栄	大日本印刷
少年女子	芦塚 明日佳	宇都宮女子高校
少年女子	北條 楓	鹿沼東高校
監督	菊地 芳更	宇都宮市スポーツ振興財団

アイスホッケー

種別	氏名	所属
成年男子	龍 翔太郎	栃木県アイスホッケー連盟
成年男子	福沢 直哉	古河電工
成年男子	萩原 優吾	日光市役所
成年男子	小野 光太郎	カキヌマ
成年男子	高木 聖大	足利銀行
成年男子	栗原 皐成	法政大学
成年男子	駒田 時亜	東洋大学
成年男子	塚田 裕之	日光消防署
成年男子	今野 充彬	栃木ユナイテッド
成年男子	井上 東吾	光工業
成年男子	笹川 太平	古河ライフサービス
成年男子	宮本 明朗	宇都宮市役所
成年男子	徳光 陸	三井物産
成年男子	渡辺 大	中央大学
成年男子	柚木 辰徳	栃木県スポーツ協会
成年男子	唐津 大輔	明治大学
監督	瀬口 剛嗣	宇都宮市役所
少年男子	鈴木 章史	日光明峰高校
少年男子	神山 翔琉	日光明峰高校
少年男子	駒田 怜申	日光明峰高校
少年男子	塩原 陸生	日光明峰高校
少年男子	北条 太我	日光明峰高校
少年男子	浅野 凜生	日光明峰高校
少年男子	茨城 謙世	日光明峰高校
少年男子	斉藤 聖也	日光明峰高校
少年男子	立石 優羽	日光明峰高校
少年男子	田村 壱桜	日光明峰高校
少年男子	林 陽汰	日光明峰高校
少年男子	平向 史弥	日光明峰高校
少年男子	古谷 優	日光明峰高校
少年男子	極檀 友勢	日光明峰高校
少年男子	クラーク 証音 テイラー	日光明峰高校
少年男子	星野 匠	日光明峰高校
監督	中西 翔一	日光明峰高校(教)

スケート・アイスホッケー競技会

スピードスケート

種別	氏名	所属
成年男子	阿部 啓吾	栃木県スポーツ協会
成年男子	川目 拓磨	栃木県スポーツ協会
成年男子	小川 拓朗	栃木県スポーツ協会
成年男子	中村 隼人	栃木県スポーツ協会
成年男子	山本 大史	栃木県スポーツ協会
成年男子	渡辺 拓	山梨学院大学
成年男子	宇賀神 怜真	大東文化大学
成年女子	北原 もえ	栃木県スポーツ協会
成年女子	上鹿渡 双葉	栃木県スポーツ協会
成年女子	宇佐見 鈴音	栃木県スポーツ協会
成年女子	熊谷 帆乃香	栃木県スポーツ協会
監督	片山 友行	日光殿堂案内協同組合
少年男子	篠原 光佑	日光明峰高校
少年男子	湯澤 大翔	日光明峰高校
少年男子	萩原 由侑	宇都宮工業高校
少年女子	篠原 侑愛	日光明峰高校
少年女子	平岡 由圭	日光明峰高校
少年女子	増田 朱華	作新学院高校
少年女子	久 綾花	作新学院高校
監督	阿久津 竜平	日光明峰高校(教)

ショートトラック

種別	氏名	所属
成年男子(兼監督)	平石 貴之	宇都宮スケート協会
成年男子	斎藤 慧	栃木県スポーツ協会
成年男子	河合 健朗	栃木県スポーツ協会
成年男子	田崎 辰也	宇都宮スケート協会
成年女子	山浦 美和子	栃木県スポーツ協会
成年女子	熊谷 帆乃香	栃木県スポーツ協会
成年女子	岡部 紅巴	日本外国語専門学校
少年男子	並木 碧飛	宇都宮商業高校
少年男子	木村 明揮	宇都宮白楊高校
少年女子	村上 由衣	真岡女子高校
監督	野尻 大海	宇都宮市役所

フィギュアスケート

種別	氏名	所属
成年男子	鈴木 雄大	尚美学園大学
成年男子	平田 大和	白鷗大学
成年女子	小室 笑凜	早稲田大学
成年女子	田所 五十鈴	東京女子体育大学

天皇杯・皇后杯 総合成績

天皇杯（成績順）

順位	都道府県名	得点
1位	東京	2436.00
2位	栃木	2270.50
3位	埼玉	1932.50
4位	愛知	1766.00
5位	大阪	1737.50
6位	神奈川	1659.50
7位	千葉	1490.75
8位	福岡	1380.50
9位	北海道	1348.50
10位	京都	1332.50
11位	兵庫	1329.00
12位	三重	1325.50
13位	岐阜	1321.00
14位	鹿児島	1218.50
15位	長野	1152.50
16位	岡山	1135.50
17位	静岡	1116.50
18位	福井	1114.00
19位	茨城	1107.00
20位	滋賀	1096.50
21位	佐賀	1095.75
22位	群馬	1040.00
23位	愛媛	1003.50
24位	大分	989.00
25位	奈良	893.75
26位	広島	893.50
27位	宮城	886.50
28位	石川	870.50
29位	富山	855.50
30位	岩手	847.50
31位	秋田	840.50
32位	宮崎	834.50
33位	山梨	816.50
34位	沖縄	804.50
35位	新潟	801.50
36位	香川	800.00
37位	熊本	797.50
38位	山口	781.00
39位	和歌山	761.50
40位	山形	761.25
41位	福島	733.00
42位	青森	727.00
43位	島根	680.00
44位	鳥取	679.50
45位	長崎	676.00
46位	高知	673.00
47位	徳島	607.00

皇后杯（成績順）

順位	都道府県名	得点
1位	東京	1311.00
2位	栃木	1092.00
3位	愛知	1027.00
4位	埼玉	1006.00
5位	大阪	907.50
6位	兵庫	847.50
7位	岐阜	836.00
8位	神奈川	820.00
9位	京都	793.50
10位	千葉	786.50
11位	福岡	756.50
12位	鹿児島	724.50
13位	長野	703.00
14位	佐賀	701.00
15位	三重	690.00
16位	群馬	665.00
17位	静岡	648.50
18位	福井	626.50
19位	広島	623.00
20位	石川	621.50
21位	北海道	619.50
22位	愛媛	618.00
23位	岡山	612.00
24位	滋賀	608.00
25位	宮城	568.50
26位	山形	567.50
27位	大分	561.00
28位	岩手	559.00
29位	富山	555.50
30位	茨城	555.00
31位	宮崎	537.50
32位	奈良	528.00
33位	山梨	520.50
34位	沖縄	507.50
35位	熊本	496.00
36位	和歌山	483.00
37位	秋田	482.00
38位	新潟	475.50
39位	青森	474.50
40位	鳥取	462.50
41位	島根	452.50
42位	山口	449.50
43位	香川	440.50
44位	徳島	426.00
45位	福島	423.50
46位	高知	394.00
47位	長崎	369.5

障スポ開会式

開会式で入場行進する本県選手団

陸上競技の加藤凛香(右)と松下裕哉による力強い選手宣誓

第22回全国障害者スポーツ大会「いちご一会とちぎ大会」が開幕 本県開催は初

第22回全国障害者スポーツ大会「いちご一会とちぎ大会」(障スポ)の開会式が29日、宇都宮市のカンセキスタジアムとちぎで行われ、3日間にわたる国内最大の障害者スポーツの祭典が開幕した。障スポは新型コロナウイルスや台風の影響で4年ぶりで、本県開催は初。開会式では選手2031人が介助者と手を取り合うなどして入場し、観覧者らが温かい拍手で迎えた。県内10市で14の正式競技が行われる。大会を通して障害への理解を深め、障害者の社会参加の推進へメッセージを発信する。

開会式には、都道府県と政令指定都市の計67選手団から選手や監督らが集まった。秋篠宮ご夫妻が臨席されロイヤルボックスから選手たちへエールを送った。

入場行進では、両足が義足の旗手や車いすの選手、白杖を持った選手らが堂々と歩みを進め、小旗や手を振りスタンドからの拍手に応えた。本県選手団は最後に登場し、「歓迎ようこそ栃木へ」と横断幕を掲げた。

大会会長の福田富一知事は手話を交えてあいさつし「古里の代表として持てる力を存分に発揮し活躍されることを期待したい」と開会を宣言した。

選手代表宣誓は、陸上競技の加藤凛香(22)と松下裕哉(22)が担った。

選手たちを前にした歓迎演技では、子どもから大人まで県民約1400人が踊りや歌を披露した。選手や観客も手拍子で盛り上げ、会場は一体感に包まれた。出演者は演技後、退場する選手たちを見送った。

(杁木澤良太)

開会式の歓迎演技で手拍子される秋篠宮さまご夫妻

県勢6人による炬火リレー

最終走者を務めた陸上競技の数度美幸と日野花音により炬火が点火された

陸上青年男子400m・知的
練習の虫が底力、
杉本自己新2冠

■陸上の知的障害者青年男子400mの杉本汐夢（宇都宮）が、フィニッシュラインを駆け抜け拳を突き上げた。自己記録を1秒近く縮める快走で200mに続く優勝。「休まずに続けた練習のおかげ」と手にした2個目の金メダルを誇った。

号砲とともに迷いなく加速。残り150m過ぎで「周りの足音が聞こえなくなる」ほど集中は高まり、リードも広げる。大きなストライドを維持したまま、2位に2秒ほどの差をつける独走だった。

前回の2018年福井大会は100mで優勝したが200mは2位。地元開催での2冠を目指し「やりたくなくても強くなるため」に自らを律し、仕事終わりの練習は欠かさなかった。

一般の競技会にも出場し「誰とでも戦える」走力を目指す21歳。最大の目標はパラリンピック出場。「タイムはまだまだ」と24年パリ大会へ視線を向けた。（田井伎）

陸上青年男子400m（知的）で優勝し、ガッツポーズする杉本汐夢

陸上男子800mで優勝した加治佐博昭（左）と伴走者の豊島聡

陸上男子800m
加治佐、貫録の完勝劇
伴走者・豊島と二人三脚

■伴走者が全盲ランナーの"目"となり、二人三脚で圧巻の走りをみせた。「いちご一会とちぎ大会」（障スポ）2日目の30日、マラソンで2008年北京パラリンピックに出場した加治佐博昭（48）＝矢板市＝が、カンセキスタジアムとちぎで行われた陸上男子800mに登場。2位に30秒以上の差を付け、金に輝いた。伴走者の豊島聡（42）＝那須塩原市＝とペアを組んで8年。一心同体の2人は31日の1500mで二つ目の金を狙う。

午前11時23分。「きずな」と呼ばれる伴走ロープを握り、2人は好スタートを切った。目標は2分30秒。400mは1分14秒と目標を上回るペース。後半でやや遅れ、豊島が隣で「ラスト80、50、30m」と熱く声を出し、加治佐も応えた。

結果は2分34秒78。「前半はつい力が入って飛ばし過ぎたかな」と笑う。目標には届かなかったが、「拍手の大きさで注目してもらえていると感じた」。地元開催の充実感に浸った。

那須塩原市内の陸上クラブでコーチを務める豊島は「障害があっても少しの工夫で一緒にプレーができると知ってもらいたい」。観客席で応援した同クラブの同市大山小6年君島琴莉さん（11）は「2人のリズムがぴったりですごかった」と驚きを口にした。

加治佐は鹿児島県出身。21歳の時に難病の網膜色素変性症と診断され、徐々に視力を失った。今は目の前に障子があるように何も見えない。中学、高校と打ち込んだ陸上を続けるにはサポートが必要だった。

12年に妻の実家がある矢板市へ転居した。競技を続けたいが伴走者が見つからない。JR宇都宮駅のホームで電車の乗降口を探していた時、加治佐に声をかけたのが豊島の知人の陸上経験者。「伴走者を探している」と相談し、紹介されたのが豊島だった。

2人は北海道マラソンなど数々の大会で経験を積んだ。800、1500mは本職ではない。ただ、障スポの地元開催が初の出場へと後押しした。31日には1500が控える。

加治佐と豊島は「何も言わなくても気持ちが伝わる。お互いに新しい経験をさせてくれた存在」と信頼し合う。2個目の金を獲得できれば豊島に贈るつもりだ。（佐野恵）

陸上女子・2部 砲丸投げ 飯島再挑戦、大会新V

■陸上の聴覚障害者女子2部の飯島美佐子（足利）は10ｍ59の大会新で優勝。胸にこみ上げた「うれしい」気持ちを身ぶり手ぶりで表現した。

フォームを意識し、力強く鉄球を押し出す。1投目から10ｍ23の好記録。2投目はさらに高い放物線を描き、これまでの大会記録を2ｍ52も上回った。

「再挑戦」の舞台だった。出場は2回目。前回は知的障害のある人と分かれ「全国身体障害者スポーツ大会」として行われていた高校時代までさかのぼる。

地元開催をきっかけに復帰を決意した。ブランクを埋めるために練習を積み、久しぶりの全国大会に臨んだ。「リズムが体に段々なじんできた」と投げるごとに動きが洗練され、納得の投げだった。

今年で54歳を迎える。競技人生の第2章の幕開けを最高の形で飾った。来年の鹿児島大会を見据えながら、長期的な目標は「シニアまで頑張る」。首に掛けた金メダルがさらに向上心をかき立てた。

（田井伎）

陸上女子2部砲丸投げで大会新となる10m59をマークした飯島美佐子

サッカー（知的）　決勝前半9分、相手と激しく競り合う栃木県のMF田代龍二（右）

サッカー（知的）　大健闘 地元で輝く銀

■初出場で決勝まで勝ち上がったサッカー（知的）の本県は、強豪・東京にも真っ向勝負で互角の戦いを演じた。延長後半で力尽き0−3で敗れたが大健闘の銀メダルに梁木直人監督（佐野）も「本当によく戦ってくれた」と目尻を下げた。

高い技術と抜群のスピードを武器に1、2回戦を7−0、6−1で勝ち上がってきた東京に対し、本県は体を張った粘り強い守備で応戦した。

シュート数は5−13。自陣に押し込まれる時間帯も多かった中で「勝とうという強い気持ちは負けていなかった」とDF阿部和也（那須塩原）。均衡が破られた延長後半5分まで、イレブンは集中力を持続しゴールラインを割らせなかった。

県内の特別支援学校の在学生や卒業生を中心に中学3年生から30歳の社会人まで16人が集まったチーム。学業や仕事の関係で練習は週1回だったが「その中でしっかり高め合ってきた」（阿部）成果を十分に発揮した。

得点は奪えなかっただけにMF原田峻輔（益子）は「攻撃を強化したい」と前を向く。地元で輝いた選手たちの伸びしろはまだまだ十分。梁木監督は言った。「もう一つ上を目指す彼らのサッカーはこれからも続いていく」

（小玉義敬）

水泳男子50m背泳ぎ　決勝で勢いよくスタートを切る大島茄巳琉

水泳男子50m背泳ぎ 大島、大会新で3連覇を達成

■水泳男子50m背泳ぎで大会新記録の32秒93をマークし、大会3連覇を果たした大島茄巳琉（佐野）。自身の持つ大会記録を4秒弱短縮する快泳だったが、自己ベストには惜しくも100分の1秒届かず。「泳ぎは悪くなかったが、ベストを更新できず悔しい」と笑顔はなかった。

スタート後の「バサロ」で短水路の約半分を潜水で進んだ。浮上後は素早く大きなストロークでぐんぐん加速し、終始ペースを落とさずに圧勝。「地元の障スポで楽しいレースができた」と悔しさの中にも充実感をにじませた。

幼稚園の年長の時、2人姉の影響で水泳を始めた。生まれつき手足に障害があり、始めはリハビリが目的だった。しかし、次第に記録が出るようになり、競技として魅了されていった。

今春、パラ競技に力を入れる国士舘大に進学。2023年に予定されている中国・杭州アジアパラ大会に狙いを定め練習に励んでいる。「今の泳ぎでは代表に選出されることすら難しい。もっと力をつけなければ」と向上心をのぞかせる。

大会最終日の31日は男子50mバタフライに出場予定だ。「大会でバタフライを泳ぐのは初めて。まずはレースを楽しみたい」と意気込んだ。（福田恭佳）

水泳女子50m背泳ぎ　決勝で大会新をマークした吉原未来

水泳女子50m背泳ぎ 吉原歓喜、大会新で2冠に輝く

■水泳女子の吉原未来（日光）は50m背泳ぎを大会新記録で制し、前日の25m自由形に続く2冠に輝いた。

順調にスタートを切ると、ターンもスムーズに成功。大会記録を5秒以上更新する力泳に、「地元開催でベストを尽くせた」とガッツポーズを見せた。

26歳の時、10万人に1人とされ、両足がしびれ感覚がなくなる病気になった。懸命のリハビリで歩けるようになり、「人生を挽回したい」と競技を始めた。

「水泳ができるのは周りの支えがあったから」と感謝し「これからは体力をつけて、また大きな大会に出たい」とさらなる目標を掲げていた。（斉藤章人）

アーチェリー男子リカーブ30mダブルラウンジで1射に集中する大塚忠胤

アーチェリー男子リカーブ30m ダブルラウンド 大塚、実力通り4度目のV

■アーチェリー男子リカーブ30mダブルラウンドで、国内トップ選手の大塚忠胤（足利）が金メダルの貫禄を見せた。

720点満点に対し680点という高い目標を掲げ、648点をマーク。午前、午後とも安定したスコアを積み重ねたものの、「目標に届かず、悔しさがある」と謙虚に語った。

昨年、東京パラリンピック出場を懸けたチェコでの世界最終予選の出場を、新型コロナウイルス禍のため断念した。失意の中、「次の目標は」と所属先が前向きな姿勢を見せてくれたことで、今回の障スポを新たな目標と定め、練習に黙々と打ち込んできた。

18歳の時のバイク事故で自由が利かなくなった右手の代わりに、「マウスタブ」という道具を使い、矢を犬歯で引く。中でも今回は、障スポの歴史でも「他にいないのでは」という、リカーブの弓でマウスタブを使うスタイルで出場。確かな結果を残し、「同じスタイルで挑戦する後進たちの目標となるスコアを出せた」と胸を張る。

自身4度目の障スポ出場で金メダルも4個目。本県障がい者アーチェリー界のエースは地元で強さを示し、次なる目標に2024年の「パリパラリンピック出場」に据えた。

（手塚京治）

新種目のボッチャ 支え合いの絆を力に 県勢3組、家族が後押し

■今大会から正式種目となったボッチャ競技で29日、県勢の3組6人が躍動した。大山智子(49)＝宇都宮市＝と関尚央(55)＝那須烏山市＝ペアが金メダルに輝くなど、各選手が熱いプレーで観客を沸かせた。選手には脳性まひなど一人一人に多様な障害がある。投球や意思疎通を家族らが支え、夢舞台での活躍を後押しした。

正確なショットの度に会場から拍手が上がった。29日午後、那須塩原市高柳の三和住宅にしなすのスポーツプラザ。2人一組で、全国から計54組が出場した。

ボッチャは白球へ赤や青の球を投げ、どれだけ近づけられるかを競う。大山には四肢まひがあり、自力での投球が難しい。ボールを転がす勾配具の調整を弟の善樹さん(42)が担う。二人三脚でプレーを始めて約2年半。連係に磨きを掛けてきた。

大会は3組1グループで競い、金、銀、銅メダルのいずれかは獲得できる。大山と補佐役の善樹さんは以心伝心のプレーで何度も白球にぴたりと寄せた。佐賀を4－0、最終戦では関が5点の大量得点で仙台を5－1で沈め、金メダルに輝いた。

大山は「みんなのサポートのおかげ。弟はよくやってくれた」と感謝を口にした。ただパラリンピックとは異なり、アシスタントにメダルはない。善樹さんは「姉貴が金メダルをもらって喜ぶならそれでいい」。

脳性まひで車いすの荒井南美(19)＝宇都宮市＝は勝利の瞬間、拳を突き上げ笑顔を見せた。銀メダルの結果に「みんなよく頑張った」とチームをたたえた。

49歳の時、脳梗塞により半身にまひが残った増子亮(56)＝鹿沼市＝は3位に悔しさを隠さない。介助員として支えたのが妻久美子さん(52)だ。「泣いてばかりいた夫が、ボッチャで仲間ややりがいを得た。勝ち負けよりも大切なことがある」と優しいまなざしを向けた。

（佐野恵）

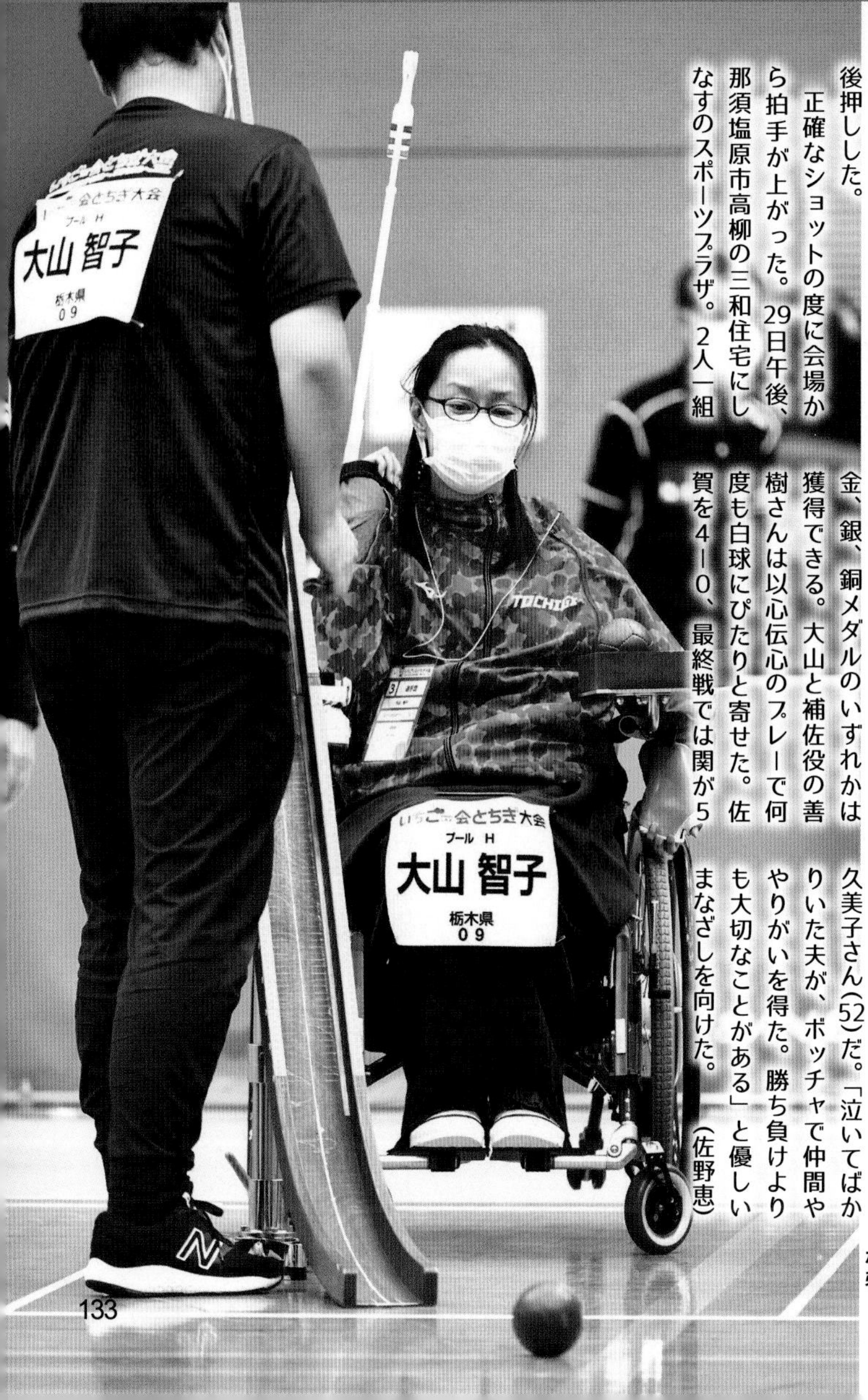

ボッチャで金メダルを獲得した大山智子。
弟善樹さんのサポートで正確なショットを連発した

卓球女子（知的）サーブ自在、薄井が頂点

■緊張も感じたがコートに立てば「やるぞという気持ちになった」。1人が棄権し一騎打ちで争った一般卓球の青年女子知的障害。薄井えりか（宇都宮）は序盤から全開だった。

「サーブで攻めていく」作戦どおり、自在のサーブで主導権を握った。第1セットは4連続得点でスタートし11－5。「自分のやりたいプレーをしっかりやる」。その勢いと抜群の集中力は点を重ねるごとに高まった。

会心の得点には左拳を突き上げ、第2セットを11－3、第3セットも11－2と終始圧倒。圧巻の試合運びで2011、18年の知的障害者のスポーツの祭典「スペシャルオリンピックス」優勝の貫禄を示してみせた。

世界大会の経験も豊富な本県障害者卓球界の第一人者でさえ大きな重圧を感じていたといい、試合後は安堵の笑顔。「ほっとした。地元での金メダルをものすごくうれしく感じる」と飾らない言葉を続けた。

今大会を終えればすぐに広島に移動し、11月4日からのスペシャルオリンピックス全国大会に出場する。「また世界にいきたい気持ちがあるので頑張ります」と飽くなき向上心をのぞかせた。

（小玉義敬）

一般卓球（知的）女子
鋭いフォアを放つ栃木県の薄井えりか

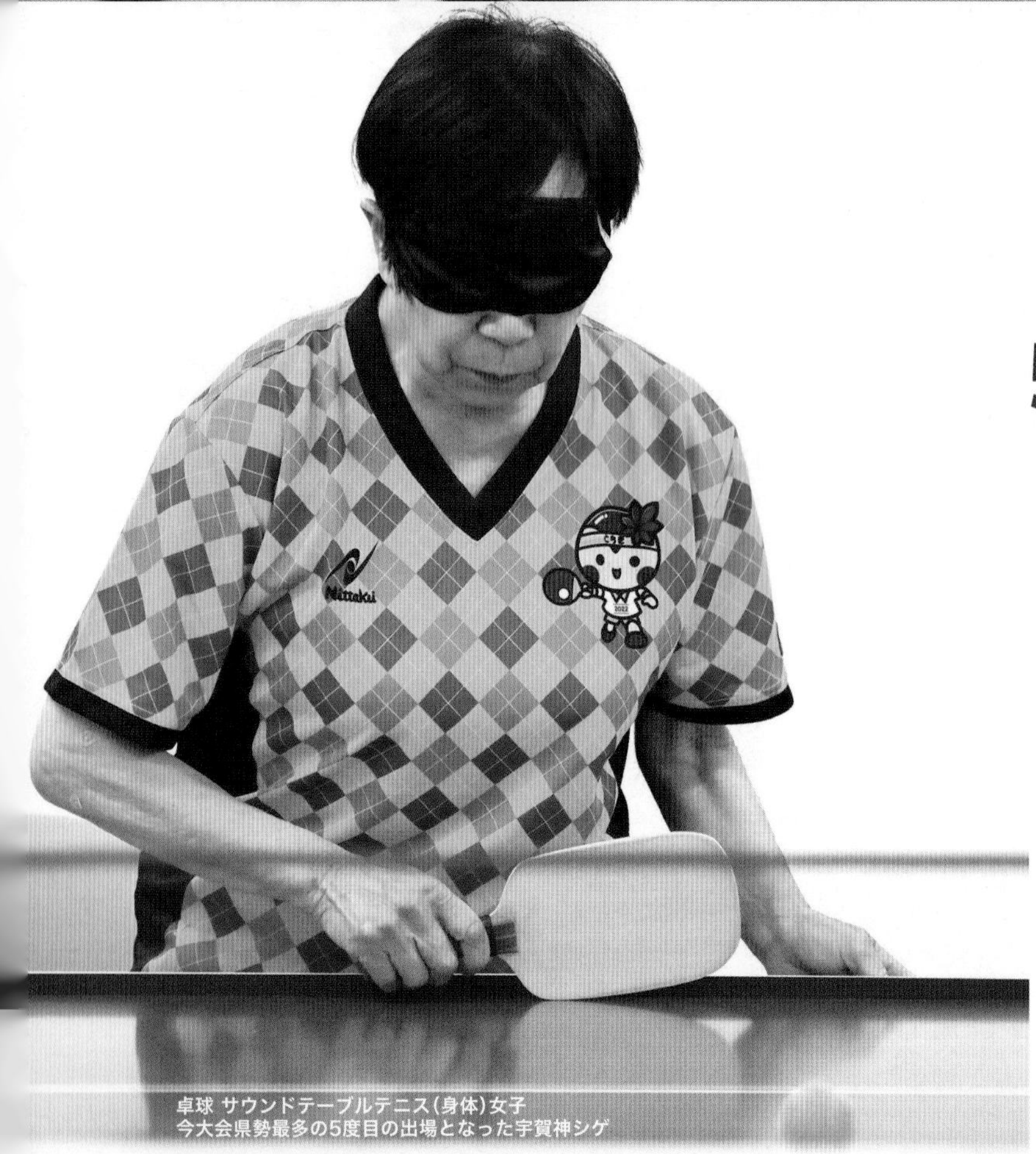

卓球 サウンドテーブルテニス（身体）女子
今大会県勢最多の5度目の出場となった宇賀神シゲ

卓球女子・視覚 宇賀神、5度目出場で3位

■サウンドテーブルテニス（STT）女子の宇賀神シゲ（鹿沼）は、前身の大会を含めて障スポに県勢最多5度目の出場。結果は2部3位だったが「調子が悪い中でも1勝できて良かった」と安堵の表情をのぞかせた。

3選手のリーグ戦で長崎、東京の選手と対戦。初戦はフルセットまでもつれたが、速いサーブで相手のミスを誘って粘り勝ち。2試合目はストレート負けを喫した。

1勝1敗で3人が並んだものの、セット数の差で3位となった。

競技歴約30年。「また代表になれるか分からないが、STTが好きなので今後も続けたい」とほほ笑んだ。

（関健）

ボウリング壮年女子2組・知的 真山、猛追しのぎV

■ボウリング（知的）は壮年女子2組で真山尚美（日光）が優勝した。

真山は3ゲーム終了時点で40点差をつけ首位。最終ゲームは2位選手の猛追を受ける中、スペアでしのぐ我慢の展開に。終盤は立ち位置を微妙に右にずらしてライン取りを修正し、11点差で接戦を制した。ブーケを手に「頑張った成果が出た」と目頭を押さえた。

青年女子2組は宮本恵（壬生）が3位に入った。

青年男子4組は町田靖晃（足利）が2点及ばず4位だったが、最終ゲームの第10フレームで3連続ストライクを出し会場を沸かせた。

（枛木澤良太）

ボウリング（知的）
壮年女子2組でストライクを出し喜ぶ真山尚美

バレーボール（精神）
3位決定戦で得点を決めてチームメイトと喜び合う本県チームの選手たち

バレーボール（精神） 貫いた攻めの姿勢

■3位決定戦に臨んだバレーボール（精神）の本県は、2018年の福井大会で準優勝した福岡に0－2で敗れ、惜しくもメダル獲得はならなかった。

第1セットの序盤は相手の正確なプレーに翻弄されたが、河井将士（矢板）のスパイクやサーブでの連続得点などで必死に食らい付き、18－25。第2セットは猛攻に耐えながら、河井や富田京介（栃木）を中心に果敢な攻めの姿勢を見せたものの、19－25と及ばなかった。

河原正幸主将（小山）は「やれるだけのことはやった。チームメートの頑張る姿を見て自分も勇気づけられた」と話した。

（広瀬華）

障スポ
写真グラフ

水泳女子25m背泳ぎ決勝　大会記録を更新して優勝しガッツポーズをする落合有佳利

いちご一会の笑顔がレガシー

バスケットボール（知的）男子、足を負傷した仲間に手を差し伸べる本県選手

卓球　一般卓球（身体）男子で接戦を制し、力強くガッツポーズする本県の藤沼貴大

フライングディスク競技で気迫のこもった投げを見せる本県選手

フットソフトボールで本塁打を放ち、ベンチの仲間に出迎えられる本県選手

閉会式でお言葉を述べる高円宮妃久子さま

福田富一栃木県知事(左)から塩田康一鹿児島県知事に引き継がれた大会旗

誰もが輝ける未来に向かって

障スポとちぎが閉幕

■第22回全国障害者スポーツ大会「いちご一会とちぎ大会」（障スポ）は最終日の31日、閉会式が行われ、3日間にわたる国内最大の障害者スポーツの祭典が幕を閉じた。障害の有無などに関わらず誰もが活躍できる「共生社会」の実現を掲げた大会には、全国から約3300人の選手が出場。本県勢は金メダル62、銀41、銅41の合計144個のメダルを獲得し、前回福井大会の37個を大きく上回り、過去最多となった。

宇都宮市のカンセキスタジアムとちぎで行われた閉会式には高円宮妃久子さまが臨席され、都道府県と政令指定都市の67選手団から5562人が参加した。

福田富一知事が、来年開催となる鹿児島県の塩田康一知事へ大会旗を手渡した。とちぎ国体から引き継がれた炬火は、選手たちの前で静かに納火された。

車いすの選手や白杖を持った選手らは互いに健闘をたたえ合い、退場の際は別れを惜しむかのようにスタンドへ手を振り続けた。

閉会式で観客に手を振る本県の選手たち

閉会式会場を後にする各選手団に小旗を振って見送る本県選手団。炬火台(右上)の火も消えた

栃木県勢 最終記録一覧

個人競技

区分	競技種目	区分詳細／プール	組	順位	選手・選手団名	記録	日付(月.日)	備考
■陸上競技	カンセキスタジアムとちぎ(栃木県総合運動公園陸上競技場)							
肢体不自由者男子1部	200メートル	14、15＝車いす使用	1	3	吉田哲朗	35秒43	10.29	
肢体不自由者男子2部	200メートル	14、15＝車いす使用	1		五十嵐和徳		10.29	棄権
肢体不自由者男子2部	ジャベリックスロー	4	1	1	矢島一美	27メートル25	10.29	
聴覚障害者等男子2部	立ち幅跳び	26	1	3	数度美幸	2メートル05	10.29	
知的障害者青年男子	200メートル	27	1	8	飯田佑介	31秒85	10.29	
知的障害者青年男子	200メートル	27	6	5	大島康誠	27秒73	10.29	
知的障害者青年男子	200メートル	27	8	1	杉本汐夢	23秒81	10.29	
知的障害者青年男子	200メートル	27	9	3	松下裕哉	24秒52	10.29	
知的障害者青年男子	1500メートル	27	1	4	樋山達也	4分30秒28	10.29	
知的障害者青年男子	1500メートル	27	2	4	中川壮気	4分25秒77	10.29	
知的障害者青年男子	1500メートル	27	3	6	小森谷秀幸	5分20秒71	10.29	
知的障害者青年男子	1500メートル	27	6	7	永藤魁晟	4分57秒51	10.29	
知的障害者青年男子	ジャベリックスロー	27	1	5	水沼勇平	24メートル75	10.29	
知的障害者少年男子	200メートル	27	1	3	関潤一	25秒21	10.29	
知的障害者少年男子	200メートル	27	2	4	古家良	26秒31	10.29	
知的障害者少年男子	200メートル	27	3	8	関瑛斗	28秒74	10.29	
知的障害者少年男子	200メートル	27	4	7	川中子響	28秒51	10.29	
知的障害者少年男子	200メートル	27	5	1	臼井悠斗	23秒70	10.29	
知的障害者少年男子	200メートル	27	6	6	佐野聖	26秒96	10.29	
知的障害者少年男子	200メートル	27	7	7	杉田奏斗	27秒26	10.29	
知的障害者少年男子	200メートル	27	9	8	大橋和輝	30秒56	10.29	
知的障害者少年男子	1500メートル	27	1	4	桐山昌士	4分52秒93	10.29	
知的障害者少年男子	1500メートル	27	4	6	人見光輝	5分11秒89	10.29	
肢体不自由者女子1部	200メートル	13＝車いす使用	1	1	加藤凜香	39秒24	10.29	
肢体不自由者女子1部	200メートル	14、15＝車いす使用	1	3	薄井遥珈	48秒35	10.29	
聴覚障害者等女子2部	立ち幅跳び	26	1	1	原恵美	1メートル70	10.29	
知的障害者青年女子	200メートル	27	1	7	加藤公美	38秒14	10.29	
知的障害者青年女子	1500メートル	27	1		奥山春奈		10.29	棄権
知的障害者少年女子	200メートル	27	1	5	宮城奈央	32秒40	10.29	
女子年齢区分共通	走り高跳び	26	1	1	山口璃瘉	1メートル15	10.29	
肢体不自由者男子1部	50メートル	22	1	1	浅野俊也	7秒58	10.30	
肢体不自由者男子1部	100メートル	14、15＝車いす使用	2	2	吉田哲朗	19秒66	10.30	
肢体不自由者男子1部	100メートル	21	1		神山賢太郎		10.30	失格
肢体不自由者男子1部	スラローム	23	1		川俣禎康		10.30	失格
肢体不自由者男子2部	100メートル	4	1	1	久保野泰央	14秒52	10.30	
肢体不自由者男子2部	100メートル	4	1		松村純夫		10.30	棄権
肢体不自由者男子2部	100メートル	14、15＝車いす使用	1		五十嵐和徳		10.30	棄権
肢体不自由者男子2部	走り幅跳び	4	1	1	久保野泰央	4メートル30	10.30	
肢体不自由者男子2部	砲丸投げ	1	1	1	奈良田栄一	10メートル06	10.30	
肢体不自由者男子2部	砲丸投げ	4	1	1	矢島一美	11メートル24	10.30	
肢体不自由者男子2部	砲丸投げ	20	1	4	関智博	5メートル13	10.30	
肢体不自由者男子2部	砲丸投げ	22	1	4	直井典夫	5メートル47	10.30	
肢体不自由者男子2部	ソフトボール投げ	1	1	2	奈良田栄一	44メートル89	10.30	
肢体不自由者男子2部	ソフトボール投げ	1	1	4	佐藤太市	17メートル08	10.30	
肢体不自由者男子2部	ソフトボール投げ	4	1		松村純夫		10.30	棄権
肢体不自由者男子2部	ソフトボール投げ	20	1	2	関智博	16メートル10	10.30	
肢体不自由者男子2部	ソフトボール投げ	22	1	2	直井典夫	36メートル22	10.30	
視覚障害者男子1部	砲丸投げ	24	1	1	青木龍太	10メートル67	10.30	
視覚障害者男子1部	ソフトボール投げ	24	1	1	青木龍太	61メートル81	10.30	
視覚障害者男子2部	800メートル	24	2	1	加治佐博昭	2分34秒78	10.30	
視覚障害者男子2部	砲丸投げ	24	1	2	市田敬一	11メートル82	10.30	
視覚障害者男子2部	砲丸投げ	24	2	3	前原武雄	6メートル52	10.30	
視覚障害者男子2部	ソフトボール投げ	24	1	2	市田敬一	39メートル53	10.30	
視覚障害者男子2部	ソフトボール投げ	24	1	5	前原武雄	16メートル75	10.30	
聴覚障害者等男子1部	800メートル	26	2	2	石井隼人	2分26秒10	10.30	
聴覚障害者等男子1部	800メートル	26	2	3	仲井真大	2分51秒78	10.30	
聴覚障害者等男子2部	50メートル	26	1	4	伊沢久雄	9秒73	10.30	
聴覚障害者等男子2部	100メートル	26	1	1	数度美幸	15秒50	10.30	
聴覚障害者等男子2部	ソフトボール投げ	26	1	4	伊沢久雄	12メートル09	10.30	
知的障害者青年男子	100メートル	27	4	8	大島康誠	13秒36	10.30	
知的障害者青年男子	800メートル	27	1	5	小森谷秀幸	2分33秒95	10.30	
知的障害者青年男子	800メートル	27	2	5	関根圭輔	2分17秒80	10.30	
知的障害者青年男子	800メートル	27	4	4	樋山達也	2分9秒72	10.30	
知的障害者青年男子	800メートル	27	5	8	永藤魁晟	2分23秒19	10.30	
知的障害者青年男子	800メートル	27	7	5	中川壮気	2分16秒22	10.30	
知的障害者青年男子	立ち幅跳び	27	2	1	水沼幹行	2メートル51	10.30	
知的障害者青年男子	走り幅跳び	27	2	6	水沼勇平	5メートル18	10.30	
知的障害者青年男子	ソフトボール投げ	27	2	5	水沼幹行	21メートル51	10.30	
知的障害者壮年男子	50メートル	27	2	3	沢田進	7秒45	10.30	
知的障害者壮年男子	ソフトボール投げ	27	1	2	沢田進	37メートル96	10.30	

個人競技 区分	競技種目	区分詳細／プール	組	順位	選手・選手団名	記録	日付(月.日)	備考
知的障害者少年男子	50メートル	27	3	7	大橋和輝	7秒92	10.30	
知的障害者少年男子	50メートル	27	4	6	関瑛斗	7秒43	10.30	
知的障害者少年男子	100メートル	27	2	8	早乙女拳正	13秒61	10.30	
知的障害者少年男子	100メートル	27	4	1	臼井悠斗	11秒83	10.30	
知的障害者少年男子	100メートル	27	6	8	佐野聖	13秒02	10.30	
知的障害者少年男子	100メートル	27	7	1	関潤一	12秒19	10.30	
知的障害者少年男子	100メートル	27	9	4	古家良	12秒37	10.30	
知的障害者少年男子	100メートル	27	10	7	杉田奏斗	13秒27	10.30	
知的障害者少年男子	100メートル	27	11	4	半田涼介	13秒43	10.30	
知的障害者少年男子	100メートル	27	12	6	西﨑隆成	13秒70	10.30	
知的障害者少年男子	100メートル	27	13	7	川中子響	13秒99	10.30	
知的障害者少年男子	800メートル	27	1	1	木村勇翔	2分5秒39	10.30	
知的障害者少年男子	800メートル	27	2	7	人見光輝	2分27秒02	10.30	
知的障害者少年男子	800メートル	27	3	5	桐山昌士	2分24秒74	10.30	
知的障害者少年男子	800メートル	27	4	7	宇賀神夢也	2分58秒85	10.30	
知的障害者少年男子	立ち幅跳び	27	1	1	遠藤慎之介	2メートル37	10.30	
知的障害者少年男子	走り幅跳び	27	1	6	半田涼介	4メートル34	10.30	
知的障害者少年男子	走り幅跳び	27	2	3	早乙女拳正	4メートル90	10.30	
知的障害者少年男子	ソフトボール投げ	27	1	2	宇賀神夢也	58メートル59	10.30	
知的障害者少年男子	ソフトボール投げ	27	1	3	西﨑隆成	54メートル08	10.30	
知的障害者少年男子	ソフトボール投げ	27	1	4	遠藤慎之介	53メートル83	10.30	
知的障害者少年男子	ソフトボール投げ	27	1	6	高野脩斗	41メートル75	10.30	
肢体不自由者女子１部	50メートル	19=車いす使用	1	3	清水あろあ	20秒08	10.30	
肢体不自由者女子１部	100メートル	13=車いす使用	1	1	加藤凜香	21秒30	10.30	
肢体不自由者女子１部	100メートル	14、15=車いす使用	1	3	薄井遥珈	24秒32	10.30	
聴覚障害者等女子2部	50メートル	26	1	1	原恵美	8秒44	10.30	
聴覚障害者等女子2部	50メートル	26	1	2	飯島美佐子	8秒56	10.30	
聴覚障害者等女子2部	砲丸投げ	26	1	1	飯島美佐子	10メートル59	10.30	大会新
知的障害者青年女子	100メートル	27	1	7	加藤公美	17秒63	10.30	
知的障害者青年女子	100メートル	27	3	6	日野花音	15秒44	10.30	
知的障害者青年女子	800メートル	27	2		奥山春奈		10.30	棄権
知的障害者青年女子	走り幅跳び	27	1	3	日野花音	3メートル70	10.30	
知的障害者少年女子	100メートル	27	2	4	宮城奈央	15秒47	10.30	
知的障害者少年女子	800メートル	27	1	6	穂積正江	3分13秒69	10.30	
知的障害者少年女子	800メートル	27	2	5	澤田陽南	2分50秒56	10.30	
肢体不自由者男子1部	立ち幅跳び	21	1	2	神山賢太郎	1メートル87	10.31	
肢体不自由者男子1部	立ち幅跳び	22	1	1	浅野俊也	2メートル16	10.31	
肢体不自由者男子1部	ビーンバッグ投げ	23	1	4	川俣禎康	2メートル00	10.31	
肢体不自由者男子2部	立ち幅跳び	1	1	1	佐藤太市	1メートル66	10.31	
視覚障害者男子2部	1500メートル	24	1	1	加治佐博昭	5分９秒77	10.31	
聴覚障害者等男子1部	1500メートル	26	1	6	石井隼人	4分５９秒65	10.31	
聴覚障害者等男子1部	1500メートル	26	1	7	仲井真大	5分４３秒24	10.31	
知的障害者青年男子	400メートル	27	1	1	関根圭輔	58秒94	10.31	
知的障害者青年男子	400メートル	27	2	2	飯田佑介	1分0秒85	10.31	
知的障害者青年男子	400メートル	27	3	1	杉本汐夢	52秒53	10.31	
知的障害者青年男子	400メートル	27	4	2	松下裕哉	55秒68	10.31	
知的障害者少年男子	400メートル	27	2	2	高野脩斗	1分6秒36	10.31	
知的障害者少年男子	400メートル	27	3	1	木村勇翔	53秒31	10.31	
肢体不自由者女子1部	ソフトボール投げ	19	1	3	清水あろあ	9メートル26	10.31	
聴覚障害者等女子1部	走り幅跳び	26	1	2	山口璃癒	4メートル22	10.31	
知的障害者少年女子	400メートル	27	1	1	澤田陽南	1分12秒04	10.31	
知的障害者少年女子	400メートル	27	1	3	穂積正江	1分21秒31	10.31	
知的障害者男女共通	400メートルリレー	27	7	―	栃木		10.31	棄権

■水　泳	日環アリーナ栃木							
肢体不自由者男子1部	25メートル自由形	7	1	2	鈴木宏都	17秒43	10.29	
肢体不自由者男子1部	25メートル自由形	20	1	2	小室元気	19秒93	10.29	
肢体不自由者男子2部	25メートル自由形	15	1	1	齋藤一法	39秒32	10.29	
肢体不自由者男子2部	25メートル自由形	19	1	3	飯浜嘉光	52秒08	10.29	
肢体不自由者男子2部	25メートル背泳ぎ	19	1	1	斎藤靖	36秒26	10.29	
肢体不自由者男子2部	25メートル背泳ぎ	19	1	2	飯浜嘉光	36秒29	10.29	
肢体不自由者男子2部	25メートル平泳ぎ	15	1	1	齋藤一法	48秒69	10.29	
肢体不自由者男子2部	25メートルバタフライ	19	1	1	斎藤靖	35秒64	10.29	
聴覚障害者等男子2部	25メートル平泳ぎ	25	1	3	喜井寛	19秒31	10.29	
知的障害者青年男子	25メートル平泳ぎ	26	1	5	中村光章	18秒66	10.29	
知的障害者少年男子	25メートル自由形	26	2	3	池田廉心	14秒06	10.29	
知的障害者少年男子	25メートルバタフライ	26	1	7	池田廉心	14秒91	10.29	
肢体不自由者女子1部	25メートル自由形	8	1	1	吉原未来	20秒51	10.29	
肢体不自由者女子2部	25メートル自由形	6	1	1	落合有佳利	16秒41	10.29	
肢体不自由者女子2部	25メートル自由形	7	1	1	小塙美紀	22秒43	10.29	
肢体不自由者女子2部	25メートル背泳ぎ	6	1	1	落合有佳利	21秒13	10.29	大会新
肢体不自由者女子2部	25メートル背泳ぎ	7	1	1	小塙美紀	31秒75	10.29	
知的障害者青年女子	25メートル背泳ぎ	26	1	2	石坂梨紗	23秒04	10.29	
知的障害者青年女子	25メートル平泳ぎ	26	1	5	澤田暖	30秒22	10.29	

個人競技 区分	競技種目	区分詳細／プール	組	順位	選手・選手団名	記録	日付(月.日)	備考
肢体不自由者男子1部	50メートル自由形	7	1	3	鈴木宏都	38秒26	10.30	
肢体不自由者男子1部	50メートル背泳ぎ	8	1	1	大島茄巳琉	32秒93	10.30	大会新
肢体不自由者男子1部	50メートル背泳ぎ	20	1	1	小室元気	55秒71	10.30	
聴覚障害者等男子2部	50メートル自由形	25	1	2	喜井寛	33秒13	10.30	
知的障害者青年男子	50メートル自由形	26	1	7	布塚悠	36秒15	10.30	
知的障害者青年男子	50メートル自由形	26	2	7	原田慎之助	37秒20	10.30	
知的障害者青年男子	50メートル自由形	26	3	6	佐藤洸介	30秒34	10.30	
知的障害者青年男子	50メートル自由形	26	4	4	植竹海晴	28秒82	10.30	
知的障害者青年男子	50メートル背泳ぎ	26	2	3	植竹海晴	32秒47	10.30	
知的障害者青年男子	50メートル平泳ぎ	26	1	6	原田慎之助	45秒35	10.30	
知的障害者青年男子	50メートル平泳ぎ	26	1	7	布塚悠	51秒30	10.30	
知的障害者青年男子	50メートル平泳ぎ	26	2	6	中村光章	41秒86	10.30	
知的障害者青年男子	50メートル平泳ぎ	26	2	7	矢野悠希	45秒92	10.30	
知的障害者青年男子	50メートルバタフライ	26	1	5	矢野悠希	40秒18	10.30	
知的障害者青年男子	50メートルバタフライ	26	3	6	佐藤洸介	33秒47	10.30	
知的障害者壮年男子	50メートル自由形	26	2	6	新井弘臣	42秒32	10.30	
知的障害者壮年男子	50メートル平泳ぎ	26	1	4	新井弘臣	1分9秒60	10.30	
肢体不自由者女子1部	50メートル背泳ぎ	8	1	1	吉原未来	49秒33	10.30	大会新
知的障害者青年女子	50メートル背泳ぎ	26	1	3	石坂梨紗	50秒20	10.30	
知的障害者青年女子	50メートル平泳ぎ	26	1	7	澤田暖	1分0秒10	10.30	
肢体不自由者男子1部	50メートルバタフライ	8	1	1	大島茄巳琉	31秒44	10.31	大会新
知的障害者男女共通	200メートルリレー	26	1	5	澤田、布塚、原田、佐藤	2分37秒19	10.31	
知的障害者男女共通	200メートルメドレーリレー	26	2	3	植竹、中村、池田、石坂	2分36秒26	10.31	
■アーチェリー	那須烏山市緑地運動公園多目的競技場							
肢体不自由者男子	リカーブ30メートルダブルラウンド	3		1	大塚忠胤	648点	10.30	
男子	コンパウンド30メートルダブルラウンド	2～8	1	3	大豆生田正勝	612点	10.30	
男子	コンパウンド30メートルダブルラウンド	2～8	2	3	齋藤宏一	636点	10.30	
女子	コンパウンド30メートルダブルラウンド	2～8		2	中村真希	534点	10.30	
女子	コンパウンド30メートルダブルラウンド			3	堀江麻衣	513点	10.30	
■卓　球	TKCいちごアリーナ							
肢体不自由者男子1部		13	2	1	松岡一徳		10.30	
肢体不自由者男子2部		1	2	4	薄井弘幸		10.30	
肢体不自由者男子2部		3	1	2	吉田克夫		10.30	
肢体不自由者男子2部			2	2	加藤輝夫		10.30	
肢体不自由者男子2部		7	1	2	島也博明		10.30	
視覚障害者男子1部		15	1	1	櫻井亜叶		10.30	
視覚障害者男子2部		15	2	3	坂田英樹		10.30	
聴覚障害者等男子1部		17	3	2	飯島隆斗		10.30	
聴覚障害者等男子1部			4	1	藤沼貴大		10.30	
知的障害者青年男子		18	12	1	櫻井伸彬		10.30	
知的障害者少年男子		18	1	2	塚谷想真		10.30	
知的障害者少年男子		18	8	3	花塚海		10.30	
知的障害者少年男子		18	9	1	目黒晴愛		10.30	
知的障害者少年男子		18	15	2	天野涼大		10.30	
知的障害者少年男子		18	17	3	葭葉真寿海		10.30	
精神障害者男子共通		19	2	2	林玲斗		10.30	
精神障害者男子共通		19	9	1	酒井恒夫		10.30	
精神障害者男子共通		19	11	4	草深和彦		10.30	
肢体不自由者女子2部		8	1	1	田野倉祥子		10.30	
視覚障害者女子2部		15	5	3	宇賀神シゲ		10.30	
聴覚障害者等女子1部		17	1	3	鈴木綾華		10.30	
知的障害者青年女子		18	5	1	薄井えりか		10.30	
知的障害者壮年女子		18	1	1	石塚優子		10.30	
精神障害者女子共通		19	2	4	塚原美紀		10.30	
精神障害者女子共通		19	6	2	添野純		10.30	
精神障害者女子共通		19	9	2	川田恵子		10.30	
■フライングディスク	栃木市総合運動公園陸上競技場							
男女共通	アキュラシー・ディスリート5		2	4	小塙聖河	8点	10.29	
男女共通	アキュラシー・ディスリート5		4	2	伊藤心陸	10点	10.29	
男女共通	アキュラシー・ディスリート5		5	8	吉原未優	2点	10.29	
男女共通	アキュラシー・ディスリート5		6	6	森純也	6点	10.29	
男女共通	アキュラシー・ディスリート5		7	8	佐藤怜士	4点	10.29	
男女共通	アキュラシー・ディスリート5		8	2	上野哲史	9点	10.29	
男女共通	アキュラシー・ディスリート5		9	1	齋藤太一	10点	10.29	
男女共通	アキュラシー・ディスリート5		10	8	林桃香	5点	10.29	
男女共通	アキュラシー・ディスリート5		11	1	藤沼脩平	10点	10.29	
男女共通	アキュラシー・ディスリート5		14	4	星野桃也	8点	10.29	
男女共通	アキュラシー・ディスリート5		18	7	松本成世	6点	10.29	
男女共通	アキュラシー・ディスリート5		20	6	斉藤啓維	6点	10.29	
男女共通	アキュラシー・ディスリート5		21	7	上野千恵美	5点	10.29	
男女共通	アキュラシー・ディスリート5		24	1	日向野修	10点	10.29	
男女共通	アキュラシー・ディスリート5		29	1	古口正文	10点	10.29	

個人競技 区分	競技種目	区分詳細／プール	組	順位	選手・選手団名	記録	日付(月.日)	備考
男女共通	アキュラシー・ディスリート5		32	2	白川博子	9点	10.29	
男女共通	アキュラシー・ディスリート5		33	2	矢口キヨ子	9点	10.29	
男女共通	アキュラシー・ディスリート5		34	5	齋藤明	8点	10.29	
男女共通	アキュラシー・ディスリート5		35	1	矢野美津子	10点	10.29	
男女共通	アキュラシー・ディスリート5		36	5	津布楽晴夫	7点	10.29	
男女共通	アキュラシー・ディスリート5		37	4	石川元胤	7点	10.29	
男女共通	アキュラシー・ディスリート5		38	3	坂本邦雄	10点	10.29	
男女共通	アキュラシー・ディスリート7		9	2	山田利男	8点	10.29	
男子	ディスタンス(立位)		1	6	小塙聖河	31メートル03	10.30	
男子	ディスタンス(立位)		3	3	伊藤心陸	30メートル07	10.30	
男子	ディスタンス(立位)		4	6	森純也	39メートル20	10.30	
男子	ディスタンス(立位)		5	5	佐藤怜士	29メートル58	10.30	
男子	ディスタンス(立位)		6	2	上野哲史	48メートル09	10.30	
男子	ディスタンス(立位)		7	8	齋藤太一	14メートル64	10.30	
男子	ディスタンス(立位)		9	3	藤沼脩平	44メートル91	10.30	
男子	ディスタンス(立位)		12	3	星野桃也	40メートル60	10.30	
男子	ディスタンス(立位)		16	8	斉藤啓維	27メートル89	10.30	
男子	ディスタンス(立位)		21	5	日向野修	28メートル60	10.30	
男子	ディスタンス(座位)		4	1	古口正文	31メートル48	10.30	
女子	ディスタンス(立位)		2	8	吉原未優	15メートル20	10.30	
女子	ディスタンス(立位)		4	3	林桃香	34メートル32	10.30	
女子	ディスタンス(立位)		8	4	松本成世	28メートル01	10.30	
女子	ディスタンス(立位)		9	2	上野千恵美	21メートル70	10.30	
女子	ディスタンス(立位)		10	8	赤羽根由江	10メートル45	10.30	
女子	ディスタンス(立位)		11	7	白川博子	17メートル72	10.30	
女子	ディスタンス(立位)		12	5	矢口キヨ子	21メートル82	10.30	
女子	ディスタンス(立位)		13	1	矢野美津子	28メートル15	10.30	
男子	ディスタンス(立位)		27	2	山田利男	38メートル76	10.31	
男子	ディスタンス(立位)		29	2	齋藤明	38メートル60	10.31	
男子	ディスタンス(立位)		30	6	津布楽晴夫	19メートル55	10.31	
男子	ディスタンス(立位)		31	3	石川元胤	26メートル70	10.31	
男子	ディスタンス(立位)		32	3	坂本邦雄	25メートル06	10.31	
■ボウリング	足利スターレーン							
知的障害者青年男子			4	4	町田靖晃	629点	10.30	
知的障害者青年男子			5	5	山本大達	487点	10.30	
知的障害者青年男子			10	6	矢板祐介	344点	10.30	
知的障害者壮年男子			5	7	今井重忠	400点	10.30	
知的障害者壮年男子			6	6	竹村圭介	404点	10.30	
知的障害者壮年男子			8	6	薄井長一	376点	10.30	
知的障害者青年女子			2	3	宮本恵	571点	10.30	
知的障害者青年女子			3	5	中村希空	462点	10.30	
知的障害者壮年女子			2	1	真山尚美	579点	10.30	
■ボッチャ	三和住宅にしなすのスポーツプラザ							
肢体不自由者		Gプール		3	増子亮、峯岸裕之		10.29	
肢体不自由者		Hプール		1	関尚央、大山智子		10.29	
肢体不自由者		Kプール		2	津田柚季、荒井南美		10.29	

団体競技 区分	最終試合	順位	選手団名／試合結果	日付(月.日)	備考
■バスケットボール	日環アリーナ栃木				
知的障害者男子	1回戦		大阪(大阪市) 71〈12-13, 16-8, 24-16, 19-17〉54 栃木	10.29	
知的障害者女子	3位決定戦	4	沖縄 94〈22-6, 26-9, 26-21, 20-16〉52 栃木	10.30	
■車いすバスケットボール	栃木県立県南体育館				
肢体不自由者	1回戦		兵庫 56-48 栃木	10.29	
■ソフトボール	美原公園野球場・第2球場				
知的障害者	1回戦		長崎 10-4 栃木	10.29	
■グランドソフトボール	宇都宮市屋板運動場				
視覚障害者	3位決定戦	4	神奈川 10-5 栃木	10.30	
■バレーボール	宇都宮市清原体育館／宇都宮市体育館／佐野市アリーナたぬま				
聴覚障害者等男子	3位決定戦	4	茨城 2〈25-23, 25-10〉0 栃木	10.30	
知的障害者男子	3位決定戦	4	岩手 2〈25-7, 25-13〉0 栃木	10.30	
聴覚障害者等女子	3位決定戦	4	東京 2〈25-11, 25-21〉0 栃木	10.30	
知的障害者女子	3位決定戦	3	栃木 2〈25-16, 25-21〉0 宮城	10.30	
精神障害者	3位決定戦	4	福岡 2〈25-18, 25-19〉0 栃木	10.30	
■サッカー	真岡市総合運動公園陸上競技場・運動広場1				
知的障害者	決勝	2	東京 3〈0-0, 0-0, 延長0-0, 3-0〉0 栃木	10.31	
■フットソフトボール	ジェットブラックフラワーズスタジアム				
知的障害者	3位決定戦	3	栃木 12-8 和歌山	10.30	

栃木県選手団 選手名鑑

	田野倉 祥子	小山
	松岡 一徳	栃木県庁
	坂田 英樹	栃木
	宇賀神 シゲ	鹿沼
	櫻井 亜叶	とちぎライトセンター
	藤沼 貴大	グンリック太田営業所
	飯島 隆斗	日産自動車
	鈴木 綾華	聾学校
	薄井 えりか	café コパン@Plaza
	櫻井 伸彬	栃木ダイハツ販売小山店
	天野 涼大	宇都宮塗装工業
	石塚 優子	CSWおとめみゅぜ・ど・ぱすてる
	葭葉 真寿海	栃木金属工業
	塚谷 想真	小山市立大谷中学校
	花塚 海	宇都宮青葉高等学園
	目黒 晴愛	宇都宮青葉高等学園
	酒井 恒夫	アキモ
	塚原 美紀	イートランド
	林 玲斗	日立ジョンソンコントロールズ空調
	添野 純	トータスアカデミー めだかファーム
	川田 恵子	野のファーム
	草深 和彦	宇都宮
監督	秋元 邦夫	パステル

フライングディスク

	氏名	所属
	古口 正文	宇都宮
	坂本 邦雄	栃木
	日向野 修	福田屋百貨店
	小塙 聖河	のざわ特別支援学校
	齋藤 明	栃木
	矢口 キヨ子	市貝
	吉原 未優	のざわ特別支援学校
	津布楽 晴夫	津布楽輸業
	白川 博子	鹿沼
	山田 利男	村田発條
	矢野 美津子	鹿沼
	石川 元胤	鹿沼
	赤羽根 由江	栃木銀行
	上野 哲史	プレリュード真岡
	藤沼 脩平	栃木
	森 純也	エルム福祉会エルムの園
	斉藤 啓維	自治医科大学
	齋藤 太一	なすびの里あいのいえ
	星野 桃也	小松製作所小山工場
	伊藤 心陸	今市特別支援学校
	林 桃香	真岡
	上野 千恵美	多機能支援事業所むすび
	松本 成世	古河電池今市事業所
	佐藤 怜士	アイエヌライン
監督	櫻井 康生	市貝

	人見 光輝	那須特別支援学校
	高野 脩斗	国分寺特別支援学校
	宇賀神 夢也	栃木特別支援学校
	澤田 進	矢板
	杉田 奏斗	真岡東中
	早乙女 拳正	学悠館高等学校
	関 瑛斗	国分寺特別支援学校
	西﨑 隆成	国分寺特別支援学校
	川中子 響	宇都宮青葉高等学園
	大槗 和輝	国分寺特別支援学校
総監督	小金沢 茂	栃木県障害者スポーツ協会
監督	服部 隆志	宇都宮青葉高等学園

水泳

	氏名	所属
	飯浜 嘉光	中村土建
	落合 有佳利	キャノン
	鈴木 宏都	作新学院高等学校
	小塙 美紀	特別養護老人ホーム杉の樹園
	吉原 未来	日光市役所
	大島 茄巳琉	国士舘大学
	斎藤 靖	地域医療機能推進機構 うつのみや病院
	齋藤 一法	本田技研工業
	小室 元気	光誠会特別養護老人ホームころぼっくる
	喜井 寛	キヤノンメディカルシステムズ
	中村 光章	オートテクニックジャパン
	植竹 海晴	つむぎくわの実
	佐藤 洸介	ケイアイソフト
	池田 廉心	佐野松桜高等学校
	石坂 梨紗	テクノセンター
	新井 弘臣	ジャパンミート宇都宮店
	原田 慎之助	弁辰イーシーエヌ
	澤田 暖	つむぎくわの実
	矢野 悠希	多機能型事業所いなほ
	布塚 悠	HondaCars 栃木中央 U-Serect 小山
監督	澁谷 貢一	メリーハウジング

アーチェリー

	氏名	所属
	堀江 麻衣	NTTデータだいち
	齋藤 宏一	足利
	大塚 忠胤	日本アムウェイ
	大豆生田 正勝	大田原
	中村 真希	足利
監督	田名網 崇	足利市立三重小学校

卓球

	氏名	所属
	薄井 弘幸	国際空手道連盟 極真会館県北支部
	吉田 克夫	山崎製パン
	加藤 輝夫	大田原
	島也 博明	スタッフサービス・クラウドワーク

陸上競技

	氏名	所属
	奈良田 栄一	ー
	佐藤 太市	本田技術研究所
	矢島 一美	宇都宮
	松村 純夫	栃木
	久保野 泰央	栃木県庁
	加藤 凜香	栃木県立がんセンター
	吉田 哲朗	真岡
	薄井 遥珈	のざわ特別支援学校
	清水 あろあ	のざわ特別支援学校
	神山 賢太郎	障害者支援施設ハートフィールド
	関 智博	矢板公民館
	直井 典夫	北関東綜合警備保障
	浅野 俊也	老人保健施設白楽園
	川俣 禎康	障がい者の一人暮らしを考える会
	加治佐 博昭	こてやま鍼灸整骨マッサージ院
	市田 敬一	盲学校
	青木 龍太	塩谷
	前原 武雄	リラクゼーションルーム
	数度 美幸	JSP鹿沼ミラフォーム工場
	仲井 真大	いすゞ自動車栃木工場
	原 恵美	キャノン宇都宮事業所
	飯島 美佐子	子どもサポートセンターゆうゆう学童
	石井 隼人	聾学校
	山口 璃癒	聾学校
	伊沢 久雄	小山
	日野 花音	特別養護老人ホーム代官荘
	松下 裕哉	小松製作所小山工場
	飯田 佑介	ソーシャルファーム長岡
	中川 壮気	日本ピストンリング栃木工場
	杉本 汐夢	ファナック
	樋山 達也	国際資源リサイクルセンター
	加藤 公美	ニチイケアセンター矢板
	臼井 悠斗	不二工機宇都宮事業所
	水沼 幹行	ヘイコーパック
	水沼 勇平	ヘイコーパック
	永藤 魁晟	鴻池運輸栃木営業所
	澤田 陽南	グンゼ物流
	関 潤一	国分寺産業
	関根 圭輔	カネカフォームプラスチックス
	大島 康誠	野木
	木村 勇翔	足利中央特別支援学校
	半田 涼介	三菱重工パワー精密鋳造
	穂積 正江	ハガフーズ
	宮城 奈央	国際TBC高等専修学校
	佐野 聖	宇都宮青葉高等学園
	桐山 昌士	陽南中学校
	遠藤 慎之介	国分寺特別支援学校
	古家 良	宇都宮青葉高等学園
	小森谷 秀幸	リハビリテーション花の舎病院

バレーボール

聴覚・男子

	氏名	所属
	森田 稔	ミツトヨ宇都宮事業所
	石井 金男	日立グローバルライフソリューションズ
	佐藤 伸	日立ジョンソンコントロールズ空調
	大澤 洋	東京計器佐野工場
	横山 真也	日産自動車栃木工場
	鎌田 英治	日産自動車栃木工場
	若原 正享	栃木県庁
	星野 幹志	日産自動車栃木工場
	安孫子 貞治	宇都宮
	大豆生田 隼輝	宇都宮市役所
監督	綱本 浩司	赤羽中央総合病院

聴覚・女子

	氏名	所属
	伴内 由香	高根沢
	大谷津 敏子	本田技研工業
	和光 優子	小山
	大野 桃子	デクセリアルズ
	小倉 祐里	鹿沼相互信用金庫
	石田 さつき	本田技研工業
	横山 奈々絵	宇都宮
	小野里 真美	本田技研工業
	牧野 千恵子	TKC
監督	鈴木 恵子	京都市

知的・男子

	氏名	所属
	芳澤 大介	宇都宮
	高田 龍希	イグス
	荒井 凜音	桜ふれあいの郷
	入江 滉勇	益子特別支援学校
	猪股 祐麻	ナカニシ
	夏葉 優咲	石窯パン工房パンデパルク本店
	阿部 冬馬	カンテック
	毛塚 優斗	佐川急便宇都宮東営業所
	齊藤 聖虎	イートランド
	佐々木 虎貴	宇都宮
	秋山 裕昭	TOMOScompanyTERAS
監督	渡邉 哲郎	栃木県教育委員会事務局 学校安全課

知的・女子

	氏名	所属
	関口 笑菜	ハートフルふきあげ吹上事業所
	仁科 彩音	オオタヤ「SHIBANO」
	廣田 麗	ビバホーム鹿沼店
	人見 蒼来	宇都宮青葉高等学園
	平井 春夏	矢板
	土屋 絵里	国際TBC高等専修学校
	北條 菜花	大野ゴム工業矢板デリバリーセンター
	長 愛姫	ヨークベニマル若松原店
	簗島 美優	宇都宮
	八木澤 初世華	丸彦製菓
	永井 瑞穂	しまむら鶴田店
	佐々木 加奈	細谷高等専修学校
監督	吉村 拓右	真岡市立久下田中学校

車いすバスケットボール

	氏名	所属
	髙松 義伸	キッズコーポレーション
	大森 亜紀子	カンセキ
	間下 裕基	栃木市役所
	有田 一也	新上三川病院
	大関 秀樹	芳賀
	大貫 章裕	鹿沼
	三村 龍	積和建設埼玉栃木
	増渕 倫巳	宇都宮市役所
	二階堂 敬	デイサービスセンターにこにこ元気
	永島 幸介	オーエックス関東
	田所 純一	宇都宮
コーチ	大塚 弘之	鹿沼

ソフトボール

障がい	氏名	所属
	星野 裕菜	イートランド
	中山 寿弥	アサヒ
	小林 和弥	国際資源リサイクルセンター
	石河 忠一	大和久福祉会
	阿久津 良平	多機能型事業所かえで
	篠崎 良太	多機能型事業所かえで
	平間 裕一	共同生活援助事業しらゆり
	阿嶋 翔太	寿堂紙製品工業芳賀工場
	遠藤 愁	共同生活援助事業しらゆり
	寺田 雄太	名鉄運輸足利支店
	松本 和秀	多機能型事業所かえで
	後藤 章	大和久福祉会
	小川 直希	日向希望の家
	松本 優輝	富屋特別支援学校高等部
	岩立 康希	富屋特別支援学校高等部
監督	藤平 仁	八下田陸運

グランドソフトボール

	氏名	所属
	落合 明	水沼外科医院
	伊藤 雅敏	栃木
	関矢 誠	脳梗塞リハビリステーション宇都宮
	田部井 貴詩	宇都宮
	曽根 健司	宇都宮
	山川 典利	山川針灸マッサージ
	塩澤 悠貴	鹿沼
	芳賀 崇弥	陽光
	田名網 博	ユナイテッドアローズ
	岩池 優希	盲学校
	尾引 建一	五味渕整形外科医院
	山野上 将	五味渕整形外科医院
	内田 房男	栃木
	金子 稔	特別養護老人ホーム麗日荘
	斉藤 昌之	デイサービスガッテン

ボウリング

	氏名	所属
	町田 靖晃	障害福祉サービス事業所こむぎ子
	真山 尚美	すかいきぬ川
	宮本 恵	フレェールカンパニーマロニエ
	竹村 圭介	大田原
	山本 大達	大田原
	矢板 祐介	オーガニックファーム natu-la
	中村 希空	スーパービバホーム那須塩原店
	薄井 長一	那珂川
	今井 重忠	大田原
監督	狭間 芳美	特別養護老人ホームいこいの森西原

ボッチャ

	氏名	所属
	関 尚央	関メンテナンス
	大山 智子	宇都宮
	増子 亮	エイジェックフレンドリー
	峯岸 裕之	真岡
	津田 柚季	のざわ特別支援学校
	荒井 南美	生活介護はなみずき
監督	郡司 原之	国際医療福祉大学病院

バスケットボール

男子

	氏名	所属
	中村 俊介	ヨトリヤマ
	吉沢 拓也	みかもクリーンセンター
	市村 俊太	カルビー・イートーク東日本事業所
	松島 亘亨	JSPモールディング
	坂巻 剛士	JSPモールディング
	関 瞬平	WinGraffiti わらくや
	武田 幸基	北関東物流鹿沼第二営業所
	小林 亨	新和美装
	染宮 光瑠	小松製作所小山工場
	矢野 莉緒	ジャパンエコロジーシンキング
	荻原 志月	宇都宮青葉高等学園
	渡邉 晴矢	那須特別支援学校
コーチ	塩田 創	那須特別支援学校

女子

	氏名	所属
	松島 史代	富屋特別支援学校
	石田 雪乃	ヤマトエスロン関東工場
	安齋 柚香	大高商事
	柴田 美優	就労支援事業所 konomi
	半田 結美	晃陽電子
	葉山 晴夏	栃木県立リハビリテーションセンター
	大平 史奈	宇都宮青葉高等学園
	多賀 鈴花	スターバックスコーヒー宇都宮
	笠原 李緒名	宇都宮青葉高等学園
	鈴木 和	富屋特別支援学校
	荒井 彩心	国本中
	柴田 菜々花	矢板
コーチ	飯野 千春	宇都宮青葉高等学園

◎班　長／小松原悠平(南那須特別支援学校)
◎介助員／櫃渕史弥(今市特別支援学校)
斎藤京子(佐野)
斎藤貴範(障害者支援施設那須共育学園)
山田恵美子(相談センターすぎのこ)
菅俣和寛(下野会国分寺学園)
渡辺純一(あゆみ園)

ボウリング
◎監　督／狹間芳美(特別養護老人ホームいこいの森西原)
◎連絡員／杉本綾子(県障害者総合相談所)
◎介助員／佐藤直久(壬生町役場)
小野広久(愛光園)
及川舞(ひびき)
寄川恵莉子(愛晃の杜)
阿久津知広(かりいほ)
大内誠(みどりのき)

ボッチャ
◎監　督／郡司原之(国際医療福祉大病院)
◎コーチ／高根澤世志子(照和かなうホーム照和)
◎連絡員／竹内亜矢(県障害者スポーツ協会)
◎介助員／荒井祥代(心愛)
大山善樹(グリーンハウスホスピタリティフードサービス)
大賀翔平(マ・メゾン光星)
芳賀ゆうこ(ユースタイルラボラトリー土屋訪問介護事業所宇都宮)
小林悦子(ユースタイルラボラトリー土屋訪問介護事業所宇都宮)
増子久美子(鹿沼市役所)
小松原朋花(のざわ特別支援学校)

バスケットボール
【男子】
◎コーチ／塩田創(那須特別支援学校)
◎アシスタントコーチ／金子聡(宇都宮青葉高等学園)
◎マネージャー／小林利依子(足利中央特別支援学校)
◎トレーナー／関誠(ホンダテクノフォート)
◎連絡員／荒井忍(県障害者スポーツ協会)
【女子】
◎コーチ／飯野千春(宇都宮青葉高等学園)
◎アシスタントコーチ／猪瀬有喜(富屋特別支援学校)
◎マネージャー／宮岐節雄(県教育委員会事務局スポーツ振興課)
◎トレーナー／渡瀬由葉(宇都宮大)

車いすバスケットボール
◎コーチ／大塚弘之(鹿沼)
◎アシスタントコーチ／半澤利江(今市特別支援学校)
◎マネージャー／生駒広美(千葉県佐倉市)
◎トレーナー／畠山瑞季(獨協医科大病院)
◎連絡員／塙由希(県障害者スポーツ協会)

ソフトボール
◎監　督／藤平仁(八下田陸運)
◎コーチ／黒川愛理華(かりいほ)
松本昌宏(日向希望の家)
◎トレーナー／影山昌一(獨協医科大病院)
◎連絡員／安井亜由美(県障害者スポーツ協会)

グランドソフトボール
◎コーチャー／篠崎哲(宇都宮)
佐藤文雄(宇都宮)
俵谷光俊(富士フィルター工業栃木工場)
相吉澤一裕(さくら)
◎スコアラー／田名網美希(宇都宮)
◎マネージャー／相吉澤美紀(盲学校)
◎連絡員／江崎仁志(県保健福祉部障害福祉課)
◎選手兼監督／落合明(水沼外科医院)

バレーボール
【聴覚・男子】
◎監　督／綱本浩司(赤羽中央総合病院)
◎マネージャー／塩谷由美子(小野内科循環器医院)
◎連絡員／海老原道江(県障害者スポーツ協会)
【聴覚・女子】
◎監　督／鈴木恵子(京都市)
◎コーチ／大澤美佐季(小山)
◎マネージャー／小倉友紀子(茨城県古河市)
◎手話通訳者／北村和久(高根沢)
◎トレーナー／日之西美香(鹿沼)
【知的・男子】
◎監　督／渡邊哲郎(県教育委員会事務局学校安全課)
◎コーチ／鈴木俊信(日本赤十字社県支部)
◎マネージャー／斎藤珠稀(横川中央小)
【知的・女子】
◎監　督／吉村拓右(久下田中)
◎コーチ／岩田美茶(宇都宮白楊高)
◎連絡員／松本奈穂(県障害者スポーツ協会)
【精神】
◎監　督／石田朗(テクノセンター)
◎コーチ／毛塚美代子(足利中央特別支援学校)
◎マネージャー／松田未那(足利中央特別支援学校)
◎トレーナー／柾木健介(朝日病院)
◎連絡員／島田紘之(県保健福祉部障害福祉課)

サッカー
◎監　督／梁木直人(県芳賀青年の家)
◎コーチ／仲山慶(益子特別支援学校)
種倉寛(高根沢高)
◎トレーナー／遠藤雄二(国分寺特別支援学校)
曽村岳史(ソムラ接骨院)
◎連絡員／牛渡大智(県保健福祉部障害福祉課)

フットソフトボール
◎監　督／橋本剛(那須特別支援学校)
◎コーチ／床井正志(那須特別支援学校)
小林元(栃木特別支援学校)
◎トレーナー／菅原康一(岡本特別支援学校)
◎連絡員／小林信一(県精神保健福祉センター)

STAFF

●団　長／麦倉仁巳(県障害者スポーツ協会)
●副団長／新村一男(県障害者スポーツ協会)
金子百子(県保健福祉部障害福祉課)
●総監督／小金沢茂(県障害者スポーツ協会)
●総　務／墨谷聡志(県保健福祉部障害福祉課)
高橋智之(県障害者スポーツ協会)

陸　上
◎コーチ／渡辺結衣(盲学校)
◎トレーナー／那須野利喜(challenge)
◎連絡員／加藤俊明(県障害者スポーツ協会)
◎介助員／大橋俊子(県保健福祉部)
岸守(聾学校)
片山タカ子(宇都宮記念病院総合健診センター)
上石栄(群馬県聴覚障害者コミュニケーションプラザ)
蛭田恭子(足利市社会福祉協議会)
永島一顕(宇都宮市立清原北小学校放課後等活動運営委員会)
穴山恵子(ケアライフ那須)
黒崎美也子(のざわ特別支援学校)
篠原千波(のざわ特別支援学校)
吉田博行(就労支援施設むつみの森)
川田和正(とちのみ学園)
浦田邦彦(宇都宮)
豊島聡(キヤノン電子管デバイス)
大金健(太陽)
高橋一仁(よりみち)
別井裕(ハート二宮)
千葉茂(矢板)
川久保晶浩(真岡ハートヒルズ)
笠井優(宇都宮市河内農業就業改善センター)
◎監　督／服部隆志(宇都宮青葉高等学園)
◎コーチ／宇佐美佳菜(白鷗足利高)
◎介助員／菊地泰斗(宇都宮青葉高等学園)
石塚勇(足利中央特別支援学校)
植木聡(栃木特別支援学校)
鈴木健太(国分寺特別支援学校)
島田佳修(国分寺特別支援学校)
須藤和義(下野)
大森朝陽(たかはら学園)
田村修一郎(こころみ学園)
加藤由麻(国際医療福祉大)
水沼方昭(芳賀)
君山貴宏(いぶき)
渡辺公翼(光輝舎)
岩出陽(国際医療福祉大)
加藤義幸(県東ライフサポートセンター)
尾嶋邦彦(サポートセンターとみや)

水　泳
◎監　督／渋谷貢一(メリーハウジング)
◎連絡員／天池美都(県障害者総合相談所)
◎介助員／八木澤けい子(セントラルスポーツクラブ南宇都宮)
平田孝太(大和久学園)
新井利夫(フライトワンリサイクル)
津久井由美子(かしわ荘)
柏瀬紘敬(栃の葉荘)
野口潤也(福田記念病院)
飯野真登(せせらぎ会)
小室理華(宇都宮)
黒川秀俊(那須烏山)
原田政昭(宇都宮)
中村由美子(芳賀)
金澤祐太(コミュニティサポートセンターひかり)
田中香織(セントラルフィットネスクラブ宇都宮)

アーチェリー
◎監　督／田名網崇(三重小)
◎連絡員／丹羽亮介(県保健福祉部障害福祉課)
◎介助員／吉澤敏弘(済生会宇都宮病院)
加藤篤信(県浄化槽協会)
田名網恵子(足利)
加藤由里(県立リハビリテーションセンター)
辻田喜久郎(川崎)

卓　球
◎連絡員／永島靖大(県保健福祉部障害福祉課)
◎介助員／国井壽一(聾学校)
板橋美奈(足利むつみ会)
照沼弘史(宇都宮)
高橋慶(障害者支援施設美里学園)
金子みどり(那須塩原)
藤本由利子(宇都宮)
白石明(宇都宮)
富樫和子(宇都宮市障害者福祉会連合会)
◎監　督／秋元邦夫(パステル)
◎コーチ／鵜名山唯(足利中央特別支援学校)
◎介助員／薄井幸子(宇都宮)
田口慧(すぎの芽学園)
板橋哲也(宇都宮青葉高等学園)
金沢由紀裕(大谷中)
大根田恵美子(真岡)
酒井敏郎(宇都宮)
畑澤真弓(みずほ銀行)

フライングディスク
◎監　督／桜井康生(市貝)
◎連絡員／薄井俊天(県保健福祉部障害福祉課)
◎介助員／池沢潤(のざわ特別支援学校)
黒須茜(のざわ特別支援学校)
藍原真由(多機能型事業所セルプ花)
大渕利枝(鹿沼)
関山恒子(栃木)
三浦利雄(多機能型事業所いぶき)
前沢朋哉(希望の家)
漆原俊介(ライキ園)

バレーボール

	氏　名	所　属
	河原 正幸	Run-up カルミア小山
	大森 利男	蔵の街ウエイブ
	伴瀬 光成	本田技研工業ものづくりセンター
	角田 麻里江	宇都宮
	須山 孝一郎	富士通小山工場
	小林 一樹	たすかる
	島田 千亜希	きたざと
	茂田 翼	パンダイナムコウィルみらいステーション
	富田 京介	蔵の街ウエイブ
	河井 将士	矢板
	曽篠 忠夫	小山
監　督	石田 朗	テクノセンター

サッカー

	氏　名	所　属
	中嶋 達也	獨協メディカルサービス
	布目 夕夢	DIYセンチュリー
	中川 満史	壬生
	齋藤 颯太	環境整備
	髙木 翔	益子特別支援学校
	田代 龍二	さくら那須モータースクール
	阿部 和也	フードマーケットオータニ西那須野店
	モモハラアサト フェルナンド	矢古宇建設
	成田 一史	益子特別支援学校
	原田 峻輔	オートテクニックジャパン
	飯嶋 正勝	Bell Tree
	阿久津 海斗	山辺中
	若林 海斗	JSP モールディング
	中野 竜太	住友ベークライト
	小倉 優希	かましん自治医大店
	竹原 紫温	益子
監　督	梁木 直人	栃木県芳賀青年の家

フットソフトボール

	氏　名	所　属
	荒井 拓斗	那須特別支援学校
	厚木 達也	あさひケ丘カントリークラブ
	塩田 藍樹	吉野工業所栃木工場
	早乙女 渉	宇都宮青葉高等学園
	深津 冴又斗	協和荷役梱包
	須田 光瑠	ホットクレール
	本島 兵伍	プレステージカントリークラブ
	青山 豊和	丸孝鉄筋工業
	阿見 裕也	那須塩原
	益子 直人	日本赤十字社
	五月女 琢矢	南那須地区広域行政事務組合 保健衛生センター
	渡邉 功士	宇都宮青葉高等学園
	菊地 優貴	コマツ栃木工場
	薄井 優翔	那須特別支援学校
	神戸 渉	南那須特別支援学校
監　督	橋本　剛	那須特別支援学校

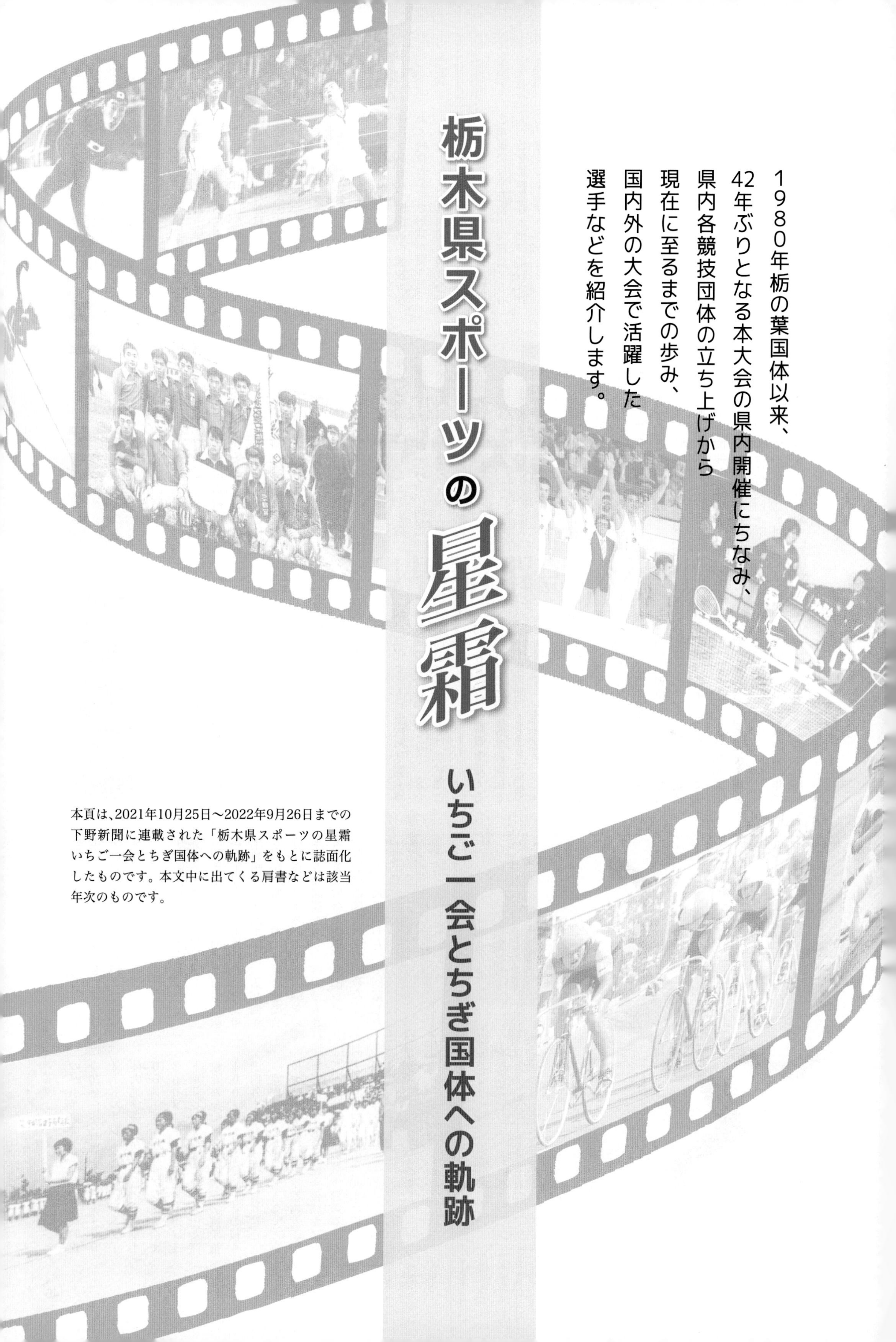

栃木県スポーツの星霜

いちご一会とちぎ国体への軌跡

1980年栃の葉国体以来、42年ぶりとなる本大会の県内開催にちなみ、県内各競技団体の立ち上げから現在に至るまでの歩み、国内外の大会で活躍した選手などを紹介します。

本頁は、2021年10月25日～2022年9月26日までの下野新聞に連載された「栃木県スポーツの星霜　いちご一会とちぎ国体への軌跡」をもとに誌面化したものです。本文中に出てくる肩書などは該当年次のものです。

陸上1

小野 走り高跳びで五輪

県内の陸上競技は1898年、当時宇都宮市松原へ移転した栃木師範が運動場を整備して徒歩競走部を創設したところから始まる。当時は対外試合はなく、大谷観音まで往復する全校生徒が参加する長距離走が主な行事だった。また、県内各学校では秋の行事となった運動会が人気を呼び、観客も集まり大いに盛り上がった。1900年ごろには体育の重要性が高まり、跳躍系の競技も加わり競技としての形式が整った。

　1915年、県内初の競技会とも言える「第1回県下中等学校連合運動会」が宇都宮中校庭で開催。2年後には宇都宮中で部員200人が名を連ねる徒歩部が創設された。18年には佐野中に金栗四三《かなくりしそう》らが来校し、約60人の生徒に全種目を指導。その後、宇都宮—石橋間、日光—宇都宮間などのマラソン大会も相次いで始まった。20年創設の日光—宇都宮間大会では1位に100円の賞金が設定され、近隣都県からも参加者が集まった。21年に中国・上海で開催された極東選手権には本県から佐藤信一《さとうしんいち》、山《やま》市太平《いちたへい》が出場。佐藤は23年に大阪で開催された同大会にも出場した。

　同年7月に本県で初めての陸上競技講習会が佐野中の主催で開催。県南地域での発展普及が進んだ。11月に佐野中で県内最初の陸上競技会が開かれた。栃木師範と佐野中が参加し、白熱した大会は栃木師範が制した。24年には県主催で「第1回県下中等学校大会」を宇都宮中で開催。これをきっかけに中等学校生徒を中心に本県陸上界が発展し始めた。

　25年、宇都宮拠点の日本陸軍59連隊に佐藤が入隊したことを機に、連隊を中心に県走行会が発足。連隊では隊員に陸上などスポーツを奨励し、統一した競技法の県内普及活動も行った。

昭和に普及加速

　昭和を迎えて普及はさらに加速。27年に県走行会主催で織田《おだ》幹《みき》雄《お》、佐藤らを招いた講習会を実施。同年10月には県中等学校体育協会主催で「第1回女子中等学校大会」を栃木高等女学校で開催。翌年には学生、青年、一般の枠を取り払った「第1回県選手権」を宇都宮高等農林競技場で開催した。また、県内クラブの草分けとして27年に足利クラブ、翌年に佐野スパルタ倶楽部が創設され、足利中、足利高女や佐野中のOB、OGらが中心となって競技レベル向上へ高い意識を持って活動。その後、宇都宮、足尾にも社会人クラブが創設された。

小西が短距離界けん引

　32年、佐野市出身の小野操《おのみさお》がロサンゼルス五輪の走り高跳び代表に選ばれ、本県選手として五輪初出場を果たした。その4年後の1月26日、栃木陸上競技協会が発足。県内の各社会人クラブ、男女中等学校が加盟した。しかし、戦時体制の強化とともに県内の活動も軍事教練の色合いが濃くなり、さらに戦局が悪化すると休止状態に入った。

　45年8月15日に終戦を迎えると、11月25日に県中等学校駅伝を足利—宇都宮間74・5キロで開催。まだ食糧事情や治安が安定していない時期に12校が参加し、力強く走る選手に多くの観客が声援を送った。翌年には栃木陸協も活動を再開。7月に佐野スパルタと共催して「復興懇親大会」を開催した。47年に県内初の公認競技場となる足利市総合運動公園陸上競技場が完成。49年には宇都宮市に県総合グラウンド陸上競技場が完成し、翌年には全国高校大会も開催された。

　この頃の日本選手権では47年に走り幅跳びで川又英《かわまたえい》(栃木師範学校教)が優勝。55年に村上恵子《むらかみけいこ》(旭化成)が女子やり投げを当時の日本新記録(47メートル13)で制した。

郡市駅伝を開催

　60年1月、第1回県郡市対抗駅伝を宇都宮二荒山神社から日光市中宮祠の10区間で開催。第46回から現在の県庁—栃木市総合運動公園往復のコースとなった。64年の東京五輪開催もあり、県内でもさまざまな大会を開催。全国レベルで県勢の活躍も目立ち始めた。

　中でも長年にわたって活躍したのが小西恵美子《こにしえみこ》だ。烏山女高時代の70年にアジア大会女子400メートルリレーで優勝。日本女子体大進学後の74年に日本選手権100メートル優勝。アジア大会で200メートル3位、400メートルリレーを連覇した。烏山女高教となっても79年のアジア選手権100メートルを優勝。その後も国内外の大会で活躍を続けた。

　県内に熱心な指導者も多く、高校では国学院栃木、宇都宮女子商などが関東大会で総合優勝を果たした。徐々に県内陸上界の裾野が広がり活気づく中、80年に栃の葉国体を迎える。

本県初の五輪日本代表として1932年ロサンゼルス大会男子走り高跳びに出場した小野操＝米国

陸上2

やり投げ海老原、連続五輪

クラブ増加で育成加速

1986年、栃木陸協は創設50周年を迎えた。当時加盟していた団体は11のクラブ、12の実業団と五つの大学・高等専門学校、74の高校だった。この年に栃木マスターズ陸上競技連盟が発足。県高校女子駅伝も第1回が開催された。

栃の葉国体を終えて、県勢はさらに国際舞台へと羽ばたく。87年世界陸上で阿久津浩三《あくつこうぞう》（福島整形外科病院）が5000、1万メートル出場。短距離の栗原浩司《くりはらこうじ》（足利工高教）が阿久津と共に88年ソウル五輪に出場した。90年代に入ってもマラソンで真岡市出身の弘山勉《ひろやまつとむ》（資生堂）やさくら市出身（旧氏家町）の鈴木賢一《すずきけんいち》（富士通）が主要大会で力走を見せた。95年の日本選手権で女子走り幅跳びで栃木市出身の長島静代《ながしましずよ》（順天堂大）が優勝。同年の福岡ユニバーシアードで8位に入賞した。

学校から地域へ

93年には本県で開催された全国高校総体（インターハイ）に合わせ、県総合運動公園陸上競技場の大改修を実施。トラックの9レーン化や夜間照明の設置など大幅なリニューアルを遂げた。本番は女子砲丸投げの高田智子《たかだともこ》（氏家）と男子三段跳びの谷津逸人《やつはやと》（作新学院）が頂点に立った。

その頃、小中学生の普及活動は学校中心から各地域のクラブに広がった。小中学生向けの大会は佐野スパルタ倶楽部が65年から開催する奨励大会が出発点。宇都宮市協会は73年から同市内の小学生を対象に教室を開催した。矢板市協会は81年から小学生早朝マラソン大会を実施。91年には那須陸上クラブが創設された。足利倶楽部は95年から小中学生対象の教室を開始。97年には下都賀TOJと芳賀真岡ジュニアクラブが活動をスタート。氏家町（現さくら市）教室は98年から始まった。

21世紀を迎えて女子マラソンの主役だったのが那須塩原市出身の渋井陽子《しぶいようこ》。那須拓陽高から三井住友海上へ入社すると、初マラソンだった2001年の大阪国際女子で当時の初マラソン世界最高記録2時間23分11秒で優勝。同年8月の世界選手権で4位に入り、02年に1万メートルで30分48秒89を出して日本記録を更新。04年のベルリンマラソンでは当時の日本記録2時間19分41秒で優勝。08年の北京五輪は1万メートルで出場して17位。09年の大阪国際女子を制し、同年の世界選手権代表に選ばれたが大会直前の負傷で辞退した。

高校世代の活躍もインターハイの地元開催を経て増えていく。1997年京都は女子やり投げで茂《も》呂綾子《ろあやこ》（佐野女）が優勝。98年四国は石原未来《いしはらみく》（真岡女）が女子走り高跳びを1メートル80で制し、翌年の岩手で連覇。岩手は女子1500メートルで黒沢茉莉子《くろさわまりこ》（矢板東）も優勝した。2001年熊本の女子やり投げで山崎綾子《やまざきあやこ》（真岡女）が優勝、翌年の茨城で記録を伸ばして連覇した。茨城では男子走り幅跳びで今井雄紀《いまいゆうき》（佐野日大）も優勝し、翌年の長崎も制覇。長崎は海老原有希《えびはらゆき》（真岡女）も七種競技で優勝した。

上三川町出身の海老原は女子やり投げの第一人者として飛躍した。日本選手権を9回優勝。アジア大会は3回出場し、10年広州大会を61メートル56の日本新記録（当時）で制した。世界選手権は09年ドイツ・ベルリンから5大会連続出場し、11年韓国・大邱で同種目日本女子初の決勝進出。五輪は12年ロンドンから2大会連続出場。17年に現役を引退するまで輝きを放った。

2012年のロンドン五輪女子やり投げに出場した海老原有希。4年後のリオデジャネイロ五輪にも出場した＝英国

男子駅伝全国V

芳賀町出身の赤羽有紀子《あかばゆきこ》も国際舞台で輝いた。芳賀中、真岡女高から城西大進学後に頭角を現し、1999年、スペイン・マルヨカユニバーシアードのハーフマラソンで2位。01年北京での同大会1万メートルも2位に入った。その後、02年にホクレン入社。結婚、出産後も競技を続行し、08年北京五輪1万、5000メートルに出場。その後マラソンへ転向し09年世界選手権に出場。11年大阪国際女子を優勝して同年の世界選手権は5位。13年ロンドンマラソンは3位。14年大阪国際女子を優勝して現役にピリオドを打った。

11年1月の天皇杯全国都道府県対抗男子駅伝の優勝は本県の陸上史に大きな足跡を残した。エースでアンカー7区の宇賀地強《うがちつよし》（コニカミノルタ）をはじめ、中学生から社会人が安芸路を快走。2人が区間新をマークするなど、本県の過去最高記録で初めて頂点に立った。22年、42年ぶりの栃木国体が、本県陸上界の強化や普及が一層進むきっかけになるよう努力していきたい。

水泳1

荻原氏ら体制整備に尽力

狩猟や移動の手段としての水泳は人類史と同程度の歴史があるとされる。19世紀に生活だけでなく、泳ぐ速さを競う競技として発展を遂げた。

競泳の最初の大会は1837年の英国で開催。近代五輪の96年第1回アテネ大会から競泳自由形が採用された。泳法は実質平泳ぎしかなかったがその後、背泳ぎ、クロールが登場、平泳ぎを発展させて開発されたバタフライが1956年メルボルン五輪から正式に種目採用された。競技としての各泳法の歴史はそれほど長くない。

島国の日本では水泳は武術として発達。川や海でおぼれないことや、よろいなどを着けた状態で泳ぐことを目的に全国に広まった。欧米からスポーツの水泳が伝わったのは明治時代になってからだ。

河川の多い本県では各流域で水泳会が結成された。29年8月、石《いし》田《だ》仁《じん》太《た》郎《ろう》宇都宮市長を顧問に宇都宮水泳会が発足。田川の千波地区付近に河川プールらしきものを造り、会費1円で泳法指導や各種大会を開催した。これを機に足利、鹿沼、足尾、烏山など各地に水泳会がつくられた。

水泳会統一の機運も高まり32年、荻原光臣《おぎわらみつおみ》を初代会長に県水泳協会を設立。各水泳会のほか、宇都宮市体協、日光精銅所、日本鉱業の水泳部などが加盟した。翌年には日本連盟に加盟し、県体協主催、下野新聞社など後援で第1回県選手権兼明治神宮大会予選会を開催した。

本県初のプール建造は30年。県師範学校（現宇都宮大）に25メートル6コースに3メートル飛び込み台を備えた。その後は36年、佐野中（現佐野高）に県内初の50メートルプールを建設。公式大会の会場として使われ、競技力向上に貢献した。ただ資材欠乏の時代で、中には木骨竹筋というようなプールも見られた。

戦後復興に苦心

戦後、日本水泳界は世界を舞台に活躍した古橋広之進《ふるはしひろのしん》によって復活したが、本県の復興は立ち遅れた。競技施設の整備が進まなかったからだ。苦しい状況の中で46年ごろ、荻原、神山冨雄《こうやまとみお》、田中武男《たなかたけお》、遠藤三智男《えんどうみちお》らが再建に奔走した。

50年8月には県営総合運動場（県総合運動公園）に長水路9コースのプールが完成。10メートルの高飛び込み台も整備され、大谷石のスタンドがぐるりと囲む豪華美麗な施設だった。完成記念で第1回全国勤労者大会を開催、古橋、マーシャル（米国）ら国際的な人気選手がエキシビションレースを行い、満員の観衆を沸かせた。

本田（競泳）横松（飛び込み）活躍光る

52年には第7回国体夏季大会が宇都宮市で開催された。飛び込みはこの大会に参加するために県内高校の水泳部の選手数人を集めて育成を行った。これが本県飛び込み選手強化のスタートだ。ただ、競泳は本田武次《ほんだたけじ》（県庁）が100メートル自由形で4位入賞したものの、飛び込みを含め躍進とはならなかった。

当時、飛び込み選手として健闘したのは横松要《よこまつかなめ》（佐野高出）ぐらいのものだった。60年の全国勤労者大会高飛び込みで優勝、板飛び込み3位入賞を果たしたが、その後は後継者がなく選手強化は一時中断した。

以降なかなか全国区の選手を輩出できずにいた本県水泳界だが、80年栃の葉国体に向けて機運が盛り上がる。飛び込みは77年以降に布村隆《ぬのむらたかし》（宇都宮南高教）、宗像淳子《むなかたじゅんこ》（宇都宮中央女高教）を指導者に迎え強化・育成が再スタート。競泳も65年以降、県内小中学校にプールが造られ始めて競技力が向上し、栃の葉国体が近づくにつれてぐんぐん水準が上がった。

宇東高に水球部

一方、水球は専用プールや施設もなく指導者もいなかったため、本県でのその歴史は赤松寛《あかまつひろし》水泳部長（宇都宮東高教）の尽力で宇都宮東高に水球部が創設された71年以降。水泳部の選手を全て水球チームに入れ、日本連盟からコーチを招いて指導した。

ただ県内に対戦校がないこともあり強化は進まず、75年春の関東大会1回戦の成蹊高（東京）で初勝利。白星を挙げるまで4年を要した。この年から指導に当たった五輪候補選手の経験もある親松久雄《おやまつひさお》（宇都宮東高教）がチームを育て上げた。

設備や施設も徐々に整い始め、72年には宇都宮市の県体育館脇に本県水泳関係者の念願だった室内温水プールが完成。選手だけでなく、老若男女でにぎわった。

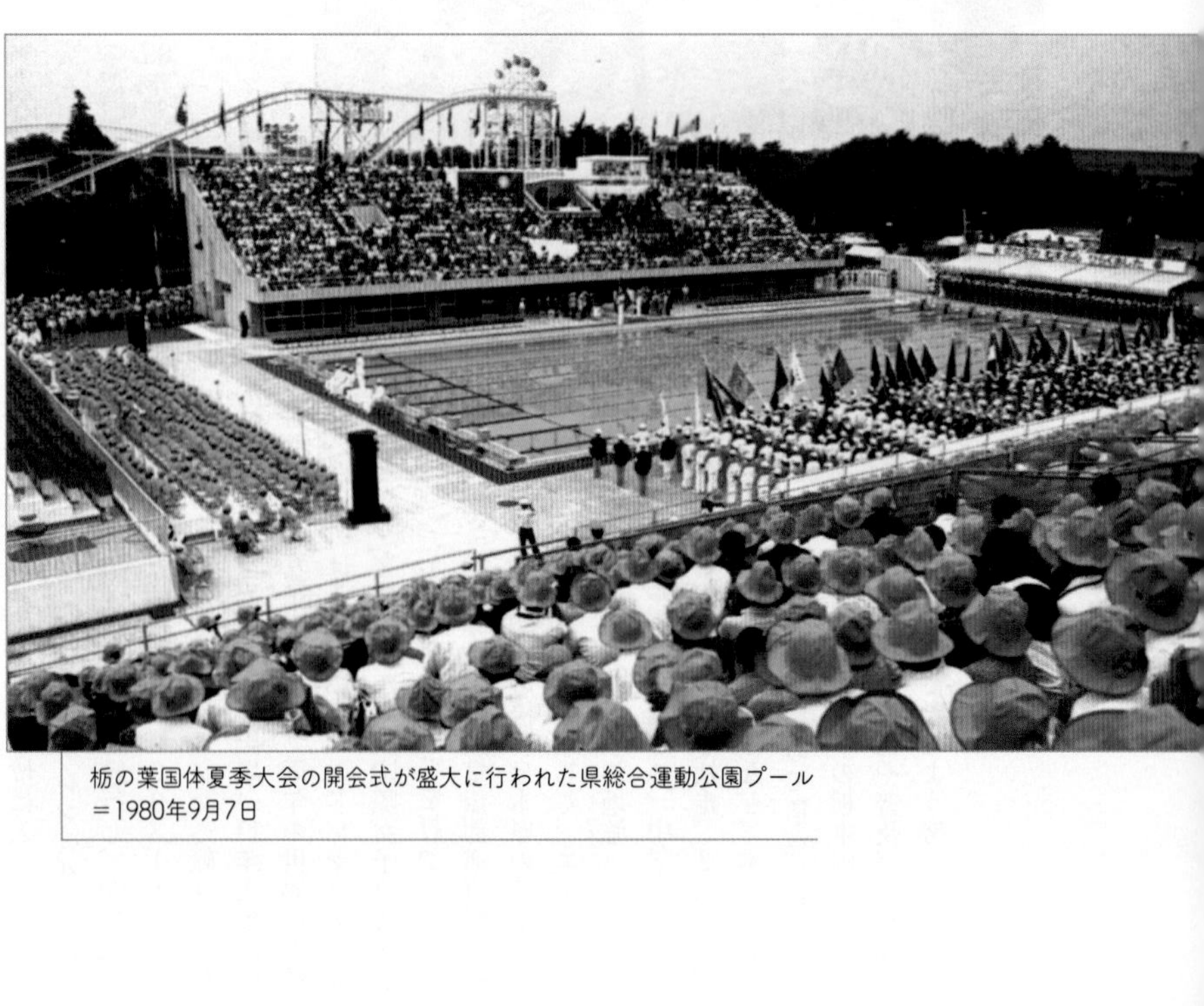

栃の葉国体夏季大会の開会式が盛大に行われた県総合運動公園プール＝1980年9月7日

水泳2

育成強化 クラブ主流に

1970年代以降、スイミングスクール・クラブがオープンし、民間のプール建設も進んだ。今では宇都宮市の御《み》幸《ゆき》ケ《が》原《はら》SS(現みゆきがはらSS)やスウィン宇都宮、県北でも西那須インターナショナルSC、真岡市のフィールドビックSSなど全国区の選手を輩出するクラブも。前田《まえだ》覚《さとる》（御幸ケ原SS）や大《おお》畑《はた》豊《ゆたか》（フィールドビックSS）ら指導力のあるコーチの出現も競技力向上を後押ししている。70年代から強化は学校の部活動からクラブへ移行し、全国大会で成績を挙げる中高生選手も出てきた。

86年全国中学大会（全中）男子100メートルバタフライで大森《おおもり》雄嗣《ゆうじ》（鬼怒）が58秒66の日本中学新記録を樹立し優勝。男子背泳ぎの宮川智光《みやかわともみつ》（宝木中―宇都宮高―早大、JSS宇都宮）は88年の国体少年B100メートルを制した。全中は100メートルと200メートルで2連覇し、90年には日本高校選手権（インターハイ）も2種目で頂点に。国体とインターハイの優勝はともに本県競泳界初の快挙だった。

93年の全中は男子自由形の高久《たかく》博充《ひろみつ》（足利三）が100メートルと200メートルで勝ち、女子の根本博子《ねもとひろこ》（陽西）も400メートル個人メドレーを制した。

しかしそれ以降は全中優勝者ら実力のある選手たちが県外に流出するようになり、本県競泳はしばらく低迷した。これに危機感を覚えた県連盟競泳委員会が中心となり、96年から中学、高校、スイミングクラブが強化・育成のため連携。学童合宿も開催するなど選手とコーチの意識改革を進めた。

取り組み結実

10年ほどたち、こうした取り組みが実を結ぶ。2005年以降、男子の森洋介《もりようすけ》（作新学院高出）は全中、日本高校、国体、日本学生選手権（インカレ）、ジャパンオープンなどで優勝。個人メドレーで数々の年代別日本記録を更新し、東アジア大会金メダルも獲得した。3学年下の萩野公介《はぎのこうすけ》（小山市出身）も森の背中を追うように成長し、世界トップスイマーに。国内外数々のタイトルを手にし、小中高、そして日本の全てで新記録を樹立した。このうち個人メドレー2種目と400メートル自由形の記録は今も破られていない。

女子は森や萩野と同じ御幸ケ原SS所属で同年代の清水咲子《しみずさきこ》（大田原市出身）もインターハイやインカレ、国体を制するなど活躍が光った。このほか各年代の全国大会や国体では、岸本梨沙《きしもとりさ》、今井彩《いまいあや》香《か》、岸愛弓《あゆみ》、長浜瑠花《ながはまるりか》らが女王の座に就くなど躍進した。

19年には水沼尚輝《みずぬまなおき》（真岡市出身）が日本選手権男子100メートルバタフライを制し、自身初の世界選手権代表に。22年の国際大会日本代表選考会では日本人初の50秒台となる50秒86の日本新記録を樹立して優勝した。

県内から国内外で活躍

飛び込み躍進

飛び込みは宇都宮市を拠点とした栃木ダイビングクラブで松本行《まつもとゆき》夫《お》や馬場内登志江《ばばうちとしえ》が後進を育成。インターハイや国体、日本選手権を制し北京五輪を目指した岡本優《おかもとゆう》（宇都宮南高出）や東アジア大会代表の上野太助《うえのたいすけ》（作新学院高出）らを輩出した。

さらに松本や馬場内、上野、各コーチの指導を受けた榎本遼香《えのもとはるか》は中学以降各世代の全国大会で栄冠を手にし、世界選手権出場など華々しい成績を残した。

水球は1999年、宇都宮東高に公認規格のプールが完成し、同校は2003年、23年ぶりにインターハイ出場するなど競技の発展に寄与している。栃の葉国体のエースで国際大会でも活躍した大《おお》浦朝美《うらあさみ》以降、13年に松田悠《まつだはるか》（宇都宮南高出）がユニバーシアード代表として活躍した。

大浦は宇都宮東高の強化に力を注ぎ、19年には少年男子チームが栃の葉国体以来39年ぶり2度目となる国体出場を果たした。今後に向けては女子水球をいかに強化するかが課題となっている。

県連盟は1999年にシンクロナイズドスイミング（現アーティスティックスイミング＝AS）委員会を、オープンウオータースイミング委員会を2017年に設置。ただ練習場所の確保も困難で選手の育成もなかなか進んでいない。

00年に小山市に造られた県営屋内プール第2号となる県立温水プール館以降、21年には国内屈指の設備を備える日環アリーナ栃木屋内水泳場が完成。ASを含め幅広く本県水泳の拠点として活用されている。

リオデジャネイロ五輪で男子400メートル個人メドレーで金メダルを獲得し、ガッツポーズして喜ぶ萩野公介＝2016年8月

サッカー1

宇都宮高の活躍で活況

サッカーの発生は紀元前とされるが、スポーツとして確立されたのは1863年10月、イングランドにフットボール協会が創設された時と言われている。そこから世界に広まり、日本へのサッカーの伝来は幕末から明治にかけて諸説あるがはっきりしていない。

大正期は神戸市の御影師範（現神戸大）が近畿の競技普及の中心的役割を担い、東京高等師範（現筑波大）が日本最初のチームを立ち上げるなど追随。1921年に日本協会の前身となる大日本蹴球協会が設立された。同年に本県へもサッカーが入ってきて、栃木師範（現宇都宮大）では教員として赴任してきた東京高等師範出の藤《ふじ》本秀《もとひで》雄《お》、広島高等師範出の小林友《こばやしとも》雄《お》によって蹴球部が創設された。栃木師範は猛練習を重ね、26、27年には近県中等大会で連覇するほどの強豪へと成長していった。

教員が普及役

栃木師範の選手たちは卒業後、教員となり県内の小中学校へ競技を普及させていった。27年には小学生を対象にした県大会、2年後には下野新聞社後援で尋常高等小学校の大会も行われた。並行して旧制中学校界にも広がり、大正末期から昭和初期にかけて、宇都宮中（現宇都宮高）、今市中（現今市高）、真岡中（現真岡高）などに相次いで蹴球部ができた。

そんなサッカーの普及期に、本県出身選手として名声を集めたのが真岡中から早稲田大に進み、当時の極東オリンピック大会に日本代表として出場した螺《つぶ》良《ら》仁《ひとし》だ。上背はなかったが、俊足で高い技術を持っていた。

戦後、本県サッカー界は他県に先んじていち早く再建へと動き出した。46年には県蹴球協会が発足。初代会長に栃木師範男子部長の佐々《ささ》木《き》等《ひとし》、理事長に中学教員の北《きた》山寛《やまかん》が就任した。同時期に教員たちによる「栃木サッカー」や実業団の強豪・日立栃木が結成され、社会人サッカー界をけん引し始めた。

戦後初の県下中学校大会も46年に開催され宇都宮中が優勝。この大会は2年後に全国高校選手権県予選となり、同年、優勝した宇都宮高は北関東大会を突破し、県勢として初めて本大会まで駒を進めている。50年は全国準優勝。その翌年には初優勝を成し遂げた。半《はん》田《だ》実《みのる》監督に率いられた当時のメンバーはGK吉沢《よしざわ》茂《しげ》弘《ひろ》、RB小澤《おざわ》通《みち》弘《ひろ》、RIW岩渕《いわぶち》功《いさお》、LI筧《かけい》昇一《しょういち》ら。その後、吉沢は高校の指導者として多くの名選手を育て、東京教育大（現筑波大）に進んだ小澤と慶応大に進んだ岩渕は、日本代表として56年のメルボルン五輪に出場。筧もドイツの国際大会で日の丸を付けた。

那須拠点 藤和不、J湘南の源流に

すそ野の拡大

宇都宮高の全国制覇は県内の高校サッカー人気をさらに高めた。宇都宮高を追ったのが喜連川高（現さくら清修高）や宇都宮工高で共に吉沢の指導で力を付けた。特に宇都宮工高は55年に全国高校選手権ベスト4と健闘。60年代になると群雄割拠の時代に入り、宇都宮学園高（現文星芸大付高）、矢板東高、宇都宮農高（現宇都宮白楊高）、今市高などが激しく競り合い一時代を築いた。後に栃木SCのゼネラルマネジャーとなるMF上《うえ》野《の》佳昭《よしあき》は喜連川高、68年のメキシコ五輪で銅メダルを獲得するFW松本《まつもと》育夫《いくお》は宇都宮工高の中心選手だった。

学校教育の制度が旧制中学から高校に移る中で学生サッカーは大いに盛り上がった。その一方で社会人チームは栃木サッカーが頭一つ抜け出していて、日立栃木や宇都宮大、真岡中OBチームの白布クラブ、宇都宮中OBチームの滝の原クラブなどが追随した。

68年、都内に本社を置く藤和不動産が日本リーグ（JSL）入りを目指して那須町内の別荘地・那須ハイランドを拠点にチームを立ち上げた。同年、県社会人リーグに参戦すると、3年後には日本リーグの入れ替え戦に勝利し、創部から3年8カ月という早さでトップリーグに上り詰めた。

72年のJSL1年目にはブラジルからセルジオ越後《えちご》らを獲得するなど、チームは南米色を強め国内サッカー界の大きな台風の目となったが、75年にチームは親会社・フジタ工業に転籍し、翌年から拠点を東京に移した。練習場を神奈川県平塚市内に設けたことで、90年代にベルマーレ平塚となり、現在は湘南ベルマーレとしてJリーグを戦っている。

1951年の全国高校選手権大会を制した宇都宮高の選手たち。
前列右から吉沢、小宮、筧、池田、糸井。後列は右から岩渕主将、和田、小野、小澤、飯塚、菊地＝兵庫県西宮市、西宮球技場

サッカー2

安藤、鮫島 世界の頂点に

1980年代に入ると、アルゼンチン代表のディエゴ・マラドーナの世界的活躍でサッカーがさらに浸透した。同時に子どもたちの間で漫画「キャプテン翼」が人気を集め競技人口も拡大。一気に日本でもメジャースポーツの仲間入りをすることになった。93年スタートのJリーグも開幕前から話題を集め、試合の派手な演出や応援も相まって爆発的人気となった。

80年代前半は、黒磯市（現那須塩原市）出身で矢板東高から早稲田大、日本リーグ・三菱重工と進んだ原博実《はらひろみ》が日本代表のエースストライカーとしてゴールを量産。後に原はJ1クラブの指導者を経て日本協会入り。強化担当の技術委員長、専務理事なども務めた。

2人の「手塚」

同時期には今市高出でフジタのFW手塚聡《てづかさとし》も8年間、日の丸を付け活躍。引退後もJ2群馬、岡山などの監督を歴任した。女子では河内町（現宇都宮市）出身の手塚《てづか》貴子《たかこ》が中学生で強豪・読売ベレーザに入団。15歳で日本代表に選出されると、その後は国内リーグ、国際試合でゴールを重ねた。手塚も原同様、指導者として経験を重ね、今年3月まで日本協会の要職に就いていた。

一方で86年は各種別が全国で大活躍した。全国高校選手権で宇都宮学園が3位、全国教員大会で栃木教員が3位、山梨国体で成年の部準優勝、少年の部3位で3度目の総合優勝を飾った。この時は成年を岩崎研一《いわさきけんいち》監督、少年を佐藤《さとう》有三《ゆうぞう》監督が鍛え上げた。

宇都宮学園は翌年の全国高校選手権でも勝ち進み、準々決勝では室蘭大谷（北海道）と14－15のPK戦を演じた。この時のエース、粟野町（現鹿沼市）出身の長身FW黒崎久志《くろさきひさし》はJリーグ初期の鹿島で元ブラジル代表・ジーコの教えを受け、日本代表にまで上り詰めた。黒崎の1学年先輩で真岡市出身のDF小泉淳嗣《こいずみじゅんじ》も後に横浜Mに入団し、記念すべきJリーグ開幕試合のピッチに立っている。

原、代表から指導者の道

80年代後半はJリーグ創設の起点となる国内プロリーグ構想が加速した。本県でも静岡県浜松市の本田技研や、Jリーグ〝1期生〟の市原（現千葉）を誘致する動きがあったが、本田技研は会社がプロ化をしない方針を打ち出し、市原は同市に本拠地を構えたばかりで、そこからの本県移転は現実味を帯びなかった。サッカー関係者の熱い思いはあったが、市原が宇都宮市を準本拠地にするにとどまった。

90年に福岡国体の成年2部で大《おお》森崇由《もりたかよし》監督率いる本県チームが優勝。93年には全国高校総体（インターハイ）が本県で開催された。メイン会場は完成したばかりの県グリーンスタジアムで、第1代表の真岡は準々決勝で清水市商（静岡）の前に敗退。第2代表の矢板東は1回戦で那覇西（沖縄）に惜敗した。

90年代後半は2002年の日韓ワールドカップ（W杯）に向けて全国的に準備が加速した。本県も試合会場やキャンプ地の招致に宇都宮市や湯津上村（現大田原市）、今市市（現日光市）が動いたが成果は挙げられなかった。

2000年代に入ると、国体成年男子チームが03～05年で3連覇。08年には栃木SCが日本フットボールリーグ（JFL）で2位となり、09年、念願のJリーグ昇格を果たした。11年には女子日本代表が女子W杯ドイツ大会で世界一に。宇都宮市出身のFW安藤梢《あんどうこずえ》、河内町出身のDF鮫島彩《さめしまあや》も偉業の立役者となり、県内も大いに盛り上がった。

高校勢が活躍

近年は矢板中央の活躍が目覚ましい。全国高校選手権で09、17、19、20年と3位に入り、校名を全国区に押し上げた。さらに17年には全日本ユース（U－18）フットサルでも日本一に。佐野日大も16年に快進撃を見せ、全国高校選手権3位となっている。

このほか2010年代は新興カテゴリーでも名選手が誕生し、ビーチサッカーのFP磯裕章《いそひろあき》（東京ヴェルディBS）や女子フットサルのFP宮川亮子《みやかわりょうこ》、GK山下美幸《やましたみゆき》（いずれもアマレーロ峰FC）らが日本代表として世界と戦った。

現在は真岡市出身の上野優作《うえのゆうさく》が男子日本代表コーチとして、11月に行われるW杯カタール大会に向けてチーム強化に当たっている。戦後間もなくから岩原克彦《いわはらかつひこ》らの手で強化されてきた日立栃木は、栃木シティFCと名称を変えJリーグ入りを目指して関東リーグに参戦中だ。

女子W杯で初優勝を飾り、仲間と共に喜ぶFW安藤（左から4人目）ら＝2011年6月17日、フランクフルト

テニス

70年代、全日本選手輩出

テニスは、大正から昭和初期にかけて国内で普及が進んだ。当時、輸入に頼っていたボールなどは高価で簡単には手に入らず、ゴム製の球を使った日本独自の軟式テニスが先行して広まった。

本県でも1950年代前半まで軟式が主流で、テニスは取り残されていた。宇都宮市や足利市で愛好家が個人的にプレーする程度だった。

66年に県協会

活発化したのは、50年代後半。宇都宮大や宇都宮市内のプレーヤーが同好会「宇都宮クラブ」を発足。クラブの代表だった木《き》村《むら》和《かず》正《まさ》（行政監察局）が中心となり、66年に県協会を立ち上げた。

県内のランキング制度などを確立し、67年に第1回の県選手権を県総合運動公園で開催。普及も加速し、中央から講師を招いて県内各地で教室を開き、競技人口も年々増えていった。

70年代になると、日本人選手が国別対抗戦「デビスカップ」やウィンブルドン選手権で活躍。本県にも「テニスブーム」が到来した。県協会の登録団体数は150団体、3400人に上り、愛好家という範囲に広げれば競技人口は1万人以上に及んだとされる。

本県の競技力は成長途中だったが各地区大会を勝ち抜き、全日本選手権に出場する選手も生まれた。鈴木《すずき》照海《てるみ》（東京海上）は72、73年と軽井沢国際トーナメントの一般男子シングルスで2連覇。74年の全日本はシングルスでベスト16に入った。小井土《こいど》滋章《しげあき》（グリーンウッド）は、76年に東北選手権の一般男子シングルスで準優勝し、同年の全日本のコートに立った。

80年7月には、協会本部が置かれた「宇都宮グリーンテニスクラブ」（現サトウグリーンテニスクラブ）がオープンするなど、県内各地で会員制クラブが開業し、盛り上がりを見せた。

同年には栃の葉国体も開催。それまでの県勢の足跡を振り返ると、74年茨城国体で少年男子の平《ひら》野《の》・吉原《よしはら》組（今市工高）がベスト8、76年佐賀国体で成年男子の木村、小井土、佐藤《さとう》政雄《まさお》（新日本医科器機工業）、生井《なまい》幹夫《みきお》（宇都宮グリーン）らがベスト16と目立った成績を残せていなかった。

平成以降私立高台頭 足工大付高・安が全国V

栃の葉国体少年男子2回戦で秋田の選手と戦う手塚（今工高）＝1980年、小山市

全国で存在感

高校生世代に注目すると、男子は今市工高や宇都宮工高、女子は粟野高（現鹿沼南高）、宇都宮中央女高といった公立校が本県をリードしていた。75年には菊地《きくち》恵《え》美子《みこ》（宇都宮中央女高）が関東選手権で3位入賞。本県女子で初めて関東ランキングに入り、存在感を示した。

公立校が力を発揮していた昭和から平成になると、私立校が全盛の時代に移っていく。全国総体（インターハイ）県予選の団体は、男子の佐野日大高が93～2000年まで8連覇。その後、01年に足利工大付高（現足利大付高）が王座を奪うと、現在まで20大会連続優勝を遂げている。女子は作新学院が12年に宇都宮海星女高に敗れるまで17連覇しており、現在まで24度の優勝を誇る。

特にインターハイで目覚ましい活躍を見せているのが、男子の足利工大付高だ。01年の酒井《さかい》祐樹《ゆうき》が3位入賞すると、02年はシングルスで韓国人留学生の安栽成《アンジェソン》が県勢初の決勝進出を果たし、頂点に立った。さらにダブルスでは安・中野《なかの》純平《じゅんぺい》組が準優勝。これまで伸び悩んでいた本県にとって飛躍的な成果を残した。

最近では19年に横田《よこた》大夢《ひろむ》・飯田《いいだ》翔《しょう》組が17年ぶりに決勝へ進み、準優勝している。飯田は18年に関東ジュニア選手権の16歳以下シングルスで県勢初の栄冠も手にしている。

現在プロとして活動する文星芸大付高出の柚木《ゆずき》武《たける》は法大4年時の20年に、全日本学生選手権（インカレ）男子ダブルスで優勝を飾っている。

22年には栃木国体が控えるが、柚木のほか成年男子は川橋《かわはし》勇太《ゆうた》、成年女子は今西《いまにし》美晴《みはる》、森崎《もりさき》可南子《かなこ》が顔をそろえる。県スポーツ専門員の3人は日本ランキング上位。リハーサルを兼ねた21年7月の全日本都市対抗大会では、このメンバーを擁した宇都宮市が初の準優勝を果たした。

少年男子では16歳以下のデビスカップ日本代表の本田《ほんだ》尚也《なおや》（文星芸大付高）もおり、強力な布陣となっている。

ボート

黒崎、戸田幸、蔵田が五輪に

県勢、進学先で才能開花

ボートレースの発祥は8世紀から10世紀にかけて、北欧の海辺を荒らしたバイキングたちの腕試しに起源があると言われている。競技として最初に行われたのは1716年の英国で、ロンドン橋―ケルセー間4マイル（約6400メートル）のレースが近代的なボート競技の夜明けだった。

日本におけるレースは1869年、横浜で寄港中の英国軍艦の乗組員と在留外国人が競ったのが始まりとされ、日本人によるレースは83年6月、大学南校（現東京大）と東京師範（現筑波大）の付属体操伝習所が4人こぎ艇を用いて隅田川で対抗戦を行ったのが初めてとされる。

これをきっかけに東京の学生の間で熱が高まり、1890年代から1910年代にかけては「アマチュアスポーツの華」とされた。戦前の大日本体育協会（日本スポーツ協会の前身）でも創設から中枢的な役割を果たした。

借用の1艇から

しかし、本県のボート界は施設不足から長い間、「未普及競技」となっていた。県内の高校にも部活動がなく、本県の若者は県外の大学に進学してからオールを手にする者がほとんど。こうしたことから組織づくりは遅れ、県協会が県体協に加盟したのは76年。会長に川上《かわかみ》稔《みのる》（川上病院長）が就き、一橋大から借用したナックルフォア1艇から本県の歴史がスタートした。

地元での競技振興は遅れたが、大学ボート界では戦前から本県出身者が活躍していた。59年から4期知事を務めた宇都宮市出身の横《よこ》川《かわ》信夫《のぶお》は東京帝国大（現東京大）時代にエイトの選手として、恵まれた体格を生かしバイタリティーあふれるオールさばきを見せていた。

60年代には全日本選手権2連覇、早慶レガッタ3連勝をマークした早稲田大のエイトに佐野高出の恩田《おんだ》宏三《こうぞう》がいた。当時、エイトで6分（2000メートル）を切る記録は偉業とされた。東北大が国内チームで唯一クリアしていて、そこには石橋高出の大沼栄助が名を連ねていた。女子は山口《やまぐち》晴《はる》代《よ》が慶応大のナックルフォアのこぎ手として名声を集めた。

64年の東京五輪には、県勢として同競技に初めて宇都宮高出の黒《くろ》崎《さき》紀正《のりまさ》が出場した。東京医科歯科大の中心選手だった黒崎は舵《かじ》なしペアで僚友の向後《こうご》隆男《たかお》と組んで世界の強豪に挑んだ。さらに76年には栃木高出の戸田《とだ》幸雄《さちお》（都立大）がモントリオール五輪に出ている。

80年代前後に注目されたのは東京大のエイトのクルーだ。宇都宮高出身の須藤武幸が監督を務め、9人のクルーのうち3人が本県出身と"栃木色"が強い構成だったが、栃の葉国体には全日本選手権の関係で出場できなかった。

79年にユーゴスラビアで開かれた世界選手権には軽量級エイトの部に一橋大が出場。この時、主将を務めていたのが大田原高出身の油谷隆で同大の全盛期を築いた。83年のユニバーシアードミラノ大会には足利高出の塚本《つかもと》孝史《たかし》（東北大）がエイトの日本代表として出場している。

13年に国体初V

競技人口は決して多くはないが、大学で花開く本県選手は90年代も続いた。佐野高から中央大、NTT東日本と進んだ蔵田《くらた》和彦《かずひこ》は社会人1年目に日本代表入りし、96年のアトランタ五輪に舵なしペアで出場した。

2000年代に入っても大学生の活躍は続く。02年には佐野高出の戸田《とだ》圭一《けいいち》（中央大）が男子エイト、07年には藤岡高出の木《き》村稔《むらみのる》（富山国際大）が男子ダブルスカルで全日本大学選手権（インカレ）を制した。

13年の東京国体では佐野女高出、成年女子シングルスカルの木《き》村美子《むらよしこ》（法政大）が県勢史上初の国体優勝。20年には佐野高出の村《むら》野滉太郎《のこうたろう》が仙台大のインカレ男子エイト初優勝に貢献した。

これらの競技振興には県協会草創期に、私費を投じ旗振り役を担った山口《やまぐち》武夫《たけお》現会長や橋鴻信《はしこうしん》前強化部長の功績が大きい。高校部活動では塚本、古谷《ふるや》恭浩《やすひろ》、増田《ますだ》哲《さとし》、戸田圭各教諭の選手育成がここまでのボート文化を支えてきた。

22年の国体では村野を中心とした成年チーム、タレント発掘・育成事業「とちぎ未来アスリートプロジェクト」の1期生で、女子シングルスカルで全国区の活躍を見せる宇都宮市出身の飯塚《いいづか》百合子《ゆりこ》（東京・成立学園高）らが本県代表として出場予定。「栃の葉」からパワーアップした本県ボート界の活躍が期待される。

アトランタ五輪に男子舵なしペアで出場した佐野高出の蔵田（右）。同競技で県勢3人目となる五輪出場だった＝1996年8月、米国ジョージア州ラニー湖

ホッケー

今市に根付き なお発展

「栃の葉」契機、お家芸に

ホッケーの発祥は19世紀半ば、英国のクリケット選手たちが試合のできない冬場に始めたのが礎となった。国内に伝わったのは1906年。慶大で英国人牧師ウィリアム・T・グレーが有志を集めて、チームをつくったのが始まりと言われている。

本県での普及のきっかけとなったのは80年の「栃の葉国体」だ。競技に適した広いグラウンドがあったことから、70年に国体誘致のため県の要請を受け佐野日大高がホッケー部を創設。これを契機に71年には今市高、今市工高が後に続いた。各校とも選手、指導者、環境など全てが一からのスタートだった。

72年には県協会が発足。旧今市市や大沢地区体育協会なども協力を惜しまず、関係者らがスティック片手に地域へ普及活動を行うなど誘致も本格化した。同年、一体となった誘致活動は奏功し、国体の競技会場は今市青少年スポーツセンターに決まった。

国体へ強化

ここからホッケーが「お家芸」となる道のりが始まる。高校は県協会の働き掛けで他県から指導者を招くなど本腰を入れた強化がスタート。72年に男子が佐野日大高、女子は今市高が全国総体初出場を果たし、発展への一歩を踏み出した。以降は今市高が着実に実力を伸ばし78年、男女とも長野国体の少年に初出場した。

一方で成年男女は強化の明確な方針が定まらず停滞が続いていた。

男子は75年、大沢青年団が県内初のホッケーチームを創設。翌年に国体関東予選へ出場するが、初戦で神奈川に0－14で敗北し厳しい船出となった。しかし今市高、今市工高の主力選手らが卒業しチームに加わると徐々に全国レベルへと成長。79年には全日本実業団選手権、宮崎国体に初出場し3位入賞した。

女子は競技者不足で出遅れた。県協会はこの状況を打開しようと、市内に工場があった製薬会社・日本グラクソに実業団チーム結成を依頼。熱心なオファーが結実し協力を取り付けると、全国から部員を募り76年にチームが発足した。これが現在のグラクソ・スミスクライン（GSK）の前身になる。その後、グラクソは日本リーグにも参入し、五輪代表選手を多く輩出するなど長年競技をけん引している。

さらに今市高OGなど県内選手も加入。男子が出場できなかった78年の長野国体出場を決めたほか、全日本実業団選手権で3連覇を果たすなど、国体4種別で最も発足が遅かったが、いち早く結果を出した。

そして迎えた栃の葉国体。成年男子4位、同女子優勝、少年男子準優勝、同女子3位と輝かしい成績を挙げ初の総合優勝を勝ち取った。まいた種が花開いた瞬間だった。その後は、90年の福岡、2019年の茨城と3度の総合優勝。直近20年間の国体では、本県の総得点のうち10％以上をホッケーが占めるなど貢献度の高さが際立っている。国体を契機に地域とスポーツが結び付いた「成功例」の一つと言えよう。

五輪選手も

国体成年男子の主力選手が多く在籍していた今市市役所は全日本実業団選手権で12年連続の4強入りを果たすなど、国体後も発展の歩みを止めなかった。1995年には県内有力選手を集めた栃木クラブが発足。参入した東日本社会人リーグは2012～14年まで3連覇を成し遂げ確固たる強さを誇った。

15年には最高峰の日本リーグへの挑戦を目指してリーベ栃木を結成。17年に1部へ昇格すると、21年には創部7年目で悲願の日本一を達成した。国体は17年の愛媛国体の成年男子で初優勝、19年の茨城国体も制するなど近年も着実な活躍を見せている。

五輪の舞台で活躍した選手も数多い。GSKは04年アテネ大会から5大会連続で代表選手を輩出。東京五輪にはDF狐塚美樹《こづかみき》が選ばれた。男子は13大会ぶりの出場となりリーベ栃木からDF大橋雅貴《おおはしまさき》、DF霧下義貴《きりしたよしき》、MF落合大将《おちあいひろまさ》、FW村田和麻《むらたかずま》の各選手が選ばれ、男女で県勢5人選出は過去最多となった。

「一過性で終わらせない」と競技関係者が長期的な取り組みを続けてきたからこそ好循環が生まれている。2022年の栃木国体で4度目の総合優勝を達成すべく、選手たちは燃えている。

栃の葉国体の少年男子・北海道戦で熱戦を繰り広げる本県チーム。準優勝を収め競技別の総合優勝に貢献した
＝1980年10月15日、今市青少年スポーツセンター

ボクシング

作新高中心に切磋琢磨

日本へのボクシング導入と本県に深いつながりがあることは、あまり知られていない。

スタートは大正末期。十数年の米国行脚で競技を学んだ矢板市出身の渡辺《わたなべ》勇《ゆう》次《じ》郎《ろう》が、東京都に日本初のボクシングジム「日本拳闘倶《く》楽《ら》部《ぶ》」を開設させたことが始まりとされている。渡辺は1928年のアムステルダム五輪で日本代表の監督も務め、「日本ボクシングの父」とまで言われた人物だった。戦後には地方にも急速に普及。東京国体のあった50年に県アマチュアボクシング連盟が設立され、初代会長に植竹春彦、理事長に村山太一郎が就いた。

この頃、県内には栃木、真岡、宇都宮工、作新学院高などに相次いでボクシング部が誕生。東京国体での試合が本県初の対外公式戦であったと言われる。49年の愛知国体には6階級に7人が出場。その中でも下野中（現作新学院高）から専修大に進んだ山口猛《やまぐちたけし》は本県初のプロボクサーとなった。

土俵にリング

創生期の県内にはリングがなく、県総合運動場の相撲場に木製の特設リングを組み立てて大会を行っていた。ただ、その環境下でも県勢は着実に力を伸ばしていった。53年の四国国体では名門・立教大で主将も務めた松倉敬明《まつくらけいめい》、宇都宮大の永嶋幹雄《ながしまみきお》らの一般チームが初の準々決勝進出と躍進。特に永嶋と、この時に高校チームで出場した設楽潮《しだらうしお》（作新学院高）は後に後進の指導や競技普及にも尽力し、本県のレベルが引き上がる流れをつくった。

57年には、千葉市で行われた全日本高校選手権大会でフェザー級のテクニシャン・松原功雄《まつばらいさお》（作新学院）が優勝。本県初の高校チャンピオン誕生に関係者は沸いた。作新学院高は県連盟理事長も務めた羽石盈《はねいしみつる》が、競技経験はないながら監督として他県強豪と関係を構築。名門・東京中央商と定期戦を組むなどし力を蓄え、沖縄の学校も遠征に訪れるようになった。しばらくして、後の世界チャンピオン具志堅用高《ぐしけんようこう》も同校で強化試合を行ったことがある。また、羽石と共に、自衛官を務めながら技術指導にあたった設楽の存在も県勢のレベルを引き上げる大きな要因だった。

58年の富山国体では旋風を巻き起こす。作新学院単独の高校チームが3位決定戦で大阪を破って本県初の上位入賞。一般の健闘も光り本県選手団の天皇杯総合5位入賞に貢献。宇都宮駅から盛況なパレードが催された。高校、一般でともに準優勝となった59年の東京国体では初の総合優勝。「ボクシング栃木」の名をほしいままにする黄金期が始まった。

50年代末から黄金期

61年からは全国高校総体（インターハイ）に団体戦が採用され、64年には作新学院が前回大会の決勝で敗れた宿敵・習志野（千葉）を下し悲願の初優勝を達成。65年にはインターハイのフェザー級を制し、東京五輪の外国人コーチから「東洋のカモシカ」と称された杉山泉《すぎやまいずみ》（作新学院）、日本大に進んだ後に全日本王者となる新井陽《あらいあきら》（足利学園＝現白鷗大足利高）らを擁した高校チームが岐阜国体で初優勝を飾った。

栃の葉国体へ向け強化を推進した成果が表れた74年、福岡県で行われたインターハイでは作新学院の佐藤幸三《さとうこうぞう》がフライ級、ライトウエルター級を足利工の亀田昭雄《かめだあきお》が制すなどした。学校対抗では作新学院が10年ぶり2度目の優勝、足利工が4位となる大躍進。都道府県対抗でも本県が優勝し実力の高さを見せた。亀田は中央大進学後にプロ転向し、世界王座にあと一歩のところまで迫る活躍を見せた。

栃の葉国体で成年チームをけん引したライトウエルター級の青木政明（日大）＝1980年10月

有力選手次々

その後の本県は那須農高（現那須拓陽高）、那須工高（現那須清峰高）などにもボクシング部が設立され競技底辺を広げた。80年代以降は選手としても活躍した川島《かわしま》八郎《はちろう》らが作新学院高の指揮を執り、実力選手を次々と輩出した。平成に入ってから同校はインターハイの学校対抗で5度の優勝を誇るなど名門の地位を維持。97年には2階級で王者を生んだ小山高が3位に食い込んだ。

2000年代以降は以前ほどの勢いはなくなったものの、作新学院高出身の吉野修一郎《よしのしゅういちろう》や、白鷗大足利高出身の近藤明広《こんどうあきひろ》らがプロとなってタイトルを獲得するなど活躍。20年に作新学院でインターハイのフライ級を制した平塚駿之介《ひらつかしゅんのすけ》（駒澤大）も楽しみな存在だ。女子は宇都宮文星女高出身の箕輪綾《みのわあや》子《こ》が16年のリオ五輪出場の有力候補となった。プロ転向後は「チャオズ箕輪」のリングネームで活躍し、本県女子ボクシング界をけん引している。

バレーボール

日紡足利が国内女王

県内のバレーボールは他のスポーツ同様、戦前に旧制中学校、師範学校の教師が中心となって行われた。大正時代には宇都宮高等女学校（現宇都宮女高）などで生徒と先生が一緒に楽しんだという。１９３６年に県女子中等学校体育連盟が結成されると、同年11月7日に11校が参加して第1回連盟大会籠排球部を開催。那須実科高等女学校（現大田原女高）が優勝した。

30年、県体育協会の中にバスケットボールと一緒になった籠排球部が組織され、31年9月に第1回県下大会が男子15チーム、女子20チームが参加して栃木女子師範学校の校庭で開催。しかし戦時色が強まるにつれて武道が盛んになり、アメリカ発祥のバレーボールは徐々に下火となった。

戦後を迎え46年、県籠排球協会を設立。同年に県学校体育連盟の専門部の一つとして排球部も発足した。49年に競技人口の増加に伴い、単独の団体として県バレーボール協会が誕生した。当時の活動は屋外が中心。公式大会は県総合グラウンドの屋外コートで行われ、雨天時は宇都宮女高体育館で実施していた。当時は天候の判断が難しく、小雨の中でも素足でプレーしたという。

大松氏も指導

学校中心から徐々に社会人の活動も盛んになり、県内の中心となったのが日紡足利だ。会社が強化に本腰を入れ、日紡グループの名指導者で後の東京五輪女子日本代表監督・大松博文《だいまつひろふみ》が何度も足を運びチームを鍛錬。大松の新婚旅行もこの足利での指導だったという。

日紡足利は51年に全国実業団選手権で初優勝。翌年は同選手権に加え全日本総合選手権女子大会、全日本男女選抜大会と全国3大タイトルを制する偉業を成し遂げた。

53年に全日本実業団選手権3連覇。全日本男女選抜大会も連覇を果たした。しかし翌年、会社の方針により日紡貝塚での強化に切り替え、選手の多くは貝塚へ異動か退社。翌年にチーム解散となった。

日紡貝塚は64年東京五輪で大松が監督として率いて金メダルに輝いた「東洋の魔女」の中心となり、日紡足利でもプレーした栃木女子高出身の半田百合子《はんだゆりこ》、河西昌枝《かさいまさえ》が活躍した。

世界大会誘致、普及に熱

60年前後に競技ルールの改正が進み、61年に県内で初めて6人制の大会が開催。ルール変更は混乱を招き、選手、審判員とも懸命に新ルールに対応した。「ママさんバレー」も県内で普及が進み、77年に県家庭婦人バレーボール連盟が設立。現在も県協会の傘下団体として活動を続けている。

80年の栃の葉国体開催へ向けて、協会組織の強化を図るため大規模大会を誘致。76年に日本、ソ連、キューバ、カナダが参加した「世界女子バレーボールリーグ宇都宮大会」が県体育館で開催された。世界が冷戦時代だった時期もあり、公安調査庁や県警の協力を得て行われた。県警は爆発物処理班を派遣。大会当日は役員を含め全員を会場の外に出し、異常がないことを確認してから観客らを入場させた。翌年にはワールドカップ女子も行われた。

日本リーグも宇都宮、足利、鹿沼などで開催され、近年もVリーグの熱戦を誘致している。79年には県小学生バレーボール連盟が設立され、普及活動は小中学生の底辺拡大を中心に展開。後の足利工大付高や國學院栃木などの躍進につながった。

多くの功労者

県内チームを躍進させた功労者の存在も忘れてはいけない。森嶋《もりしま》昭夫《あきお》氏は78年、宇都宮女商高を率い全国高校総体優勝。刑部《おさかべ》昱《あきら》氏は真岡中女子部監督として81年全国中学選手権を制覇。足利工大付高男子を率いた久次清司《ひさつぐせいじ》監督は89年の春高バレーで初めて全国の頂点に立った。さらに地元開催だった93年全国高校総体と同年の東四国国体で福田均《ふくだひとし》監督の國學院栃木女子が初優勝を果たした。

今秋に控える「いちご一会とちぎ国体」は新型コロナウイルスとの戦いもあるが、県協会の組織および運営のさらなる充実を図り、県民と共に栃木のバレーボールを盛り上げていきたい。

栃の葉国体のバレーボール少年女子準決勝でスパイクを決める本県チームの沼尾＝1980年10月15日、旧田沼町の田沼高体育館

体操

五十嵐 初出場で五輪「金」

高校総体個人総合 谷田（作新）県勢初V

体操の起源はドイツと言われ、日本では1878年に来日した米国のソーランドが徒手体操、器械体操などを指導したのが始まりとされている。

本県の芽生えは明治中期ごろ。県の初代体育主事として大分県から転任してきた川口武文によって広められた。川口は教師を中心に指導したが、女性が鉄棒などをやるのは論外という風潮の中、女性教諭にも跳び箱に挑戦させる熱心さで取り組んだ。

川口とともに普及に尽力したのが今井忠太郎。栃木師範（現宇都宮大）に教授として赴任し、器械運動指導などを推進。小学校教諭を集めては講習会を開催した。1931年には県内初の競技会が、栃木師範で開かれたスポーツ大会の合間の時間に行われた。

同年10月には県体育協会主催で第1回県中学校器械体操競技大会兼第6回明治神宮大会県予選が開かれ、10校70人余りが参加。この大会に出場した大浦登《おおうらのぼる》、岩崎大二《いわさきだいじ》（ともに栃木師範）らは全国レベルで学んだ技を宇都宮工業学校（現宇都宮工高）の選手に伝授し下地をつくった。

33年の明治神宮大会兼全日本中学校選手権ではA級に出場した岩崎が奮戦。規定演技による予選で3位となり、自由演技でも頑張りを見せ、個人総合5位。35年は全日本中学東西対抗大会東日本予選で飯村武《いいむらたけし》（栃木師範）が3位となり、東日本大会では個人総合優勝。「体操トチギ」の名を高めた。

37年の県内は宇都宮工が団体1、2部を制覇。中学男子1部個人も北條博が優勝と多くのタイトルを奪取。勢力図を栃木師範から宇都宮工へ塗り替えた。同年の明治神宮大会は1部個人で永見清が4位、北條が6位。2部団体で準優勝。同校は県内外大会で結果を残し、活況を見せた。

戦後、運動クラブが各校に復活したのは46年春。同年秋には第1回国体が開催され、本県から3選手が出場した。同年12月には「日本体操協会栃木県支部」が発足。この組織が翌年に県体操協会に改称され、新たな一歩を踏み出した。

平行棒に苦慮

47年の県選手権兼第2回国体県予選では烏山高が宇都宮工高を破り団体優勝、新風を吹き込んだ。この年から種目は鉄棒、跳び箱、徒手、平行棒に。新種目の平行棒は器具が宇都宮工にしかなく、他校は竹の棒を2本横にし、結んで練習するなど、導入に際しては多くの苦労談が残っている。48年の福岡国体では特殊種目のクライミンググループで一般の五月女兵吾《さおとめひょうご》（県教委）が優勝した。

戦後の本県体操界の中心は高校、中学世代で中央の大学に進んだOBが暇を見ては帰県し各校で熱心に指導。インターハイでは烏山が55年の新潟大会で4位入賞を飾るなど県内で1強体制を築いたが、60年の県高校総体では烏山を作新学院が破り、真岡、足利学園（現白鷗大足利）、國學院栃木などを交えた群雄割拠の時代に突入。女子は烏山女、作新学院などが関東大会などで実績を残した。

県体育館が完成した65年以降は、東京五輪の使用器具が持ち込まれるなど環境が充実。男子では烏山高出身で明大、河合楽器と名門で活躍した川俣吉男《かわまたよしお》、河合楽器で監督も務めた柳善二郎《やなぎぜんじろう》（烏山高－明大）、女子ではヘルシンキ五輪の代表候補となった佐藤和子（烏山女高－東京女短大）、霜村道子（栃木女高－日体大）ら有力選手が登場した。

1976年のモントリオール五輪には五十嵐久人《いがらしひさと》（作新学院高－日本大）が県勢として初めて出場。

モントリオール五輪で優勝した体操男子団体の日本チーム。左から3人目が五十嵐久人
＝1976年、カナダ

団体総合優勝の栄冠をつかみ取った。81年には金居俊郎《かないとしろう》（足利学園高－日本大）が世界選手権の団体総合2位に貢献した。

目引く指導力

80年の栃の葉国体以降は、本県から連続して全国区の選手が生まれることが少なくなった。2000年代に入ると部活動でのけがなどが取り沙汰され、中学年代までの活動が縮小。部活動から地域クラブへ活動の場が急速に移行した。

その状況下で、04年には陽西中の谷田部光《やたべひかる》（鹿沼高－日体大）が全国中学大会で個人総合優勝。佐藤亜希穂《さとうあきほ》（作新学院高－日体大）は大学2年時のアジア大会女子団体で銅メダル獲得に貢献した。

本県に再び光明が差し始めたのが近年。18年の福井国体で福井県の成年男子を指揮し、優勝に導いた谷田治樹《たにだはるき》氏が指導拠点を作新学院高へ移し、有力選手が続々と入学。息子の雅治《まさはる》は今夏のインターハイで県勢初の個人総合優勝を飾り、同校は団体でも県勢最高位の2位。さらに女子の宇都宮短大付も団体で学校史上初の8位に食い込む健闘を見せ、秋の栃木国体へ弾みをつける結果を残した。

バスケットボール

生井 世界選手権でMVP

バスケットボールは英国生まれのいくつかのスポーツを基に米国で生まれたスポーツである。1891年、米国の国際YMCA（キリスト教青年会）の体育教官だったジェームズ・ネイスミスによって考案された。当時は学生の冬季屋内スポーツへの意識が低かったため、フットボールなどの要素を取り入れた新競技で活性化させたい狙いがあったという。

日本には1908年に米国のYMCA訓練校を卒業した大森兵蔵《おおもりひょうぞう》によって紹介された。大森は都内のYMCAや女子大で競技を広め、大森の死後は、来日したYMCA体育主事のF・H・ブラウンの尽力で全国へと普及していった。

そのスピードは速く、17年には極東大会に男子日本代表を送り込み、24年には国体の前身・明治神宮大会の正式種目ともなった。30年に日本協会が設立。その6年後のベルリン五輪から五輪の正式種目となり、男子の日本代表も出場した。

素足でプレー

一方、本県で初めて競技が行われたのが27年のこと。同年11月に県下籠球大会が開催され、栃木師範（現宇都宮大）、宇都宮中（現宇都宮高）、県商（現宇都宮商高）など23校が出場。しかしルールの理解が進んでいなかったため、選手たちは上半身裸、素足でプレー。審判の制止も聞かず乱闘も起こったという。35年には県選手権も始まり栃木師範が優勝した。

大戦の足音が近づくにつれ、バスケットボールは敵国の競技として禁止され、42年から終戦までは県内でも消えた。戦後、復活の第一歩が踏み出されたのは46年7月。第一高女（現宇都宮女高）で県協会設立委員会が開かれ「県籠排球協会」が結成された。

47年11月、宇都宮市に進駐した米軍司令官リード中佐らの指導により、下野新聞社主催で「県下中等学校大会」が開催された。この大会は学制改革とともに県下高校大会となり、現在は「県新人大会」として続けられている。

49年には競技人口の増加から県籠排球協会は籠球と排球に分かれて、それぞれに独立。ここで県バスケットボール協会が設立された。組織が強固となったことで競技力も急激に向上。宇都宮一女（現宇都宮女高）が47、48年の国体で3位に輝くと、栃木女高は50年の国体で3位に入り、52、61年には優勝。さらに全国高校総体は57、60年に日本一となり、"栃女時代"を築いた。

栃女、宇女商高全国制す

61年の全国高校総体では、推薦出場の栃木女と本県代表の宇都宮女商（現宇都宮文星女高）の県勢2校が全国制覇を懸けて決勝で激突。45－44で宇都宮女商が競り勝ち、覇権が移った。宇都宮女商は翌62年の同大会でも優勝。64、67年も頂点に上り詰め、60年代は全国屈指の強豪校として名をはせた。

一方、高校男子は53年に宇都宮商が中岡哲夫《なかおかてつお》指導の下、名シューター五月女久男《そうとめひさお》を擁して全国大会で準優勝。同年の四国国体でも女子の栃木女高と共に準優勝に輝いた。65年の関東大会で鹿野富司《しかのとみじ》、正夫《まさお》兄弟の活躍などで準優勝を飾ると、その冬の全日本選手権関東予選では一般チームを次々と撃破し、単独の高校チームとして史上初めて本大会へ駒を進めた。

50～60年代、本県の高校バスケットボール界は栄光に彩られた。しかしその後は苦戦が続き、80年代に全国高校選手権（ウインターカップ）で宇都宮女商が2度、2011年の全国高校総体で男子の宇都宮工が3位に入ったのが主だった成績となっている。

モントリオール五輪で身長162センチながら得点王に輝いた宇都宮女商高出身の生井けい子＝1976年、カナダ

プロ創設で熱

2007年、プロチーム・栃木ブレックス（現宇都宮ブレックス）が創設されると、本県で「観戦するスポーツ」としてもバスケットボールが認知されるようになった。白鷗大も強化に本腰を入れ始め、女子は単独チームで臨んだ13、16年の国体で成年女子優勝。同年は全日本大学選手権（インカレ）も制した。男子も21年に元ブレックスの網野友雄《あみのともお》が監督として率いて、インカレ初優勝を飾った。

最後に、本県からは世界的女子プレーヤーが2人生まれている。いずれも宇都宮女商高出の横山《よこやま》アサ子《こ》と生井《なまい》けい子だ。横山は1967年の世界選手権で日本人初のベスト5を受賞し、生井は75年の世界選手権でMVPと得点王に輝いた。さらに生井は翌年のカナダ・モントリオール五輪でも得点王となり、今も「史上最高の日本人女子選手」として語り継がれている。

レスリング

金子がメキシコ五輪金

足利中心に選手を強化

わが国のレスリング界で忘れられない人物は内藤克俊《ないとうかつとし》だ。広島県出身で台湾台北一中から鹿児島高等農林を経て、1920年に米国留学。柔道3段だった内藤は、現地のローカル大学リーグでレスリング選手として活躍し、レスリング部のキャプテンとなった。

排日移民議案が議決された当時の米国で、日本人が大学スポーツ部のキャプテンに就いたのは異例中の異例。その名声を聞いた駐米大使が日本体育会に推薦し、24年のパリ五輪にレスリング選手として派遣、銅メダルを獲得した。この内藤の活躍を契機に国内のレスリング熱は高まり、32年に大日本アマチュアレスリング協会が設立された。

本県では52年にヘルシンキ五輪のバンタム級金メダリスト石井庄八《いしいしょうはち》を足利市の柳原小講堂に招き模範試合を行ったことで、レスリングの種がまかれた。企画したのは元県協会会長の内田元四郎《うちだもとしろう》だった。

この試合をきっかけに足利市ではクラブ結成の動きが活発になり、同年に川村末吉《かわむらすえきち》を中心に足利工高に同好会が誕生した。しかし柔道と違って、薄いウエア1枚で激しく戦う競技に対しては抵抗も大きく、普及には大きな壁が存在したという。

その中で54年の国体少年男子58キロ級で佐々木恭一《ささききょういち》（足利工高）が優勝し県内の定着が進んだ。同校を中心に本県のレスリングは輪を広げ、内田と元理事長の小林逸郎《こばやしいつろう》が普及発展に尽力。特に教員だった小林は厳しい指導で、メキシコ五輪金メダリストの金子正明《かねこまさあき》（足利工高－専修大－自衛隊）や現協会会長の大島大和《おおしまやまと》らを育て上げた。

序章は千葉

栃木の名を全国に響かせたのは80年の栃の葉国体だったが、序章となったのは73年の千葉国体だった。成年、少年とも有力選手がそろい期待通りの活躍を見せた。少年男子グレコローマン52キロ級で阿部哲夫《あべてつお》（足利工大付高）、同フリー75キロ級で谷津嘉章《やつよしあき》（同）が優勝。一般でもフリー100キロ級の疋田周二《ひきたしゅうじ》（杉浦整骨院）が2位に食い込むなど健闘。総合7位に入賞した。

さらに75年のブルガリアで開催されたジュニア世界選手権には大島が監督として参加。丸山末吉《まるやますえきち》（足利工大付高）がフリー52キロ級で優勝を飾った。

足利工大付高が悲願の全国総体（インターハイ）学校対抗で日本一に輝いたのは76年。岐南工高（岐阜）、山形南高（山形）、北越高（新潟）を撃破して決勝に。鹿児島商工高（鹿児島）を4－3の辛勝で下した。48キロ級石川利明《いしかわとしあき》、52キロ級元沢正樹《もとざわまさき》、56キロ級山田正則《やまだまさのり》、60キロ級大山堅二《おおやまけんじ》、65キロ級細谷安晴《ほそややすはる》、70キロ級荒川善咲《あらかわぜんさく》、70キロ以上級相沢伸彦《あいざわのぶひこ》の布陣だった。

そして翌年、大会史上19年ぶりの連覇を果たす。光星学院高（青森）との決勝は4－3でものにした。メンバーは48キロ級山田正則、52キロ級が元沢、56キロ級北詰英二《きたづめえいじ》、60キロ級山田悌雄《やまだやすお》、65キロ級が大山、70キロ級橋本一雄《はしもとかずお》、70キロ以上級宮内輝和《みやうちてるかず》だった。

個人が躍動

栃の葉以降は国体の総合優勝、インターハイの学校対抗優勝はない本県だが、個人は多くの大会で優勝選手を輩出している。81年のルーマニアで開催されたユニバーシアードフリー48キロ級で石川利明（足利工大付高教）が頂点。壬生高時代を中心に女子75キロ級で全日本選手権を5度制し、ロシアで開催された94年世界選手権で優勝した船越光子《ふなこしみつこ》、フィリピンで開催された95年アジアオセアニア選手権のフリー69キロ級優勝の新井《あらい》正道《まさみち》（足利工高教）、2003年アジアカデット選手権のグレコローマン76キロ級で優勝した斎川《さいかわ》哲克《のりかつ》（足利工高）など国際大会で輝いた選手も少なくない。

特にグレコローマンの斎川は国体で少年1度、成年7度の優勝という圧倒的強さを発揮。インドでの10年アジア選手権のグレコローマン84キロ級で2位にも輝いている。

インターハイは1992年の58キロ級粟田弘明《あわたひろあき》（足利工大付高）、93年の46キロ級楳沢智治《うめざわともはる》（同）、96年の54キロ級船越聡《ふなこしさとし》（同）らが頂点に立った。

国体は88年の少年フリー58キロ級山本康次《やまもとこうじ》（足工大付高）とグレコローマン63キロ級福田健治《ふくだけんじ》（同）、89年の少年グレコローマン68キロ級福田貴司《ふくだたかし》（同）、2004年の少年フリー50キロ級入江淳史《いりえあつし》（同）、17年の少年グレコローマン74キロ級田代英才《たしろひでとし》（同）らが日本一になっている。

栃の葉国体で大活躍を見せたレスリング勢。
左から三沢、谷津、川村、元沢、石川、柏瀬＝1980年10月14日、足工大体育館

重量挙げ

堀越親子と砂岡 五輪へ

80年代活況、名選手多く

国内の重量挙げのスタート地点は1934年。「日本スポーツ界の父」嘉納治五郎《かのうじごろう》がオーストリアからバーベルを持ち帰り、文部省体育研究所で始めたのがきっかけと言われている。その後は徐々に大会が開催されるようになったが太平洋戦争で中断。本格的な競技普及は47年、第2回金沢国体で重量挙げが採用されてからだ。

やや遅れて本県の歴史を動かしたのが五月女兵吾《さおとめひょうご》だ。群馬県重量挙げ協会創設者の大河原宇明吉に競技を勧められ体操選手から転向。古い鉄材を集めて作ったバーベルで技を研究し、50年の愛知、51年の広島国体に連続出場するなど力を付けた。

五月女は普及活動にも尽くし、50年に自身が中心となり県協会を発足。宇都宮工高で初の講習会を開かれ、さらに県営総合グラウンドのプールサイドで本県初の大会となる県選手権大会が開催された。石橋地区では往年の名選手渡《わた》辺正二《なべしょうじ》、俊春《としはる》兄弟が台頭。足利地区では渡辺繁《わたなべはん》らが足利高、見目武《けんもくたけ》雄《お》らが小山高にウエートリフティング部を創設し、多くの有力選手が生まれた本県高校年代の基盤を築いた。

全国頂点に

国体でも入賞者を輩出するようになり、全国の頂点に立つ選手も現れ始めた。54年に徳島県で開かれた第1回全国高校大会でフライ級を制したのは足利高の木暮茂《こぐれしげ》夫《お》。木暮は法大進学後、腰を痛め一時競技を断念したが不屈の精神で復活し、58年のアジア大会ではバンタム級でイランの五輪優勝選手を破り金メダル。60年ローマ五輪には本県初の重量挙げ日本代表として出場し4位入賞を果たし、「バンタムに木暮あり」の名をほしいままにした。

木暮の引退により本県重量挙げ界は沈みかけたが新たなスターはすぐに誕生。それが堀越武《ほりこしたけし》だった。競技開始は21歳と遅かったが中学卒業後に就職した昭和アルミで谷《や》田貝喜一《たがいきいち》に見いだされ、器械体操で鍛え上げた体幹を生かして頭角を現した。

70年の岩手国体ではフライ級でスナッチ100・5キロの世界記録を樹立し、76年モントリオール五輪にも出場。長年、国体の主力としても活躍した。堀越の人望で昭和アルミには多くの有力選手が集い、全日本社会人大会を96～2002年に7連覇した名門の下地を築いた。

指導を強化

堀越の登場以降、小菅富十郎《こすげとみじゅうろう》（小山城南高―日体大）、関正男《せきまさお》（小山高―昭和アルミ）らが台頭。1975年には小菅が指導者として小山高へ戻り、橋本利男《はしもととしお》、田口武《たぐちたけ》夫《お》と共に県勢の指導体制を強化していった。

特に高校年代ではこの頃、全国高校総体（インターハイ）県予選に100人超が参加するほどの活況。78、79年には小山高の砂岡良《いさおかりょう》治《じ》がインターハイのフライ級を連覇。国体の成績も目覚ましく堀越、砂岡を軸に有力選手をそろえた本県は78年の長野で初の競技別総合優勝を飾ると79年の宮崎、80年の栃木で3連覇を達成。81年滋賀は主力の関を盲腸で欠き連覇はならなかったが、82年の島根も制し強豪県としての地位を確立した。84年には砂岡がロサンゼルス五輪の82・5キロ級で銅メダルを獲得と、本県の黄金期を象徴するビッグニュースが相次いだ。

その後は堀越の息子典昭《のりあき》が92年のバルセロナ、アトランタ五輪に連続出場。県勢の五輪出場は典昭が最後となっている。110キロ超級で日本王者となりアジア大会でも活躍した青木延明《あおきのぶあき》（現小山南高教）はシドニー五輪の10番目の代表候補だったが、出場枠が9人に減り惜しくも大舞台に届かなかった。

2000年代以降は以前ほどの勢いはなくなったが楽しみなホープも出てきた。青木の指導を受けた堀越の孫山根大地《やまねだいち》は小山南高時代の2016年インターハイ69キロ級でスナッチ、ジャークを制し完全優勝。その後は日大を経て自衛隊体育学校へ進み実績を積んでいる。

女子は栃木翔南高出身で自衛隊体育学校の大塚優子《おおつかゆうこ》や県スポーツ専門員として県勢に加わった山村《やまむら》侑生《ゆい》が全国トップクラスの実力を誇る。高校年代は21年の全国高校選抜を制した小藤快勢《こふじかいせい》（小山高）と同年のインターハイ準優勝の塚《つか》田直人《だなおと》（小山南高）が新星として期待されている。

長年、第一線で県勢をけん引した堀越武。
集大成となった栃の葉国体では成年52キロ級で5位入賞を果たした

ハンドボール

足利高、栃女高 日本一に

欧州を発祥とするハンドボール。かつて国際大会ではドイツが起源の11人制、デンマークが起源の7人制が併催されていた。日本では1963年、7人制に統一されて現在に至る。

本県での始まりは戦後の46年。氏家高等女学校（現さくら清修高）で合宿をしていた東京高等師範（現筑波大）送球部による講習会がきっかけとなった。参加者の間で広まり、学校の授業にも取り入れられて浸透した。

高校の県大会も初めて開かれ、今市、大田原、栃木、氏家高等女学校、大田原高等女学校（現大田原女）、宇都宮高等女学校（現宇都宮女）が出場。47年には県協会が設立され初代会長に市川清、理事長に北山澄が就き、組織の基盤が固められた。

その後は石橋、足利女が力を付けていき、全国に先駆けたのが足利だった。チームを率いたのは渡《わた》辺繁《なべしげる》監督。50年、現在の全国高校総体（インターハイ）に当たる第1回全日本高校選手権決勝で地元の天王寺を4―3で下し、初代王者に輝いた。同年の第5回愛知国体では少年男子決勝で済々黌《せいせいこう》高（熊本）を3―2で破り、男女通じて県勢初優勝で2冠を果たした。

主役は女子に

足利に続いて足利工、烏山が台頭したが全国上位には届かず、代わって女子が主役となる。55年以降は細井《ほそい》操《みさお》監督が率いた栃木女が黄金時代を築いた。

県内試合で152連勝と無類の強さを誇り、インターハイに12回連続で出場。64年の第15回大会では決勝で城北（静岡）を6―3で下し、県勢女子初の優勝を飾った。67年には第22回埼玉国体を制覇。少年女子決勝では花巻南高（岩手）に4―3で競り勝った。

栃木女の「常勝」を止めたのが國學院栃木だった。71年からインターハイに4年連続で出場。栃木女は女王に返り咲いた79年のインターハイで2度目の優勝を飾った。

男子は、日本体大で名プレーヤーとして活躍した山下勝司《やましたかつし》監督が率いた國學院栃木の時代になる。68年のインターハイから5年連続でベスト8に入った。

教職員界の雄

社会人をみると、58年に県教員チームとして発足した「栃の葉クラブ」や足利工高ＯＢによる「ＡＯＫクラブ」、石橋高と宇都宮工高ＯＢによる「柿の実会」、自治医大など多くの団体が県内各地で活動していた。

日立栃木 栃の葉機に躍進

一般女子チームが少なかった状況で生まれたのが、実業団女子チームの日立栃木だった。73年、大平町（現栃木市）の旧日立製作所栃木工場内に結成。自治医大教授で全日本選手だった阿部《あべ》徳之《とくの》助《すけ》、同工場長だった桑名照雄《くわなてるお》が旗振り役となった。

日本リーグが始動した76年、女子8チームのうちの一つとして参入。関係者の期待を一身に背負ったが、数年間は主要大会での成績は振るわなかった。転機は80年。地元開催の栃の葉国体で初の日本一になると、84年の第36回全日本総合選手権でも優勝した。

栃の葉クラブは、81年の第24回全日本教職員大会で初優勝。日本リーグ所属の大阪イーグルス（大阪）の11連覇を阻み、その後は3連覇を果たすなど教職員界の雄として君臨した。女子教員チームも80年に初優勝を飾っている。

2000年代には日本代表選手も誕生した。下野市出身の岸川誉《きしがわひで》英《のり》（石橋中―國學院栃木高―早大）は実業団の大同特殊鋼（愛知）でプレー。代表に初選出された08年の北京、12年のロンドン五輪の最終予選などの国際大会で活躍した。

女子は野木町出身の永塚梓《ながつかあずさ》（野木中―栃木商高―日本体大）が18年、24歳以下の世界学生選手権に日本代表選手として出場し、初優勝に貢献。実業団の大阪ラヴィッツ（大阪）を経て、現在は母校の栃木商高で監督を務める。

現在は國學院栃木高1年の山口十《やまぐちじゅう》瑳《ざ》（大平南中出）が、22年8月の19歳以下のアジア選手権に向けた代表候補に選ばれている。身長192センチと日本人離れしたサイズを誇り、将来が嘱望された逸材だ。

近年は全国や実業団で活躍した選手らが指導者となり、若い世代の育成に力を注いでいる。今秋に迫る栃木国体。成年は男子の栃の葉クラブ、女子のオレンジクラブ、少年は男子の國學院栃木高、女子の栃木商高を中心とした選抜チームで臨み、栃の葉以来となる県勢優勝を目指す。

栃の葉国体成年女子で優勝を飾った日立栃木の選手、関係者たち＝1980年10月、栃木市総合体育館

自転車

栃の葉レガシー 今に脈々

世界最初のロード競技大会は1866年、ゴムタイヤの自転車でパリ発120キロで行われ、10時間45分で走破した記録が残っている。空気入り自転車の発明以前のことである。

日本に自転車が本格的に輸入されたのは明治10年（1877年）ごろ。当時は貴族や財閥の家庭の高級な遊び道具だった。1895年、横浜市内で行われた競走が最初の自転車競走とされる。98年、東京・上野不忍池畔で1マイル（約1.6キロ）、10マイルで行われたものも最初期の競技大会の一つだ。

本県では明治の終わりごろ、宇都宮・御本丸で開催されたのが最初の競走だったと伝わっている。ただ〝草競輪〟と呼ばれ、正式な距離競走ではなかった。

1934年、日本自転車競技連盟が創立され、アマチュア競技の普及が進められた。当時、自転車は交通の足。郵便、魚店、肉店など自転車を乗用していた職種に愛好者が増えた。37年には本県が日本連盟に加盟した。

当時はロードレースが中心だったが、次第にトラック競技も盛んになった。国体への県勢初出場は神山昭一《かみやましょういち》（宇都宮）と村野昌行《むらのまさゆき》（佐野）の2選手が参加した47年の第2回石川大会。県勢初入賞はこの翌年、福岡大会で1000メートル速度競走で豊田正久《とよだまさひさ》（宇都宮）が準優勝に輝いた。

51年にはインドで開かれた第1回アジア大会で佐藤武夫《さとうたけお》（宇都宮）が1000メートルスクラッチで優勝、180キロロードレースで3位と国際舞台での快挙を成し遂げた。

高校生が台頭

57年ごろから高校生の活躍が目立つようになり、58年富山国体では長谷川昇《はせがわのぼる》（宇都宮高）が500メートル速度競走を39秒0で初優勝。長谷川は翌年もスクラッチで勝ち、国体2連覇を飾っている。

施設面では50年3月に宇都宮競輪場が開場し、27日に第1回競輪が開催。ハード面の整備でトラック競技力を押し上げることも期待されたが、走力のある選手は競輪にプロ転向し、アマは一時期低迷した。

75年秋には県連盟の体制も強化され、実業団に加盟していた大島《おおしま》研一《けんいち》（北関東ナショナル自転車社長）を中心に県アマ連盟の強化、栃の葉国体に向けた準備に本格的に取り組んだ。

作新高 レジェンド神山ら輩出

高校部活動に目を向けると77年、今市工が本県で初めて自転車部を創部。作新学院も78年には愛好会として活動を開始し、87年に部活動になった。真岡工にも部活動ができた。

78年の長野国体では活動を始めて間もない作新学院高を中心に活躍。79年のインターハイでは作新学院高がイタリアンチームレースで全国制覇を成し遂げた。

同校は本県競輪選手の8割を輩出し、神山雄一郎《かみやまゆういちろう》はシドニー五輪にも出場。競輪選手最多勝利で54歳となった現在もS級で活躍するレジェンドである。

80年栃の葉国体後、85年の鳥取国体は快進撃。成年男子1キロTTの吉田茂《よしだしげる》（日大）、少年男子ポイントレースの神山（作新学院高）、同500メートル速度競争の福田匡史《ふくだまさし》（同）が優勝。初の競技別総合優勝を勝ち取った。

鳥取国体少年3万メートルポイントレースで優勝した神山雄一郎（左）＝1985年10月23日、倉吉自転車競技場

2000年代は10年千葉国体で少年スプリントを坂本将太郎《さかもとしょうたろう》（作新学院高）、19年茨城国体で成年ポイントレースを石原悠希《いしはらゆうき》（順天堂大）が制している。

国際レースも

ロードレースは1990年に日本で世界選手権が開催されることが、86年に決定。コース選定の過程で当時の宮城県JCF理事から「栃木国体のコースが素晴らしかった」という旨の発言があり、本県が候補地となった。

10カ所が立候補したが、林道を7億円かけて整備することを増山《ますやま》道保《みちほ》宇都宮市長がUCI（国際連合）のキャンベル氏に約束し、同市開催が決まった。

このレガシーを残そうと、92年に世界選手権を記念した「ジャパンカップ」が創設。2010年にはクリテリウムも始まり、2日間にわたり宇都宮市で海外チームを招いた国際レースが行われている。

ジャパンカップ創設を契機として本県内にプロロードレースチームをつくる機運も高まり、地域密着型プロチームとして08年に宇都宮ブリッツェンが、12年には那須ブラーゼンが発足した。

これら全ての流れが栃の葉国体に端を発しており、まさにレガシーとして今に受け継がれているといえる。

ソフトテニス

高校中心に競技力向上

ソフトテニスは1880年代に硬式テニスを土台にしてつくられた、日本発祥のスポーツ。当時高価だった硬式球をゴムボールで代用したことがきっかけで、明治末期から大正初期にかけて地方都市を中心に盛り上がりを見せた。

本県のソフトテニスの発祥は明らかではないが、1903年に宇都宮高等女学校（現宇都宮女高）が校内庭球大会を開催、22年に同校で県内初の対外試合も行われていた。また、同時期に宇都宮中（現宇都宮高）に庭球部が誕生し、活動を開始した。

本県における明治、大正時代のソフトテニスは中等学校偏重の傾向にあり、一般社会人を対象とした大会は少なく、新聞社やクラブの主催する県下中等学校大会が華やかに開催されていた。

本県ソフトテニス界の競技力は50年代前半から高校生を中心に向上した。51年に本県では初の開催となる第2回関東選手権が県営総合運動場（現県総合運動公園）で行われ、木嶋政雄・南方隆幸組（足利高）が2位に輝き、長沢啓江・平沢みち子組（栃木女高）が3位入賞を果たすなどした。

国体入賞契機に

52年の第7回国体で3位に入賞した高校女子の活躍は県内の女子選手に自信を与え、その後の関東選手権や全日本高校選手権で大勢の選手が好成績を収めた。

50年代後半に入っても高校勢の勢いは衰えを知らず、55年の全日本高校大会で梅沢・黒後組が8強、山崎・篠田組（いずれも宇都宮女）が3位に入賞。同年の国体でも高校女子が3位に輝いた。

一方で伸び悩んでいた社会人勢にも成長が見え始めた。60年に県連盟の会長に宮島豊《みやじまゆたか》が選出されると、事務局が宮島会長宅に移され、社会人勢の再建に期待が寄せられた。

それに応えるかのように、61年の関東選手権の壮年で田部井史郎・中野平八郎組（足利クラブ）が優勝。全日本教員1部で田部井・桜井組（足利高教）が2位、同2部で原田・久松組（月見ケ丘高＝現足利短大付・雀宮中教）が3位入賞などの活躍ぶりだった。

60年代後半からは栃の葉国体に向けた準備が着々と進んだ。国体会場となった黒磯市（現那須塩原市）にテニスコート12面が完成。選手強化を開始した72年の関東高校大会では女子団体で宇都宮中央女が3位、全国高校大会で渡辺栄《わたなべえい》憲《のり》・和気《わき》寛《ひろし》組（矢板東）が3位入賞を果たした。

70〜80年代、好成績相次ぐ

栃の葉国体少年男子1回戦の栃木ー新潟戦は雨天のため屋内に会場を移すことに。熱戦を展開する本県の石井祐一・相澤久之組
＝1980年10月13日、黒磯市勤労者体育センター

県連盟事務所を75年に新設。事務の能率化を図り、また、指導者や審判員の育成、選手強化に力を入れた。成果が表れ、70年代から80年代にかけて、県勢は目覚ましい活躍を見せた。75年の全国高校大会では月見ケ丘が8強に進出、第30回国体で少年男子が4強入りの大健闘を見せた。

栃の葉国体前年の第34回国体では、少年女子、成年男子が3位の好成績。男女総合でも4位入賞を果たすなど、70年代後半の県勢の活躍は、国体を間近に控える本県を活気づけた。

80年の栃の葉国体は黒磯市で4日間にわたって熱戦が繰り広げられた。少年男子が決勝で2－1と静岡に競り勝ち見事優勝。成年男子はベスト16で涙をのんだが、少年、成年女子がベスト8入りを果たし、天皇杯2位に貢献した。

国体の翌年も本県選手の活躍は続き、県総合運動公園で行われた全国高校総体（インターハイ）で松浦康子《まつうらやすこ》・石川弘美《いしかわひろみ》組（黒磯）が頂点に立った。同大会優勝は、本県の高校ソフトテニス史上唯一の快挙である。

92年にはソフトテニスの国際普及活動の一環から、100年以上続いた名称の「軟式庭球」が「ソフトテニス」に改称され、本県連盟も「栃木県ソフトテニス連盟」と名前を改めた。

私立2校の台頭

平成に入り、本県の競技力は低下した。中央大会での成績が伸び悩み、高校を中心に指導者の育成が急がれた。そのような中、足利学園高（現白鷗大足利高）が女子団体で91年から17回連続で全国高校総体に出場、2006年に同大会で荒川達哉《あらかわたつや》・高橋佑真《たかはしゆうま》組（宇都宮短大付高）が3位入賞するなど、私立高校は着実に力を伸ばした。

宇都宮短大付高は関東大会で08年年に石川涼太《いしかわりょうた》・渋谷冠《しぶやかむり》組が男子個人優勝、10年に男子団体優勝、18年に男子団体準優勝。白鷗大足利高は関東高校選抜の女子団体で20年と22年に優勝するなど、盤石の強さを築いている。

卓球

昭和に2度の黄金期

卓球の起こりは1898年に英国人のジェームズ・ギブがセルロイドのボールを発明したことに由来する。欧州で「フリムフラム」「ゴシマ」と呼ばれていたコルクのボールを打ち合う遊びが、用具やルールの統一で競技性が高まり近代の原型が完成した。

国内では英国留学から帰国した東京文理大（現筑波大）の坪井玄道《つぼいげんどう》によって1900年ごろに伝えられ、県内では宇都宮市を中心に発展し、連盟も創設。25年には2番目の組織として足利市連盟も誕生した。

県内で早くから熱心に打ち込んでいたとされるのが栃木師範（現宇都宮大）で、29年には「第2回全国学生大会」（全国連盟主催）に出場して本県の学生単独チームとして初めて全国の舞台に立った。この頃から栃木と東京の交流が活発になり、交歓試合も開催されるようになっていく。

戦火の後、待望の瞬間が訪れたのは47年。第16回全国中学大会（全国高校総体の前身）に出場した男子団体の栃木商高が、強豪を次々と撃破し高校年代に初めて全国のタイトルをもたらした。

県勢が台頭

組織体制の強化のため52年に県協会を解散して県連盟が結成されると、下火になりつつあった競技力が向上。学生年代では真岡女が同年から県高校総体の団体を30連覇。53年からは足利二が県中学総体男子を10連覇と県内で無類の強さを誇り、本県から全国区の選手が次々と台頭するようになった50年代後半は第1期黄金期を迎える。

54年に矢引功《やびきいさお》（作新学院高出）と大塚茂《おおつかしげる》（真岡高出）が全日本軟式選手権ダブルスで県勢初の日本一に輝くと、56年には専売宇都宮が名手大塚芳子《おおつかよしこ》（真岡女高出）を擁して全日本実業団選手権の女子団体で初優勝。大塚は57年の全日本軟式選手権のシングルスも制するなど、61年に第一線を退くまで各種軟式大会で"女王"の強さを発揮した。

60年には真岡女高の黒崎南海子《くろさきなみこ》が全日本硬式選手権ジュニアを初制覇。以降も同校勢に加え、松本《まつもと》チイ子《こ》や御子貝静江《みこがいしずえ》といった宇都宮女商高勢も全国の舞台で表彰台に立ち実力を証明した。

毎年のように上位に食い込みながら全国の頂点には一歩及ばなかった60年年代を経て、ニューヒロインは72年に誕生した。中大2年の横田幸子《よこたさちこ》（宇都宮女高出）が全日本硬式選手権シングルスで初優勝。県勢初の快挙を皮切りに本県はここから第2期黄金期を迎える。

学生年代、全国区で活躍

まず73年に真岡女高の高橋省子《たかはししょうこ》が全国高校総体（インターハイ）シングルス、ダブルスで2冠を達成。74年には真岡女高がインターハイで初女王に輝き、個人では横田が2度目の全日本女王。これまで優勝がなかった国体でも第28、34回大会で高校女子が、第29、30回大会では一般女子がそれぞれ頂点に立つなど全国に本県の力を示した。

70年代後半からは男子の活躍が目立ち始める。中学年代では野木が77、79年に全国中学大会団体で優勝。高校年代は75年に開校した藤岡高が県内を席巻し、男子団体では77年から10年連続でインターハイ出場を果たした。国体での悲願は82年の第37回大会で、藤岡高を中心とした少年男子が本県男子で初優勝を飾っている。

海外で名声

本県選手の活躍は国内のみに止まらず海外でも名声を得た。73年に横田が県勢初の日本代表に選出され、3大会連続で世界選手権に出場。75年には専大に進んだ高橋がルーマニア人のアレキサンドルとペアを組みダブルスで優勝し県勢で初めて世界の頂に立った。

とりわけ77年に英国・バーミンガムで開かれた世界卓球の日本女子チームには、横田、黒子《くろこ》テル子《こ》、菅谷佳代《すがやかよ》の3選手に同校の大島俊之助《おおしましゅんのすけ》監督がコーチとして選ばれ、さながら本県チームだった。当然本県関係者からの関心も高く、強化合宿を野木中で行うなどバックアップ。宇都宮市内で開かれた壮行試合では2千人の観衆が大歓声を送った。

五輪の舞台にも田崎俊雄《たさきとしお》（宇都宮市出身）が3度、藤沼亜衣《ふじぬまあい》（同）、平野早矢香《ひらのさやか》（鹿沼市出身）がそれぞれ2度出場。平野は2012年のロンドン大会では団体での銀メダル獲得に大きく貢献した。

初優勝に輝いた1974年の全国高校総体団体に臨む真女の大島監督（左）と選手たち＝福岡県内

軟式野球

戦後に組織化、普及進む

明治末期から大正時代にかけて学生を中心に急速に普及した野球は硬式だが、ボールも入手困難な上、グラブ、ミットも高価で、素手でプレーする子供たちにはあまりにも危険すぎた。

このため1917年に軟式ボールの原型となる「スポンジボール」が考案された。19年に少年野球のボールが完成、開催された京都市内小学校野球大会が軟式野球最初の大会と伝えられている。

本県に県野球連盟が創設されたのは戦後間もない46年。会長に杉《すぎ》田一郎《たいちろう》、理事長に小野《おの》春吉《はるきち》が就任した。杉田は1年で橋田《はしだ》長一郎《ちょういちろう》に、小野は7年で鳥居《とりい》光男《みつお》にバトンを渡している。

ただ、本県の軟式野球の基盤を築いたのは清水《しみず》準二《じゅんじ》と言われている。43年まで県野球審判協会会長を務め、46年の県野球連盟の創設に奔走した。死去する54年まで副会長を務め、クラブチームの草分けと言われている「正気《せいき》クラブ」も清水の呼び掛けで誕生した。

この清水の後を引き継ぎ、連盟を確固たるものとしたのが2代目理事長の鳥居だ。立ち遅れていた施設の整備、指導者の育成に尽力した。競技普及面では県下学童大会、関東少年大会県予選、宇都宮市長杯ナイター大会などが鳥居の功績だ。

二つの大会

軟式野球で2大大会は天皇賜杯と国体だ。

天皇賜杯は46年に産声を上げている。しかし、県野球連盟が創設された年でもあり、体制が整わずに不参加。第2回大会に古沢組、第3回大会にホワイトクラブが挑戦したが、全国との力の差はいかんともしがたいものだった。

49年に頭角を現したのが東野鉄道。県内の大会をリードし、開花したのが53年の第8回大会だった。四国電力徳島(徳島)を8−1、酒田鉄興社(山形)を2−0、住友金属(和歌山)を2−0、準決勝で連覇を狙った豊多摩刑務所(埼玉)を3−0を下し、決勝では上信電鉄(群馬)を4−0で撃破して日本一に登り詰めた。この大会で活躍したのが投手の古谷幸《ふるやゆき》夫《お》。速球を武器に快投を演じた。宇都宮実業高(現文星芸大付高)から国鉄スワローズに入団し、6年で18勝を挙げた古谷法夫《ふるやのりお》の弟だった。

天皇賜杯　53年に東野鉄道V

ベスト4には85年の富士通小山が進出した。2回戦で前年の準優勝チームの小林記録紙(愛知)を3−1で下し、3回戦では2年前準優勝の強豪・田中病院(宮崎)に4−2の逆転勝利。準々決勝では太陽信用金庫(東京)を7−1と寄せ付けなかった。準決勝は日本たばこ鹿児島(鹿児島)との顔合わせ。相手の3安打を上回る8安打を放ったものの、1−4で惜敗。監督は武田光衛《たけだみつえい》だった。

ベスト8は富士重工、日立栃木、富士通小山、JT宇都宮、足利赤十字病院の4チーム。62年の第17回大会で準々決勝に進出したのが富士重工で、宇賀神−中島のバッテリーで勝ち進んだ。69年の日立栃木は準々決勝で強豪・山形新聞社(山形)の前に屈した。91年のJT宇都宮もベスト8止まりだった。

また、2013年ごろから力を付けてきた足利赤十字病院が16、19年に2度、駒を進めた。県予選は13年から22年まで9年間で6回優勝と近年〝横綱〟を張っている。

特筆事項は1955年の第10回大会で、東電栃木の菱沼親義が1回戦の東亜燃料和歌山(和歌山)を相手に完全試合を達成したことだ。

「殿堂入り」

国体は天皇賜杯に比べて成績が低迷している。関東地区予選の壁に阻まれ、64年に12年ぶりに東電栃木が出場したが、1回戦で豊和相互銀行(大分)に0−1で惜敗した。

70年に一般Aで富士通、成年では82年に日立栃木、84年に専売栃木、86年に日本たばこ、2004年に栃木選抜がそれぞれ3回戦に進むにとどまった。19年からは22年のとちぎ国体に照準を合わせて選抜チームで臨んでいる。大竹俊《おおたけよし》行《ゆき》監督を先頭に初優勝を目指している。

最後に「青井旗争奪選手権大会」が毎年開催されているが、冠となっている青井《あおい》鉞男《よきお》について説明する。本県出身で明治20年代後半の一高(現東京大)のエース。1959年の野球殿堂創設時に初めて特別表彰者として殿堂入りしている。偉大な先輩の名を忘れないでほしい。

第8回天皇賜杯全日本大会で優勝した東野鉄道チーム＝1953年

相撲

三田（黒羽高）世界ジュニアV

言わずと知れた日本の国技・相撲。古くは古事記や日本書紀に登場する力比べの神話に始まり、平安時代には宮廷行事として、戦国時代には武士の格闘技として広まった。競技として確立され各地で勧進相撲が行われるようになったのは江戸時代。庶民の娯楽として大衆化し、定期的に開催される興行が現在の大相撲の起源となっている。

アマチュアの源流は各地の神社、仏閣の例祭などで行われていた奉納相撲だ。力自慢の若者が地区ごとに集団で対抗戦を行い、その技量を競い合うようになったことから生まれたとされる。本県で人気を集めたのは1929年ごろから夏の例祭で行われた日光東照宮での対抗戦。戦火で43年に中止となるまで大いににぎわった。

競技としての側面が強まった40年代には県内の組織体制も整い始め、既存の県相撲研修会が48年に現在の県連盟に改称。遠井浅次会長の下、健全な指導育成や競技会の運営に当たった。

県内では48年から高校を対象に県大会が開かれるようになり、第1回は団体で烏山が優勝。2位宇都宮、3位矢板農（現矢板）と続いた。烏山は49年も優勝して連覇を果たしている。同年からは「県下中学校大会」も開かれ団体は湯津上が初代王者。2位に馬頭、3位に大宮が入った。

険しい道のり

国体には1946年の第1回から出場している本県だが上位進出への道は遠く、長い低迷期が続いた。予選リーグを突破して初めて決勝トーナメントに進んだのが78年の第33回大会。第1回から10大会連続出場で日本体育協会（現日本スポーツ協会）から表彰を受けた相馬栄《そうまさかえ》、馬頭町（現那珂川町）出身で車雄耕、耕平、耕作の〝車三兄弟〟ら個々の活躍はあったが、それでも全国に名の知れた選手は少なかった。

暗雲垂れ込める本県相撲界に一筋の光が差し込んだのは、69年のことだった。矢板の栗城善雄《くりきよしお》が「第15回全国高校東西大会」の軽量級で優勝。この頃から高校年代が徐々に力を付け始め、79年には第34回国体で少年男子が初の入賞を果たした。中学年代でも同年の全国中学選手権大会で黒羽が3位と奮闘した。

中学、高校世代が底上げ

若草中の活躍

本県の競技力は「栃の葉国体」を契機に大きく飛躍した。81年の第36回国体で成年男子が初の入賞を果たすと、85年の全日本学生体重別選手権重量級では日体大の益《まし》子《こ》邦《くに》浩《ひろ》（現黒羽高教）が初優勝。翌年も優勝して連覇を飾った。87年には大田原高が地元の有力選手をそろえて「第35回関東高校大会」で初優勝している。95年の第50回国体は成年男子1部B団体で本県チーム、個人で村岡一頼《むらおかかずより》が共に入賞した。

2000年代に入り勢いは加速。小学生から一般まで国内外で輝きを放つようになる。小学生では2011年に大田原市の相撲教室「おおたわら修志館」がクラブ日本一決定戦「全国少年選手権」で準優勝。同教室からは16年に相《そう》馬《ま》伸《しん》哉《や》が「全日本小学生優勝大会」で8強に食い込んだ。

中学生も負けていない。県内で別格の存在感を放ったのは若草中だ。関東では06、12年に団体3位に輝き、17、18年は連覇。全国でも11年に3位に入っており、19年には磯友樹《いそともき》、相馬、大塚風太《おおつかふうた》らを擁して県勢として初優勝を飾った。同年には黒磯の奥村匠美《おくむらたくみ》も「全国都道府県中学選手権」個人軽量級で準優勝している。

その若草中で力を付け、高校で大成したのが三田大生《みたたいき》（黒羽）だ。18年に全国高校選抜個人80キロ級で日本一に輝き、同年の世界ジュニア選手権中量級で3位。19年には「第1回全日本個人体重別選手権」男子ジュニア中量級で優勝し、同年の世界ジュニアでは念願の世界王者となった。黒羽は団体でも07年に全国5位、22年3月の全国高校選抜でも、若草中全国制覇メンバーの磯、相馬、大塚を中心に同校最高成績となる3位に入った。8強の中で唯一の公立校であり、「私学優勢」の高校相撲界に風穴を開ける存在となっている。

このほか、女子相撲で7度の個人優勝を誇りアジア女王にも輝いた宇都宮市出身の久野愛莉《ひさのあいり》、18年の「全国教職員選手権大会」個人の部で県勢として初優勝した西方《にしかた》航《わたる》（矢板高教）らが輝かしい成績を残している。

2019年の世界ジュニア選手権中量級で世界一に輝いた三田大生
＝大阪府堺市

馬術

広田龍、シドニー五輪へ

馬術は争いの中から発展してきた。馬を自由に操る技術はユーラシア大陸の草原地帯の民族が起源とされているが、その後は紀元前の古代ギリシャなどで広がり、4世紀末ごろに日本にも大陸から騎馬の技術が伝わった。江戸時代までは主に武芸としての馬の使用が浸透し、明治時代以降はモータリゼーションの波が押し寄せるまで生活や戦争に欠かせないものだった。

スポーツ乗馬は19世紀初頭に欧州で生まれ、五輪では１９００年のパリ五輪で採用された。国内では32年のロサンゼルス五輪で金メダルを取った西竹一《にしたけいち》（通称・バロン西）の功績が伝説的に語り継がれている。

本県は古くから那須地方を中心に馬の産地として知られ、多くの名馬を出してきた。しかしスポーツ乗馬の動きは戦後までなく、戦前は騎兵将校として活躍した泉村（現矢板市）出身の印南清《いんなみきよし》が記録に残る最初の「トップ選手」だ。印南は36年のベルリン五輪代表選手に選ばれるが欠場。しかし戦後も競技振興に努め続けた。部活動としては戦前に宇都宮高等農林学校（現宇大）と宇都宮中（現宇都宮高）に馬術部が創設されている。

支えた宇大

戦後は宇大が本県の馬術を支え、次第に「障害飛越の強豪県」へと飛躍していく。53年に宇大、宇都宮乗馬クラブ、宇都宮高が中心となり県連盟が発足。一時衰退するが、60年代後半に再興され、現在の競技基盤が構築されていった。

競技で見ると、戦後間もなくは宇大の活躍が目立つ。49年の第4回国体で菅沢吉登《すげさわよしと》（宇大）が貸与馬回数飛越で優勝し、翌年の第5回国体は鈴木信隆《すずきのぶたか》（同）が貸与馬中障害飛越で2位。その後も宇大の選手たちが国体や学生大会で活躍を続けた。

昭和40年代に入ると、高校馬術が一気に活気づく。宇都宮高の馬術部は消滅したが、69年に宇都宮農高に馬術愛好会が結成されOBたちの尽力で組織が充実。塩谷町の高原牧場乗馬クラブの後ろ盾を得て矢板高に、学生時代に選手として活躍した岡田甲子夫《おかだかねお》教諭が中心となり鹿沼農高に馬術部が立ち上がった。

県内での切磋琢磨は本県の高校馬術部を一気に全国区へ押し上げた。73年の全国高校大会で宇都宮農高、77年の第32回国体で本県選抜チームが日本一になっただけでなく、矢板高、鹿沼農高を含めた3校が代わる代わる全国の表彰台へと上った。後に宇都宮農高は白楊高と名を変え、18年に37年ぶり3度目の日本一にも輝いている。

民間クラブ奮起、強豪県に

相次ぎ誕生

また日本の高度経済成長に伴って民間の乗馬クラブが相次いで誕生。そこから名選手が生まれ始めた。69年には大平町（現栃木市）に県内初の民間クラブ「大平山麓乗馬クラブ」が設立され、73年には高原牧場で皇族を迎えて汎太平洋国際大会、全日本総合選手権も開かれた。総合馬術の篠崎宏司《しのざきこうじ》（宇都宮ライディングパーク）は75年の第30回国体で2位に入るなどし、モントリオール五輪の日本代表候補選手にまでなった。

民間の乗馬クラブの隆盛はその後も続き、本県選手が国体で数々の実績を残すようになっていく。栃木市のミカモライディングクラブでは川俣景俊《かわまたかげとし》、俊介《しゅんすけ》親子が国体の頂点に立った。那須塩原市の那須トレーニングファームでは埼玉県代表として国体優勝経験のある広田健司《ひろたけんじ》に育てられた息子の龍馬《りゅうま》が２０００年のシドニー五輪日本代表に上り詰め、妻の思乃《しの》（同）も国体で5度の頂点に立つだけでなく、18年にはスウェーデンで行われたW杯にも出場した。息子の大和《やまと》（黒磯高）や親類の高橋優美《たかはしゆみ》（宇都宮北高）も日本一を経験するライダーに育っている。

シドニー五輪でゴールド号に騎乗し障害に挑む広田龍馬（那須トレーニングファーム）＝２０００年9月、シドニー市のエキュストリアン・センター

小山市の小山乗馬クラブは増山誠倫《たかみち》・大治郎《だいじろう》が兄弟で国体優勝を経験。誠倫はドイツに拠点を置いた時代もあり、広田龍と並んで4度の全日本障害制覇を誇る。誠倫の妻久佳《ひさか》も19年に国体を制した。壬生町の壬生乗馬クラブは19年に鶴見汐花《つるみしおか》が少年ダービーで栄冠を手にした。

このほか18年には野木町のクレイン栃木から平永健太《ひらながけんた》が総合馬術の日本代表としてインドネシアで行われたアジア大会へ出場し団体優勝。20年には地方競馬教養センターの教師細川映里香《ほそかわえりか》が、国体優勝経験のある那須塩原市の鍋掛牧場代表・沖崎誠一郎《おきざきせいいちろう》に育てられたオリヴァー号に騎乗し全日本馬場馬術で優勝を飾った。県内の競技人口が決して多い馬術ではないが、ここまで多くのトップ選手を輩出しているのは、関係者や選手たちの競技に対する情熱、馬に対する愛情の大きさに他ならない。

フェンシング

高校で多くの全国入賞者

フェンシングは騎士道精神を基礎とし、中世ヨーロッパで「身を守る」「名誉を守る」ことを目的に発祥、発達した剣技である。全身どこを突いても有効な「エペ」、上半身のみ突き、切りが有効な「サーブル」を基本に競技化が図られ、現在は上半身胴体のみを突いて有効となるフルーレの3種目で争われる。五輪では第1回から現在まで正式種目となっている伝統ある競技である。

国内では1932年、岩倉具清《いわくらともきよ》がフランスから帰国後、慶応大、法政大の学生たちに教えたことがきっかけ。五輪への初参加は52年のヘルシンキ大会で、64年東京五輪は男子フルーレ団体で4位に入賞したものの以後低迷した。

その後、ジュニア育成や海外コーチの招聘《しょうへい》、海外遠征等の強化が実り2008年北京五輪男子フルーレ個人で太田《おおた》雄貴《ゆうき》が銀メダル、12年ロンドン五輪男子フルーレ団体で銀メダル、そして21年の東京五輪男子エペ団体で念願の金メダルを獲得し、世界の強豪国の仲間入りを果たした。

本県では、1966年に青山学院大を卒業した柾木《まさき》健《けん》（現県協会副会長）らの努力で県協会が設立され、同年10月には日本協会に加盟した。67年には橋本《はしもと》雄飛《ゆうひ》太郎《たろう》県議を初代会長として県体育協会にも加盟している。

指導者の熱意

初出場の66年大分国体は柾木がエペ4位と健闘。さらに72年鹿児島国体でも柾木や木村《きむら》元弥《げんや》（現県協会副会長）がエペ4位に輝いた。しかし当時フェンシングの認知度は低く未普及競技であった。

高校関係は、66年に全国高体連副会長だった栃木女高の阿部《あべ》鎮《まもる》校長が同校に部を設立。顧問には競技とは無縁の社会科教諭木村《きむら》敏男《としお》が当たった。その木村の熱心な指導と努力により、栃木女高は急成長。全国総体（インターハイ）では73年に大橋《おおはし》栄子《えいこ》が初優勝、77年に金子《かねこ》恵《めぐみ》が優勝、木村《きむら》泰子《やすこ》が準優勝と偉業を成し遂げ、78年には初の団体優勝も成し遂げた。

72年に宇都宮商高、76年に宇都宮中央女高（現宇都宮中央高）にも部が誕生。宇都宮中央女高の顧問には66年の県協会発足に尽力した田内《たない》秀政《ひでまさ》が着いた。田内は器械体操の名指導者で体操の五輪選手五十嵐《いがらし》久人《ひさと》を育てた人物。フェンシングは全くの素人だったが、田内の熱心な指導と努力で80年の全国総体で同校の宇塚《うづか》淳子《じゅんこ》が個人優勝を成し遂げている。木村、田内両氏の努力もあり80年の栃の葉国体少年女子は優勝を手にできた。

ジュニア育成進み成果

栃の葉国体の機運向上とともに競技力の底上げも図られた。宇都宮商高には幻となったモスクワ五輪代表の千田《ちだ》健一《けんいち》と青森県出身の藤巻恵子《ふじまきけいこ》が採用された。2人の指導で80年の全国選抜個人優勝の山《やま》本好男《もとよしお》や82年の全国総体3位の戸《と》崎朱美《とさきあけみ》など全国区の選手が本県から育った。

栃の葉国体の少年女子で初優勝を飾った本県チーム。
左から木村監督、宇塚、大島、篠崎
＝1980年10月15日、栃商高体育館

栃の葉国体の勢いを引き継ぎ、81年の滋賀国体、82年の島根国体で少年女子が3位と奮闘。83年の群馬国体では低迷していた少年男子が準優勝を果たしている。さらに87年の全国高校選抜で宇都宮中央女高が初優勝、同年の国体は少年女子が4位、成年男子フルーレ4位となり栃の葉国体以来の競技別の天皇杯総合8位に食い込んだ。

93年に本県で行われた全国総体は宇都宮中央女高が女子優勝を果たした。その勢いのまま、同年の香川国体では少年女子フルーレの本県チームとして久々の優勝を果たした。

一貫指導確立

2度目の東京五輪と栃木国体が決まると再び競技振興への機運が高まった。県協会としては国体へ向けてジュニアからシニアまでの一貫した指導体制の確立が急務となった。河内ジュニア、大平ジュニアから変わった栃木スポーツネット、上三川ジュニア、受け皿となる高校では宇都宮中央女高、宇都宮南高、栃木商高、栃木翔南高と徐々に一貫指導体制が確立してきた。

その結果、19年の全国総体では河内ジュニア、大平ジュニア出身で固めた宇都宮南高が本県男子として初めてフルーレ団体で準優勝、個人も宇都宮ジュニア出身で栃木商高の伊《い》藤《とう》海乃亮《うみのすけ》がエペ3位に入賞した。

いよいよ栃木国体。成年男子フルーレには河内ジュニア出身の伊《い》藤《とう》大輝《ひろき》（上三川町役場）、京極《きょうごく》光《こう》志《し》（日本体大）に加え岐阜県出身の伊《い》藤《とう》拓真《たくま》（県スポーツ協会）が出場予定であり活躍が期待される。

柔道

宇都宮中導入が始まり

柔道が学校に取り入れられたのは講道館柔道が始まった翌年の1883年。本県では1900年に宇都宮中が課外で実施した。講道館柔道を創始した嘉納治五郎《かのうじごろう》の影響を受けた当時の有馬純臣校長（第7代校長）が赴任するとすぐに柔道部を設け、自ら陣頭指導したという。

県下大会は21年11月27日に宇都宮中講堂で開催された武道奨励会が始まりと伝えられている。参加校は栃木師範、宇都宮中、下野中、栃木中、真岡中、大田原中、県商、栃木農の8校だった。優勝は優勝候補の下野中を決勝で破った大田原中だった。

第3回大会で優勝した宇都宮中は黄金時代を築く。24年の第1回全国中学選手権で主将の笠原巌夫《かさはらいわお》が優勝、準優勝に高橋重が輝いている。また、24、25年の明治大主催の全国大会では宇都宮中が連覇を達成して全国から注目を浴びた。

組織の統合

本県柔道が組織的に確立されたのは26年に県柔道有段者会が設立されてから。宇都宮に宇都宮有段者会が結成され、西部有段者会、南部有段者会などが結成され、これらを統合して誕生した。

戦前に開催された全日本柔道選士権大会で本県から2人の王者が誕生した。全日本選手権大会の前身とも言える大会で30年から12年間にわたって開催された。佐々木《ささき》巌夫《いわお》（旧姓笠原）が一般壮年前期（20～29歳）で、青木武《あおきたけし》が専門成年前期（38～43歳）で優勝した。青木は後に県柔道連盟第2代会長を務めた。

県柔道連盟が創設されたのは49年5月。県有段者会の主だった会員によってだった。54年に第3回全国高校柔道大会を日光市公会堂で開催。67年に県体育館で全日本東西対抗柔道大会を開催した。

本県の一大イベントだった80年の栃の葉国体では成年の部で準優勝。県柔道界は栃の葉国体を飛躍の年と位置付け、以後国体選手が中心となって出場している全国教員柔道大会では、翌年の第6回大会（島根）では決勝で地元島根県を2－0で下し初優勝。以来全国大会優勝5回を達成した。

飛躍の軌跡

高校生は近年急成長、全国の舞台で活躍が目立っている。全国高校総体（インターハイ）で個人優勝者が続々誕生した。

今では高校日本一続々

口火を切ったのは2005年の石川裕紀《いしかわひろのり》（白鷗足利高）。2年生ながら男子60キロ級で県勢初の優勝を勝ち取った。内容も素晴らしく、5試合全て1本勝ちの堂々とした試合運びだった。

翌年の06年には女子78キロ級の生田茜《いくたあかね》（作新学院高）が県勢女子では初めての女王に就いた。08年は男女で頂に立った。男子81キロ級の北野裕一《きたのゆういち》（國學院栃木高）と、女子48キロ級の塚原《つかはら》唯有《ゆう》（白鷗足利高）が優勝。塚原は全6試合で5試合が優勢勝ちという、粘りの柔道での快挙だった。

10年は女子57キロ級の塚田紗矢《つかださや》（國學院栃木高）が優勝。それも全国高校選手権（選抜大会）との2冠は県勢初の快挙だった。

12年は男子2人。60キロ級の田中崇晃《たなかたかあき》（白鷗足利高）、100キロ超級の横山尭《よこやまあき》世《よ》（國學院栃木高）。とくに横山は全国高校選手権（選抜大会）の無差別級も制していた。

世界を舞台にしたのは蓬田智佳《よもぎたともか》（白鷗足利高）。09年の世界ジュニア（パリ）の女子44キロ級で優勝した。

団体戦は14年に全国高校選手権男子団体で白鷗足利高が準優勝を飾っている。本県チームが全国大会で決勝に進むのは初めてとなる快挙だった。

この時の1年生大将太田彪雅《おおたひょうが》（足利一中－白鷗足利高－東海大－旭化成）の今後の活躍に注目が集まる。高校2年で全国高校選手権無差別級で優勝。大学ではグランドスラム・エカテリンブルク大会（ロシア）で100キロ超級優勝。全日本学生体重別選手権100キロ超級優勝。21年の日本選手権ではリオデジャネイロ五輪男子100キロ超級銅メダルの羽賀《はが》龍之介《りゅうのすけ》（旭化成）に延長の末敗れ準優勝に終わったが、近い将来、必ず本県選手として全日本の覇者になると信じている。

また、22年6月にハンガリーのブダペストで行われた世界選手権女子78キロ超級で優勝を果たした朝比奈沙羅《あさひなさら》（ビッグツリー）も今後の活躍に大きな期待が寄せられている。

2005年に県勢で初めてインターハイ王者となった石川裕紀（白鷗足利）＝千葉・成田市体育館

ソフトボール

宇女商 昭和に黄金期

輝いた高校女子年代

ソフトボールの発祥は1887年、米国・シカゴで冬季の室内トレーニング種目として行われたのが始まりだ。国内には1921年に日本体育の父大谷武一《おおたにぶいち》によって紹介され、第2次世界大戦後に米軍・ノービル少佐の指導を受けた有志が全国に広めたことが普及のきっかけとなった。その後、体力や技術的に野球に取り組むのが難しかった女性や壮年層の支持を受け競技人口が増加。49年に日本協会が設立され愛好者が急増した。

本県では26年に野球型競技として学校体育の授業に導入された。「ソフトボール」の名で呼ばれるようになった34年ごろには、栃木師範（現宇都宮大）で指導を受けた野球部員らが卒業後に小学校などで普及を図ったが、後の大戦で米国由来の競技がご法度となったことで発展はしなかった。

競技浸透の契機となったのは戦後の46年8月、ノービル少佐を宇都宮第一高女（現宇都宮女）に招いて開かれた講習会だ。それまで競技を知らなかった参加者が夢中になって取り組み、46年11月には県大会を開くまでになった。その流れを受け、48年には審判員の愛好会が立ち上がり、翌年にはその愛好会が基礎となり県協会が正式に発足した。

競技王国に

戦後、全国に普及拡大してからの約30年で、本県高校女子は「ソフトボール王国栃木」の名をほしいままにした。大田原女、矢板などが台頭し、48年に明治神宮外苑で開かれた第1回関東大会では松原（現宇都宮中央女）が初代女王に。公開競技として行われた49年の第4回国体は、大田原女が名門・安田女（広島）を4―3で下して初優勝し、本県の歴史に新たな一ページを築いた。

50年代の主役は須賀（現宇都宮短大付）だった。当時、国体は単独チームでの出場で、須賀は51年の第6回国体に初出場し準優勝の快挙。競技史上初の御前試合となった1回戦で優勝候補の安田女に競り勝ち勢いに乗った。そこから3大会連続で国体の舞台を踏み、悲願を果たしたのは53年の第8回国体。決勝で安田女を破って、正式競技採用後、県勢で初めての頂に立ち、宇都宮市内で華やかに凱旋《がいせん》パレードした。57年には第9回全国高校総体（インターハイ）で3位になると、翌年には第10回インターハイを制して県勢初の栄冠を手にした。

60年以降は宇都宮女商（現宇都宮文星女）が黄金期を迎えた。60年の第15回国体県予選決勝で須賀に勝利すると、一気に勝ち進んで本大会で準優勝。その強さに拍車が掛かった62年には第14回インターハイに初出場して初優勝し、第17回国体も制して2冠を達成。この年は年間168試合無敗で日本スポーツ賞も受賞した。その後も全国を席巻した宇都宮女商は、80年までに2度の2連覇を含む国体優勝6度、インターハイ優勝7度、同一年の2冠も4度経験するなど輝かしい成績を残した。

実業団復活

1980年に栃の葉国体が開かれて以降のビッグイベントは、93年に大田原市内で開かれた第45回インターハイ。同年に結婚された皇太子妃雅子《まさこ》さまが観戦されるとあって、その姿を一目見ようと美原公園野球場には約3万人が訪れたという。

学生年代は中学女子で81年に黒羽が県勢として全国中学大会を初制覇。その後も金田南や厚崎などが頂に立っている。高校女子では95年の第47回インターハイで大田原女が悲願の初優勝。96年の第48回インターハイ、97年の第15回全国選抜では女子白鷗大足利が初の栄冠をつかんだ。

2000年代は日本リーグのホンダ女子が01年に真岡市へ、男子が05年に芳賀町へそれぞれ拠点を移し、本県では1998年に東芝ライテック（鹿沼市）が廃部して以降、3年ぶりに実業団チームが復活。女子は移転初年度に全日本実業団女子選手権を制し、男子は2014年に日本リーグを制覇。国体でも成年種別で奮闘している。

輝かしい実績を残してきた学生年代は、2000年前後を境に少子化や指導者不足などを背景に競技人口が減り関係者は頭を悩ませている。女子日本リーグは2022年から新リーグ「JDリーグ」として再出発する。より地域密着を強め各チームの拠点での試合数も増えるだけに、関係者は熱の高まりを期待している。

第17回国体で入場行進する宇女商ナイン。同年に初めてインターハイと国体の2冠を達成した＝1962年10月、岡山県西大寺市

バドミントン

高校生 競技力向上けん引

バドミントンはインドで生まれ、英国で発展したスポーツ。1820年ごろ、インドで親しまれた「プーナ」というネット越しに打ち合う遊びが、起源として最有力とされている。70年代、当時植民地のインドに駐在していた英国将校が本国に伝え、73年にロンドンの郊外にある街「バドミントン」で本格的に競技化された。

1900年前後に英国から欧州、米国、東南アジアへ伝わるとラケットの改良やルールの改正が進み、34年に国際連盟（IBF）が設立された。

日本にバドミントンが伝わったのは意外と古く、10年ごろにはラケットなどの用具が入ってきており、30年代には横浜市や神戸市を中心に普及していった。本格的に競技として普及したのは戦後になってから。46年に日本協会が誕生し、50年の愛知国体で正式種目に取り入れられた。

関東10連覇

本県に競技を広めたのは県協会の初代理事長の大沢渉《おおさわわたる》だ。47年から実技講習会を開き、都内から講師を招いて魅力を伝えた。尽力のかいもあり51年に県高体連専門部、52年に県協会が誕生。高校は同年から県勢の強化が進み、真岡女が61年から関東大会10連覇の金字塔を打ち立てた。その後、真岡農（現真岡北陵）、小山城南も初優勝を果たし、関東各都県に本県女子の強さを見せつけた。男子は女子から17年遅れの78年に真岡農が県勢初優勝を飾った。

しかし全国の壁は厚く、53年から全国総体（インターハイ）に県勢が出場するがなかなか勝ち上がれなかった。悲願がかなったのは65年。遠井稔男《とおいとしお》監督率いる真岡女がインターハイ女子団体で全国制覇を達成。5年後にも再び女王に輝き、県内のレベルも一段と高くなった。79年には今市が男子で県勢初優勝。しかしそれ以降、県勢はインターハイ優勝から遠ざかっている。

県実業団連盟は73年に正式発足。益子町にあった旭光学（現HOYA）の女子ペア藤井由美子《ふじいゆみこ》・沼能久子《ぬまのうひさこ》組は日本代表として77年のカナダオープンに出場して準優勝するなど世界を舞台に戦うようになった。

国体には52年から参加。男子は72年の鹿児島大会教員の部で別井《べつい》晃《あきら》、斎藤佶《さいとうただし》、森田昇《もりたのぼる》が準優勝。77年の青森大会でも少年の角田光永《つのだみつなが》、久郷俊明《くごうとしあき》、関根忠《せきねただし》が同じく準優勝に輝き、79年の宮崎大会でも馬場良浩《ばばよしひろ》、小野口正《おのぐちただし》、大島正志《おおしままさし》が3位に入った。

女子は63年の山口大会で少年の前沢和子《まえさわかずこ》、松本昭子《まつもとあきこ》、小出千代子《こいでちよこ》が初優勝。翌年の新潟大会でも植木《うえき》タカ子、大島《おおしま》コヨ、武田初枝《たけだはつえ》が連覇を果たした。成年も79年の宮崎大会で待望の初優勝。80年の栃の葉国体を前に全国入賞できる力が備わってきた。栃の葉国体では少年男子が準優勝、その他の種別も8強入りして競技別では男女総合3位、女子総合6位と結果を残した。

65年総体、真女が全国V

再び上位へ

栃の葉国体以降の80年代は高校生のインターハイでの活躍が光った。82年は女子団体の小山城南が準優勝、ダブルスでも三沢真奈美《みさわまなみ》・岡崎仁子《おかざきじんこ》組（小山城南）が3位に入り、国体でも少年女子が3位に食い込んだ。翌年はダブルスの根本《ねもと》まゆみ・須藤千代子《すどうちよこ》組（同）、85年は女子団体の小山城南が3位で表彰台に上った。87年には男子シングルスで佐賀史昭《さがふみあき》（作新学院）が準優勝に輝いた。

しかし90年代に入ってから県勢の活躍が低調に。93年の香川・徳島国体で8強入りした少年男子を除いて国体でもインターハイでも16強止まりが目立ち、全国上位に食い込めない時代が続いた。

再び全国上位を争えるようになったのは、作新学院高の女子監督に遠藤敦史《えんどうあつし》監督が就任した2006年辺りから。同年の全日本ジュニア選手権で石井那実《いしいふゆみ》・矢野智恵美《やのちえみ》組が日本一。さらに13年のインターハイ女子ダブルスで長谷川琴音《はせがわことね》・関町理紗子《せきまちりさこ》組が3位に入ると、18年のインターハイシングルスで佐川智香《さがわともか》が準優勝、国体でも佐川が入る少年女子が準優勝を飾った。21年のインターハイでは団体が8強、シングルスでも舛木《ますき》さくらが準優勝するなど全国強豪校として成長している。

栃の葉国体少年男子の準決勝・奈良戦に臨む今市高ペア。シャトルに飛び付く大堀円（右）と大島正志＝1980年10月15日、真岡市総合体育館

弓道

増渕、全日本Vの金字塔

本県弓道界は明治以前、旧各藩弓道師範の門下の武士たちのものであった。明治以降は各藩弓道範士の道場に町民、農民が競って集まるようになり、各町村の道場が盛んになった。

1895年、武道の振興、教育、顕彰を目的とした大日本武徳会（後の財団法人）が発足し、本県にも支部が置かれた。昭和初期の県内の弓道人口は約4千人に達し隆盛を極めた

1928年12月7日に、宇都宮市内の愛弓家190人によって「宇都宮弓道研究会」が設立され、3年後に「栃木県弓道研究会」と改称された。総裁は第24代県知事の原田維織《はらだいおり》が就き、会員は約1千人を数えた。

大日本武徳会県支部に指導責任者を配置し、積極的に指導、普及に当たった。夏、冬の2回の講習会と段位審査で質量ともに向上を図り、太平洋戦争前には県内弓道人口は約6千人に達した。

優秀な弓道家が現れたが、その中でも範士の神永政吉《かみながまさきち》、教士の吉江仙太郎、増田儀三郎、鈴木邦衛《すずきくにえい》、黒崎郁吉郎《くろさきゆうきちろう》は全国的にも重要な地位を占めた。特に神永は40年に開催された「天覧武道大会」で弓道界を代表して特別演武を披露。不世出の「弓聖」として全国の弓道人の敬慕《けいぼ》の的になったと伝えられている。

40年ごろには県内には多くの弓道場が存在したが終戦直後は道場の焼失、転用などで修練の場を失ったため、一時期弓道人口は激減した。この時に再興の基盤を固めたのが広瀬伸夫《ひろせのぶお》、奥居菊造《おくいきくぞう》らで、この功績は計り知れない。

52年7月に県弓道連盟が設立された。初代会長には神永が就任した。56年には県総合グラウンドに全国にも誇れる県営弓道場が完成。中学、高校、企業にも弓道場が整備され、盛んに射会が催された。中でも金崎直心会関東観桜大会、日光東照宮奉納大会、唐沢山神社大会、扇の的大会などは全国区の大会だった。

大的で初制覇

ここからは各全国大会での本県勢の活躍をたどってみる。

全日本選手権では男子の増渕敦《ますぶちあつ》人《ひと》が92年の第43回大会で優勝の金字塔を打ち立てた。増渕は第60回大会で準優勝、第38回大会と第56回大会は3位に食い込んでいる。増田正美《ますだまさみ》は第34回大会で2位と奮闘。その後、増渕は2010年に東京で行われた第1回世界弓道大会にも安倍智《あべさかし》（大分）、川名修徳（宮崎）と共に日本代表に選ばれた。

女子は桑田秀子《くわたひでこ》が第40回大会で3位、第20回大会で5位に食い込んだ。

高校総体で多くの王者

全国高校総体（インターハイ）は団体、個人で多くの王者を輩出。団体は男子で1989年の第34回大会の足利工大付高、第44回大会の作新学院高。女子で第14回大会の鹿沼高、第25回大会の鹿沼商工高、第26回大会の作新学院高、そして2021年の足利大付高の4校が日本一に輝いている。

個人は男女合わせて5人が日本一に。男子は第36回大会の佐山秀夫（足利工大付高）、第44回大会の大塚征彦《おおつかゆきひこ》（鹿沼高）の2人。女子は第53回大会の松本祥実《まつもとよしみ》（作新学院高）、第60回大会の斎藤果奈《さいとうかな》（同）、2021年の藤本友香《ふじもとゆうか》（足利大付高）が優勝。特に藤本は県勢で初めて団体、個人の2冠となった。

国体は59年の第14回大会で一般男子が大的で優勝。これが本県弓道界初の全国制覇だった。栃の葉国体の前年、79年の第34回大会は少年女子が遠的で女王に就いている。監督家泉光汪《いえずみみつひろ》、小林洋子《こばやしようこ》、阿《あ》部倫子《べのりこ》、大出里子《おおいでさとこ》の編成だった。さらに栃の葉国体では連覇を果たした。

その後、優勝から遠ざかったが第52回大会で少年男子近的が優勝すると、翌年も頂点に立って連覇を達成。2000年代に入って第59回大会は同近的、第60回大会は同遠的でそれぞれ王座に就いた。さらに第68回大会は少年女子が遠的で、第69回は遠的で少年男女がアベック優勝を飾った。

2度1位獲得

国体では増渕が国体強化スタッフに加わってから2度の天皇杯1位を獲得している。2014年の第69回大会と4年後の第73回大会で、中でも第73回福井国体は台風の影響で開催期間が短縮されるイレギュラーの開催となったが、その中で見事、男女総合1位を獲得した。

2022年の国体も、福井国体の近的で県勢初優勝を果たし、遠的と合わせて2冠に輝いた寺崎隼《てらざきはや》登《と》、大塚大輔《おおつかだいすけ》などが成年男子に顔をそろえ、十分に優勝を狙える位置におり、活躍が期待される。

全日本弓道選手権で県勢初の優勝を果たした増渕＝1992年、伊勢神宮弓道場（本人提供）

ライフル射撃

山崎 ジュニア世界一

ライフル射撃はライフル銃などを用いて固定された標的に向けて制限時間内に決められた弾数を射撃しその精度を競う競技。スポーツとしての歴史は古く、1551年にドイツで行われた記録があり五輪では第1回のアテネ大会から行われてきた。

本県では元県職員でのちに県協会会長に就く日向野昭二《ひがのしょうじ》の呼び掛けで射撃会がもたれ、1958年11月に会員48人で同協会が発足した。射撃競技のスタートはクレーの方が早く、ライフルは55年の神奈川国体から出場した。この頃はまだ選手層が薄くピストル種目のみの出場だったが、57年の静岡国体では細井恒己《ほそいつねみ》（がA級優勝を果たしている。

五輪やワールドカップで行われる種目は50メートル先の標的を狙うスモールボアや空気銃で狙うエアライフル、エアピストル、光線銃で狙うビームライフル、ビームピストルなどがあり、それぞれ時間や弾数、姿勢が決められている。

本県には79年7月に宇都宮市に県ライフル射撃場が完成するまで常設のライフル射撃場が無かったため、スモールボア用のライフル射撃銃の所持者がおらず、国体に出場するのもエアライフルやピストル種目が中心だった。

県協会下支え

県協会の発足で徐々に競技力の向上が見られるようになったのは60年代以降。ピストルでは60年の熊本国体団体で岡部正雄《おかべまさお》、朝日広作《あさひこうさく》が3位入賞を果たし、73年の千葉国体では大浜吉雄《おおはまよしお》がエアライフル伏射60発種目で5位、74年の全日本エアライフル射撃競技会で高田和三《たかだかずみ》が見事に初優勝を飾った。

エアライフル、ピストル種目は全国で勝負できる実力を持っていたが、スモールボア種目の普及は一向に進まなかった。64年の東京五輪を契機に起こった全国各地でのライフル射撃場の建設の流れに乗り遅れ、競技力は大きく水をあけられた。1都7県による関東ブロック大会の出場枠は6もあったが、それさえも通過できずにいた。

だが、74年に転機が訪れる。茨城県真壁町（現桜川市）に射撃場が建てられたことにより練習機会が増加。県内から同射撃場に通い詰め徐々に実力を付ける選手が増えてきた。その一人が加藤元彦《かとうもとひこ》で、78年の長野国体で県勢として同種目初出場を果たした。

「栃の葉国体」を翌年に控えた79年にはリハーサル大会を兼ねた全日本社会人選手権大会を県ライフル射撃場で開催。ビームライフルで谷津義男《やつよしお》が7位に食い込むなど健闘し、翌年へ弾みを付けた。

真岡北陵高勢 続く活躍

名指導者の力

県ライフル射撃場の整備と80年の栃の葉国体での躍進は県内での競技普及の契機となった。とりわけ、五輪3大会連続出場を果たし60年のローマ大会ではスモールボア伏射60発で6位入賞を果たした三重県出身の猪熊幸夫《いのくまゆきお》が78年に県協会副会長に就任し、本県選手に手ほどきを行ったことは本県の競技力向上につながった。猪熊の教え子の一人の新井忠孝《あらいただよし》は89年の全日本選手権ビームライフルで優勝を果たし、国体には11度出場し全国で名を上げた。

90年には菊地利章《きくちとしあき》が福岡国体でセンターファイヤーピストルを制し、95年には全日本大口径選手権で武部英一《たけべえいいち》が優勝。それまでは熟練スナイパーの活躍が目立ったが、2000年代に入ると高校生の躍進も競技をさらに盛り上げた。

最も大きな功績を上げたのは山《やま》崎純《ざきじゅん》だ。真岡北陵高時代の00年にエアライフルで全国高校選手権を制すると、同年の富山国体も同種目を制覇。01年2月にカナダで行われたジュニア世界大会に初出場すると、勢いそのままに初優勝を飾り世界の頂を極めた。

全国大会でも上位の成績を残してきた真岡北陵高には05年に現在のライフル射撃場が建てられた。射撃場の鉛害が問題となって県ライフル射撃場が04年10月に一時休業となったことを受け、高校生の競技力低下を案じた県協会の働き掛けで完成にこぎつけた。小林郁《こばやしふみ》弥《や》や折原梨花《おりはらりか》といった全国的な有力選手を多数輩出するなどその後の同校の活躍ぶりは目覚ましく、22年10月の「いちご一会とちぎ国体」にも少年男女に計6人が出場する。

2001年にジュニア世界一に輝くなど若くして本県ライフル射撃界をけん引した山崎
＝2000年10月、富山国体

剣道

日光で全日本連盟準備

敗戦で進駐軍から禁止されていた剣道。復活を目指した愛好家が「しない競技」を発足させたが、竹刀、服装、掛け声の禁止などの制限があり、戦後5、6年が経過して徐々に古来の剣道復活を望む声が強くなっていた。

1951年に県内愛好者によって戦後初めての県内大会「第1回日光剣道大会」が同市の武徳殿で開催された。翌年には全国から103チームが参加しての「第2回日光剣道大会」が盛大に行われた。この2日前に輪王寺紫雲閣で開かれたのが「全日本剣道連盟発足準備会」だった。

座長は警視庁師範の柴田万策。後に県連盟会長となる植竹春彦《うえたけはるひこ》、理事長となる藤沼友之助《ふじぬまとものすけ》らも全国の指導者たちと共に出席。同年10月の東鉄職員会館（東京都渋谷区）での連盟結成に結び付けた。

この経過から事実上の連盟発足の地は日光市とされ、81年の栃の葉国体でも日光市が剣道の会場となったと伝えられている。県連盟は53年2月8日、宇都宮市公会堂での設立総会で正式発足した。

戦後の県内剣道界を引っ張ったのは福田利作《ふくだりさく》、岩瀬鉾太郎《いわせほこたろう》、谷田《やた》貝義春《がいよしはる》、小笠原三郎《おがさわらさぶろう》、金沢憲一郎《かなざわけんいちろう》、佐藤金作《さとうきんさく》、阿部鎮《あべまもる》、佐藤才吉《さいとうさいきち》、堀《ほり》内肖吉《うちしょうきち》、小竹敏夫《こたけとしお》、田熊新悦《たぐましんえつ》などだ。

栄光の軌跡

ここで各全国大会での本県勢の活躍をたどってみる。

1953年に蔵前国技館でスタートした全日本選手権大会。剣道界の最高峰の大会だが優勝者はまだ本県から生まれていない。

第1回大会から3大会連続出場するなど県勢で最高の6回出場したのが堀内。後に大田原高校長、県連盟会長などを務め、下野県民賞、全日本剣道連盟剣道功労賞などを受賞した重鎮だ。しかし、第7回の3回戦進出が最高成績と不本意な成績に終わっている。

準優勝2回は佐山春夫《さやまはるお》。第19回（71年）は決勝で上段の使い手の川添哲夫《かわぞえてつお》（高知）に、第24回（76年）は右田幸次郎《みぎたこうじろう》（熊本）の前に屈した。

ベスト8には渡辺隆《わたなべたかし》、小竹、白《しら》石正範《いしまさのり》の3人が勝ち進んでいる。特に1973年の全日本警察大会で優勝していた渡辺は第20回（72年）、第21回（73年）で準々決勝に駒を進めながら、佐山が苦杯を喫した川添に連続して敗れた。

全日本女子 黒須、栄冠に3度

67年から始まった全日本女子大会は、黒須厚子《くろすあつこ》（國學院栃木高－国士舘大）が1、2、4年時の第12回（73年）、第13回（74年）、第15回（76年）で日本一に輝き、「栃木に黒須あり」と評された。第58回（19年）には竹中美帆《たけなかみほ》（県スポーツ専門員）が3位に食い込んでいる。

国体は73年の沖縄国体で成年男子が青森、和歌山、沖縄を撃破して悲願の初優勝を果たした。監督は野尻義雄《のじりよしお》だった。また、栃の葉国体は成年男子が8強止まりだったが、少年男子が優勝を果たした。

全国教職員大会は80年の「栃の葉国体」を前後に4回の優勝を飾っている。76年、長崎に勝って初優勝。78年は鹿児島に3－2、79年も大阪に3－2。81年は島根に2－1だった。監督は堀内が2回、青山義雄《あおやまよしお》、小林惺《こばやしさとし》だった。栃の葉国体の年の80年は3回戦で秋田に苦杯をなめた。

全日本都道府県対抗優勝大会は第32回（84年）に準優勝、第34回（86年）に宮崎、福島、大阪、千葉を下して初優勝を果たした。監督は福田匡志《ふくだただし》。先鋒《せんぽう》毛塚進《けづかすすむ》、次鋒佐野英男《さのひでお》、中堅小池隆《こいけたかし》、副将白石《しらいし》正範《まさのり》、大将佐藤信勝《さとうのぶかつ》の布陣だった。

全日本学生大会は第18回（70年）に渡辺隆（宇都宮学園高－法大）が準優勝。渡辺は警官となり73年の全日本警察大会で県勢初の王者に就いている。

若手も成長

高校の全国総体は初代の男子団体優勝が大田原ということが意外に知られていない。54年で監督が堀内。先鋒関谷惺《せきやさとし》、中堅丸亀年明《まるがめとしあき》、大将大久保順《おおくぼじゅん》の布陣だった。関谷が優秀選手に選ばれている。会場は日光市で、現在も唯一の県勢団体優勝だ。2位は5回。男子で67年の日光高、93年の栃木南高、2001年の鹿沼高、11年の小山高。女子は1971年の國學院栃木高となる。

個人優勝は68年に神山佐知子《かみやまさちこ》（日光高）が初めて女王に輝き、72年に女子の黒須（國學院栃木高）が続いた。男子は2018年に大《おお》平翔士《ひらしょうし》（佐野日大高）が決勝で加《か》藤竜成《とうりゅうせい》（島根・八頭高）を延長戦で下し王座に就いている。

女子の竹中、男子の大平と有望な若手が順調に伸びており、全国を舞台にした大会での活躍に期待したい。

全国高校総体の男子個人で優勝を飾った佐野日大の大平（右）
＝2018年8月、三重県営サンアリーナ

ラグビー

高校世代で拡大、発展

国内のラグビーの起源は1866年。横浜市に住んでいた英国人たちにより横浜フットボールクラブが設立され、日本で初めて競技が行われた。日本人がプレーをするようになったのは1899年。慶應大で広まって以降、学生を中心に人気を博していった。

その後、慶應大生たちが関東の大学、高校に競技を普及させた。本県にも1947年に伝わり、宇都宮高で最初の同好会が誕生。その後、宇都宮農高（現宇都宮白楊高）、宇都宮工高も続いた。

48年には県協会が発足。しかし、設立から数年間は指導者がいないこともあり会長不在だった。本格的に始動したのは1951年。法政大ラグビー部出身の本多三夫《ほんだみつお》が初代会長に就任し、指導体制が充実していった。その後は作新学院高や佐野高にも部が設立され、高校ラグビー界が最初の充実期を迎える。

全国への挑戦

高校生たちが目指す最高峰の舞台「全国高校ラグビー大会」への道のりは順風満帆ではなかった。競技人口が少なかったため各都道府県からの代表制ではなく、本県は茨城との予選を勝ち上がった1校のみが出場権を獲得できた。長らく茨城の壁に阻まれていたが、62年の第41回大会で宇都宮農が県勢として初めて花園に出場した。

その後は第44回大会に作新学院、第45、46回大会に宇都宮工が後に続いたが、以降は全国出場できない年が続いた。盛り返したのは第57回大会。佐野が県勢7年ぶりの花園出場を果たすと、第60～64回大会は連続出場し強豪校へと成長していった。

本県から代表校を出せるようになった後は、第65～72回大会まで作新学院が8大会連続出場。昭和の終わりから平成にかけての約10年間は佐野、作新学院が競技シーンの中心にいた。

88年、國學院栃木で部が創設されると、そこから同校の1強時代の幕が上がる。創部からわずか6年で花園初出場、初勝利。当初はライバルの作新学院、佐野と全国出場を争うなど拮抗《きっこう》していたが、年々実力差が開いていき、現在まで県内最多の27回出場を誇る。

社会人の躍進

高校年代を中心に広がっていったラグビーだが、67年、宇都宮農高OBらが現在の宇都宮ヴォルツの前身となる宇都宮白楊クラブを創設し、社会人チームも誕生した。

力つける宇都宮ヴォルツ

長い期間、県レベルで活動していたが、2014年に東日本選手権でベスト8の成績を収め、東日本トップクラブリーグ2部へ昇格。19年には過去最高となるリーグ3位に輝いた。一方で、1部昇格プレーオフ圏内となる2位にあと一歩及ばなかったことで、悔しさと成長をともに感じるシーズンとなった。

同年、1部昇格の悲願を達成させるためクラブを法人化し、現在の宇都宮ヴォルツとなる。財政規模も拡大し、県外の有力選手や外国人選手を獲得するなど積極的な補強を進めている。22年の全国クラブ選手権では初の4強入り。今秋からのリーグ戦でも1部昇格候補筆頭となるなど着実にチーム力を付けている。

国体のラグビーは関東ブロック予選を勝ち上がったチームのみが出場権を得るため、本県はこれまで「関東の壁」に阻まれてきた。その中で迎えた1980年の栃木国体は開催県枠で初出場。成年男子は白楊クラブ、少年男子は佐野高を中心に作新学院高や宇都宮工高らの選手を加えてチームを編成。他県から有力選手は集めずに、地元選手を中心に戦った。

成年は初戦の2回戦・愛媛戦を27―26で勝利。準決勝で秋田に大敗したが、初出場で3位と健闘した。少年は1回戦で北海道に8―0で完封勝ちし、2回戦で大阪に敗れた。花園で苦戦が続く中、初の国体で地元に勝利を届けるという目標を達成した。

その後は国体とは無縁だったが、少年が2011年の山口国体で31年ぶりに出場。日本代表SO田村優《たむらゆう》（キヤノン）の弟煕《ひかる》（サントリー）らを擁した國學院栃木高中心のチームが躍進し、初の3位入賞を果たした。準決勝で強豪・福岡に敗れるが25―27と追い詰めた。

16年の岩手国体でも3位、昨冬の花園では國學院栃木高が準優勝に輝くなど、近年は競技レベルの向上が顕著だ。その中で迎える今秋の栃木国体は最高成績更新に期待が寄せられている。

第101回全国高校大会の決勝で戦う國學院栃木の選手たち。惜しくも敗れたが県勢初の準優勝を果たした＝2022年1月8日、大阪府の花園ラグビー場

スポーツクライミング

安間、楢崎智ら世界制す

2021年夏の東京五輪で正式競技に採用された近代スポーツのスポーツ（S）クライミング。従来の自然の岩場を登るロッククライミング、フリークライミングに競技性を持たせた。1940～80年代にかけてソビエト連邦（現ロシア）で行われていた規定の高さを登ってスピードを争う競技会が、スポーツとしての起源とされている。

Sクライミングには壁を登る速さを競う「スピード」、壁の到達高度を競う「リード」、完登した壁の数を競う「ボルダリング」、3種目のうち複数種目の総合成績で争うコンバインド（複合）の4種目があり、本県は特に男子の優秀なボルダリング選手を多く輩出。2004年から毎年、本県選手が日本一や世界一に輝いている。

県山岳連盟は1995年、今市青少年スポーツセンター体育館内にクライミングウォールが完成したことを機に連盟内にクライミング委員会を設置。3年後には県連盟が中国遠征の際に装備の保管などに使った宇都宮市内の倉庫をクライミングジムとしてリニューアル。そこから安間佐千《あんまさち》や芝田将基《しばたまさき》といったトップ選手が生まれた。

普及後押し

世界大会も90年前後から開催されるようになっていった。本県からは安間や楢崎智亜《ならさきともあ》（TEAM au）ら世界的な選手が生まれ、本県のみならず国内の競技普及を後押しした。

現在プロフリークライマーとして活躍する宇都宮市出身の安間はリード種目を得意とし、2006年にジャパンカップ（JC）で県勢初の日本一に輝くと、欠場した08年大会を除いて11年大会まで全て優勝。世界ユース選手権でも06年、07年大会で連覇を果たし、12年のワールドカップ（W杯）では開幕2連勝、初の年間総合優勝を達成した。その後も5度、W杯を制し国内選手の第一人者となった。

同じ宇都宮市出身の楢崎は東京五輪の日本代表として大舞台に立った。頭角を現したのは15年。ユース大会でボルダリングとリードで日本一に輝くと、同年のアジアユース選手権ボルダリングでもタイトルを獲得。16年にはボルダリングのW杯2大会を制して同種目では日本人男子初の年間総合優勝を飾り、世界選手権でもボルダリングと複合で頂点に。その後も国内外の大会で数々の栄冠をつかみ、19年の世界選手権でボルダリング、複合を制して東京五輪代表の座を勝ち取った。

2選手の影響もあり、2000年初頭には県内に2カ所しかなかった民間のジムは、現在14カ所まで増加。競技人口も着々と増え、ジムも連日盛況を博している。

競技人口着々増加 ユース世代 層厚く

後進続々と

安間、楢崎で終わらず、本県はトップ選手を続々と輩出している。

楢崎の3歳下の弟明智《めいち》（TEAM au）は12年のJOCジュニアオリンピックカップリードで日本一となり、16年のユースリード大会でも優勝。17年にはアジアユース、18年は世界ユース選手権でボルダリングとリードの2冠を果たした。

ボルダリングに強い川又玲瑛《かわまたれい》（日大）は16年のユース選手権を制すと、17、18年に世界ユース選手権で連覇。24年のパリ五輪に向けた強化選手にも選ばれた。19年にボルダリングユースを制した関口準太《せきぐちじゅんた》（宇都宮清陵高）は、同年にイタリアで開催された世界ユース選手権でリード優勝、ボルダリング準優勝の好成績を収めて複合の頂点に立った。

現在も本県はユース世代の層が厚く、20年のボルダリングユース日本選手権では加藤頼斗《かとうらいと》（大田原中）、21年から始まったユースフューチャーカップのリードでは戸田稜大《とだりょうた》（古里中）が栄冠を手にした。

国内タイトルこそ手にしていないが、男子は斎藤正樹《さいとうまさき》（日体大）や三竿莉平《みさおりへい》（小山二中）、寺川陽《てらかわひなた》（阿久津中）らも有力選手だ。女子も若手の育成が進み、ボルダリングやリードのJCで活躍する葛生真白《くずうましろ》（小山西高）や、21年の関東大会のリードで優勝した袖山和月《そでやまなつき》（陽西中）ら全国区の選手が増えてきた。

国体では1チーム2人の団体でリードとボルダリングの2種目を行う。天皇杯（男女総合成績）、皇后杯（女子総合成績）獲得のためにも、ボルダリング2連覇中の少年男子をはじめ本県選手団の活躍に期待したい。

世界選手権で日本人初となる複合優勝を果たし、五輪代表にも選ばれた楢崎智亜＝2019年8月、都内

山岳

「栃の葉」で初代王座

地の利生かし強化実る

近代的登山は1786年、フランスのガブリエル・パッカールがモンブラン（4808メートル）を征服したところから始まったと言われている。このモンブラン征服を契機として、1800年代には欧州で登山ブームが起こり、アルプスの巨峰が相次いで極められた。

一方、国内では古くから山岳信仰としての宗教登山は行われてきたが、スポーツとしての登山は1888年、英国人牧師のウォーター・ウェストンが日本アルプスを広く紹介したことが出発点。1905年に日本山岳会が結成され、その後、国内の未踏の峰々は各地の登山団体や大学山岳部に登頂されていった。

県連盟けん引

本県の登山組織は大正時代に日光山岳会が発足し、これを契機に宇都宮市や鹿沼市でも一般の山岳団体ができた。その時期には既に宇都宮中（現宇都宮高）が学校行事として登山を取り入れ、真岡中（現真岡高）でも16年には稲葉繁二教諭を中心に山岳団が創設されている。

登山が順位を争う競技として発展していったのは、41年、国体の前身の明治神宮国民錬成大会に、日本山岳連盟が参加したところから。しかし戦火が拡大している時期でもあり、内容は都内約70キロの行軍で、本県は石川輝之、大島静重、安納重雄ら4選手が参加した。

戦後は46年、日本体育協会に日本登山協会が加盟し、翌年の第2回国体からおおむね縦走の公開競技として発展を遂げていった。本県は48年に岳人たちの要望を受け、当時の県観光課長・千家《せんげ》哲麿《てつまろ》の提唱で県連盟が結成されると、翌年の第4回国体から選手を派遣。この頃は順位づけがなく、閉山式での表彰のみだったが、本県はコンスタントに優秀チームとして評価された。

さらに栃の葉国体の3年前、77年の第32回国体からは順位づけも行うようになり、本県はその年は成年男子と少年男子が2位、78年は成年女子と少年女子が2位、79年は少年男子が2位、同女子が3位と安定的に表彰台に上った。

80年の栃の葉国体から正式種目となった山岳は、以降はオリエンテーリング要素を用いた「踏査」、荷重を背負いトレイルランニングする「縦走」、岸壁などをよじ登る「登はん」の3種目で順位を争うことに。栃の葉国体は日光連山を舞台に行われ、成年の男子〈佐《さ》久間《くま》利美《としみ》、毛塚《けづか》勇《いさむ》、奥畑《おくはた》清美《きよみ》〉と女子〈倉持《くらもち》和子《かずこ》、印南《いんなみ》睦美《むつみ》、川辺《かわべ》裕美子《ゆみこ》〉と少年男子〈桑名《くわな》誠《まこと》、福《ふく》田《だ》学《まなぶ》、飯島《いいじま》正巳《まさみ》〉が優勝、少年女子〈委文《しとり》映子《えいこ》、滝口《たきぐち》励子《れいこ》、大場《おおば》桂子《けいこ》〉が2位で競技別優勝を飾り、初代王座に輝いた。

当時の本県チームは高校から優秀な選手が育ち、大学、社会人と競技を継続する流れができていた。関東ブロック大会を突破すると、本番の舞台となる山系で何度も事前合宿を行う熱の入れようだった。

そのかいもあって89年の第44回国体でも総合2位、95年の第50回国体でも総合3位に入っている。第50回国体は福島が開催地だったが、何カ月も前から現地の古民家を借り上げ、そこをベースに本番のコースで練習を積むなどした。本県は主に縦走と踏査に強く、前半の2種目でリードを奪い、登はんで逃げ切るのが勝ちパターンだった。

しかしその後、国体の実施種目も時代に合わせて変わり、2002～07年は縦走とクライミング（リード）、08年以降はスポーツクライミング（リードとボルダリング）が正式種目となっている。

審判員で貢献

一方で高校界を見ると、52年には県高体連に山岳部ができ、1957年から石川《いしかわ》茂治《しげじ》（宇都宮高教）を専門委員長に本格的活動をスタートさせた。初めての大会は日光市の太郎山が舞台で、加盟8校のうち宇都宮高、宇都宮女高、日光高、足利高が名峰の縦走に挑んだ。

その後も参加校は着実に増えていき、67年には24校250人が登録するまでとなった。切磋琢磨《せっさたくま》する環境から高い競技力も維持され、全国高校総体（インターハイ）でも74年に男子で今市工、86年に男子で真岡、93年に女子で鹿沼東が優勝している。

このほか県連盟は縦走路の開拓や全国大会への審判員を派遣などでも競技振興を図ってきた。小島《おじま》守夫《もりお》、小坂《こさか》丞《すすむ》らが主任審判員といった要職を担った。

総合優勝を目指して日光山系を駆ける、左から飯島正巳、福田学、桑名誠の本県少年チーム＝1980年10月

アーチェリー

馬頭高勢の活躍光る

アーチェリーがスポーツとして確立されたのは、16世紀に英国のヘンリー8世が大会を開催したのがきっかけと伝えられている。国内では全日本弓道連盟によって「洋弓部」として管轄されていた時代もあり、その後、本格的に行われるようになったのは1950年代後半に入ってからだった。

県内では65年にヤマハ楽器のスポーツ部の働き掛けで用具販売に乗り出した上野スポーツ（宇都宮）の揚石稔《あげいしみのる》が競技普及を目指し奔走した。その結果、県内に住んでいた第22回世界選手権出場の慶應大OB猪股英毅《いのまたひでき》らが集まり、愛好会を結成した。

66年県協会結成

さらに、揚石と猪股が協力して66年に県協会を結成し、理事長に揚石が就任。同年に全日本連盟に加盟した。67年には宇都宮市の田川沿いに県内初となる練習場も誕生した。施設は十分でなかったが、小林克巳（小林工業）、高橋勇（足利銀行）らが腕を磨いた。

県内の高校でアーチェリーをいち早く採り入れたのは佐野日大だった。67年、矢板高北高根沢分校から独立した高根沢商も「すぐに全国大会に出場できる競技で知名度を高めたい」と吉沢光夫教諭を部長に68年に同好会を発足し、活動をスタートさせた。71年の第4回全国高校選手権に佐野日大、高根沢商が出場。高根沢商が団体で22位、個人は上田（高根沢商）が71位と全国のレベルの高さを痛感させられた。

県協会は同年に会長に猪股、理事長に高橋勇が就き、一層競技力向上に力を入れた。72年には宇都宮市と栃木市に、73年には足利市に支部も誕生。栃木支部の結成には加藤文郎（両毛スポーツ）と渡辺和夫（太平山クラブ）が尽力した。渡辺の経営する太平山クラブは交通の便の良さもあり、日曜祭日は県内外の愛好者でにぎわった。

この年に県協会は県体育協会に加盟した。78年のミュンヘン五輪にアーチェリーが52年ぶりに正式競技に復活することが決まり、県協会関係者の情熱にも拍車がかかった。72年は宇都宮市に「八幡山アーチェリー場」もオープン。ゴルフ練習場と併設した練習場だった。

全国選手権で個人、団体V

栃の葉契機に

栃の葉国体に向けて選手育成が活発となったのが75年ごろ。78年には会場となる馬頭町（現那珂川町）の馬頭高に補助員養成と、地元から選手を輩出するために部が結成され、顧問として結束博美《けっそくひろみ》と仲山孝夫《なかやまたかお》が就任した。翌年、日本体育大を卒業した後藤明男《ごとうあきお》も指導に加わった。

79年には待望の県高体連加盟が認められた。8月に開催された栃の葉国体リハーサルを兼ねた都道府県対抗が本番の会場でもある馬頭町民運動場で開催され、少年男子、少年女子が共に7位、成年女子が10位、個人は少年男子の大金《おおがね》義寛《よしひろ》（馬頭高）が4位入賞を果たした。

80年の栃の葉国体で県勢は成年男女、少年男女の4種別に挑戦した。最も善戦したのが少年男子。団体優勝は神奈川（1906点）で、1850点の本県チームは4位入賞を果たした。個人は島田芳浩《しまだよしひろ》、植木康弘《うえきやすひろ》（ともに佐野日大高）、大金の布陣で挑み、大金が5位、植木が13位、島田が15位に食い込んだ。

高校は全国総体（インターハイ）の種目となる前の82年の全国選手権で薄井雅美《うすいまさみ》（馬頭）が男子個人で優勝の金字塔を打ち立てた。関東大会で2年連続準優勝していた薄井は625点（50メートル303点、30メートル322点）をたき出した。

翌年の同大会男子団体で馬頭が初優勝。伊藤彰裕《いとうあきひろ》、平山敏美《ひらやまとしみ》、岡崎義明《おかざきよしあき》、角田信一《かくたしんいち》のメンバーだった。全国選抜男子個人では84年に角田が優勝。86、87年には秋田和則《あきたかずのり》（馬頭）が連覇。2人は優勝した年に、全米選手権のインターメディエイト部門に挑み優勝を飾っている。

全国高校選手権男子個人で県勢初の優勝を飾った薄井雅美（馬頭）＝1982年

さらに本県開催の93年の全国総体も馬頭町で開催。2014年は関東高校選手権大会男子団体で鹿沼高が優勝を飾った。

大学は09年の全日本学生個人選手権の男子では星達也《ほしたつや》（馬頭高－専修大）が王座に。11、12年は全日本学生フィールド選手権の女子個人で星亜沙美《ほしあさみ》（馬頭高－新潟・敬和学園大）が連覇を達成した。

アーチェリーの正式競技採用は国体が栃の葉国体から、インターハイは93年の栃木開催からと本県と縁がある。

空手道

栃の葉前 競技力向上

空手道の発祥は14世紀末、琉球王国を成した沖縄とされる。交易のあった中国から伝わった拳法と沖縄の伝統武術が組み合わさり、確立されていった。本土で本格的に普及したのは大正時代からだ。

本県の空手道は戦後に広がった。後に県連盟初代理事長となる近藤孝一《こんどうこういち》が礎をつくった。日大工科（現理工学部）の空手部主将だった近藤が1948年、国分寺町（現下野市）に拠点を設け、4年後に「日本拳法野州支部」の名で普及を始める。

稽古には警察学校の道場を借りることもあったが、宇都宮学園高（現文星芸大付高）の校庭、宇都宮市の八幡山といった野外でも汗を流した。宇都宮市公会堂では演武会を開き、宇都宮学園高のほか作新学院高、宇都宮工高を中心に広がりを見せた。

国際大会主導

近藤と共に活動をけん引したのが、県連盟で副理事長となる田村《たむら》宣玄《のぶはる》、2代理事長となる長島寿一《ながしまとしいち》だ。県内各地で学生向けに稽古を行った。その成果もあり、53年に立ち上がった「日本拳法誠道館」の傘下には黒磯、烏山、上三川、壬生、小金井の5支部ができた。

これらの団体と陸上自衛隊宇都宮駐屯地空手部、宇都宮大空手部を合わせ、55年に県連盟が発足。当時は都道府県単位の連盟は珍しく、現在も「国内最古の連盟」とされている。同11月には第1回大会となる県選手権が開かれ、現在まで歴史が続く。増形祐二《ますかたゆうじ》が個人組手の初代王者になった。

この頃、国際大会を主導したのも大きな功績。舞台は宇都宮市。61年には日韓親善大会、67年には第4回アジア選手権大会を開いた。以降の運営は全日本連盟に委ねることになるが、日韓の親善や73年のアジア太平洋連合の結成に貢献した。

栃の葉国体を控えた75年からは、競技力が最も向上した時代を迎える。

真岡高の活躍が目立つ。76年、熊本県が舞台となった第3回全国高校選手権大会（インターハイ）組手で団体3位。個人では高橋正《たかはしまさ》男《お》が、後に全日本王者となる鈴木《すずき》雄一《ゆういち》に再延長にもつれる接戦の末に敗れ、準優勝した。続く岡山県での第4回インターハイは上野誠《うえのまこと》が個人組手で優勝。県勢では初の日本一に上り詰めた。

真岡高、宇女商高けん引

完全優勝達成

成年世代も飛躍を遂げた。79年に栃の葉国体のリハーサルを兼ねた「第10回関東空手道選手権大会」が宇都宮市で開かれた。自由組手の団体〈篠崎進《しのざきすすむ》、仲山徹《なかやまとおる》、笹沼充夫《ささぬまあつお》、篠崎健《しのざきたけし》、高久光二《たかくこうじ》〉を制し、防具組手の団体〈鳥取幸夫《とっとりゆきお》、福田良一《ふくだりょういち》、増渕研二《ますぶちけんじ》、北条誠《ほうじょうまこと》、菊島誠一《きくしませいいち》〉でも栄冠をつかむ「完全優勝」を果たした。

当時の自由組手団体のメンバーだった笹沼がさらに活躍する。同年の全日本選手権は、第34回宮崎国体の一環として行われ、無差別級の笹沼は「絶対王者」や「帝王」などと称される村瀬一三生《むらせひさお》（東京）に敗れるが準優勝を収めた。大きな弾みを付けて迎えた80年の栃の葉国体だったが、男女共に総合5位に終わった。

空手道が国体の正式競技になったのは、81年の第36回滋賀国体から。県勢初の優勝は成年男子組手軽量級の榎戸哲也《えのきどてつや》で98年の第53回神奈川国体。翌年の第54回熊本国体も制している。女子は79年の第52回大阪国体で、少年女子個人組手の笹有紀子《ささゆきこ》の準優勝が最高となっている。

地元国体という一大イベントを終えた昭和から平成への過渡期は、多い時には200人ほどいたという県選手権大会の出場者も年々減少するなど低迷した。一方で宇都宮女商高（現宇都宮文星女高）が力を付け、黄金期を迎えていた。

83年の第10回インターハイの団体組手を初制覇すると、その後の15年間での優勝回数は6回。女子個人形の望月里奈《もちづきりな》は98～2000年のインターハイで3連覇の偉業を成し遂げた。

近年は10年のインターハイで宇都宮文星女高の石川茉奈《いしかわまな》が女子個人組手を制覇したのを最後に、県勢の全国タイトルは遠のいている。新星としては、19年の全国中学生空手道選抜大会（JOCジュニアオリンピックカップ）男子個人形で氏家中1年時に優勝した植《うえ》田颯真《だそうま》（宇都宮短大付高）らがおり、活躍が期待される。

栃の葉国体の成年男子組手軽量級で本県の大音（左）が中段突きを決める＝1980年9月、県体育館

なぎなた

國學栃木高 競技けん引

なぎなたは「薙刀」や「長刀」とも表記され、日本におけるなぎなたの発祥は、唐から伝来した矛が転身したとする説がある。詳しい起源は不明だが、平安時代中期の文献にはなぎなたの記述が残っており、戦の中で用いられていたことが明らかになっている。

室町時代には戦場でなぎなたの代わりにやりが使われるようになり、以降は専守防衛の武器として僧兵や女子に継承。明治時代以降に女子の武道として発展していった。

戦後、連合国軍総司令部（GHQ）の武道禁止令によりなぎなた競技を行うことが一時禁止された。しかし、復興を願う有志たちの働きにより1953年に委員会が設けられ、55年に正式に全日本連盟が発足。技の統一やルール制定などが行われ、競技としてのなぎなたが確立した。翌年には全日本選手権が始まった。

体育授業にも

なぎなたは「試合」と「演技」に分かれる。試合では防具を身につけ、定められた部位を打突して勝負を競い、演技ではしかけ・応じ技の中から指定されたものを2人1組で行い、技の優劣を競う。

本県の競技の発祥は64年。國學院栃木高の佐々木周二《ささきしゅうじ》校長が「礼儀正しく、品格のある女子教育を目指す」と、女子の体育授業になぎなたを導入。任命を受けた蓮田《はすだ》美香《みか》が指導に当たった。蓮田は指導の傍ら県に競技を普及すべく奔走。65年の県連盟発足に大きく寄与した。

本県の競技力は70年代、淀縄健《よどなわけん》一郎《いちろう》監督の指導の下、國學院栃木高で向上した。70年から東日本高校選手権個人で同校の選手が7連覇。73年の全国高校総体団体では片柳順子《かたやなぎじゅんこ》、木村英子《きむらひでこ》、早乙女豊子《そおとめとよこ》、早乙女安子《そおとめやすこ》、新美裕子《しんみゆうこ》、酒寄《さかより》けいこ、神山晴美《かみやまはるみ》が県勢初の頂点。個人では片柳が準優勝に輝いた。

75年の同大会で団体4位、個人で田村礼子《たむられいこ》が3位入賞を果たすと、76年には団体で3位、個人で坂巻幸子《さかまきさちこ》が初の栄冠を手にし、同校なぎなた部に新たな歴史を刻んだ。

78年、全日本連盟が日本スポーツ協会に加盟したことで、国体になぎなたが正式種目として参加することが承認された。82年の島根国体で公開競技として初めて実施。翌年の群馬国体から正式種目として採用された。

総体 県勢初Vの金字塔

同国体で本県の代表は成年女子演技、少年女子試合の部でそれぞれ5位入賞を果たした。88年の京都国体は少年女子試合で深澤純《ふかざわじゅん》子《こ》、馬瀬祥子《ませさちこ》、高橋淳子《たかはしじゅんこ》が6位、92年の山形国体は成年女子2部試合で上石理緒《あげいしりお》、須藤美代子《すどうみよこ》、坂本《さかもと》直美《なおみ》が7位入賞だった。

また、98年の神奈川国体は成年女子試合で深澤、斎藤恵《さいとうめぐみ》、上石が8位入賞。しかし、その後は国体での入賞から遠ざかっている。

一方、90年代から2000年代にかけて、國學院栃木高勢が関東大会で躍動。94年には個人で土屋《つちや》佳代《かよ》、96年には団体〈中田《なかた》、加藤《かとう》、大里《おおさと》、平野《ひらの》、倭文《しとり》〉で頂点に立った。01年は団体で準優勝、05年は団体、個人の小曽戸綾香《おそどあやか》がそれぞれ準優勝に輝いた。

また、10年代以降も16年と21年に団体で3位。22年には坪山遥音《つぼやまはるね》が個人3位、演技で坪山・石田煌《いしだこう》香《が》組が準優勝を果たしている。

専門員の成果

本県は2019年からスポーツ専門員として疋田《ひきた》かんな（岩手県出身）を採用。岩手県代表として出場した16年の岩手国体では、試合で4位、演技で5位に入賞し、岩手代表の競技別2位入賞に貢献した。栃木国体でも入賞が期待される。

また、疋田は強化指定校の國學院栃木高などを中心に高校生の指導に当たっている。19年の茨城国体関東ブロック予選では、本県少年女子代表の木滑《きなめ》あゆみ（國學院栃木高）、斎藤友里菜《さいとうゆりな》（同）、関原《せきはら》胡桃《くるみ》（宇短大付高）が団体で4位に入賞し、10年ぶりの予選突破を果たすなどの成果が現れている。

19年には東日本選手権で萱場由《かやばゆ》華《か》、佐藤亜季《さとうあき》、疋田が団体で3位。22年の第63回都道府県対抗大会で中島理沙《なかじまりさ》・疋田組が演技で3位、総合成績で6位に入賞するなど、疋田は本県の少年、成年の競技力向上に大きく貢献している。

また、本県成年女子の選手として出場する佐藤亜季は07年の國學院栃木高時、少年女子の選手として出場する杉浦榛苗《すぎうらはるな》（宇短大付高）と坪山は22年、全国高校総体でそれぞれ決勝トーナメント進出を果たしており、本番でも活躍が期待される。

全国高校総体の団体で県勢初の優勝を果たした國學院栃木の選手たち＝1973年7月29日

ボウリング

小林姉妹ら目引く活躍

老若男女が楽しめるレジャーとしてもなじみが深いボウリング。その歴史は古く、古代エジプトで木製のボールとピンが発掘されたことから、太古から似たような競技があったことが推測される。

17世紀には米国で競技として確立。日本では1861年に長崎県で初めてボウリング場が開設され、外国人たちの社交場となっていた。日本人の間では1950年代に東京を中心に広まっていった。

本県に入ってきたのがボウリングブームが始まった66年。宇都宮市に宇都宮エースレーンが誕生し、以降続々とボウリング場が誕生した。最盛期には東武宇都宮百貨店にも併設されるなど身近な存在となった。

栃木OP盛況

67年には日本プロボウリング協会が発足し、競技プロ化が始まった。本県からのプロ第1号は68年。長山賢次《ながやまけんじ》が男子5期生で合格した。中山律子《なかやまりつこ》ら全国的なスター選手も誕生し、人気は絶頂を迎えていた。

当時は各都道府県で多くの大会が開催。本県で最も大きいタイトルだったのが82年に始まった「栃木オープン」だ。プロ、アマチュア問わず熱戦を繰り広げ、初代王者には同協会殿堂入りの酒井《さかい》武雄《たけお》が輝くなど、多くの有名選手も参加した。全盛期には各地区の予選を含め参加人数1千人、優勝賞金は1千万円以上に上り、県内ボウラーにとって憧れの舞台だった。

しかしブームの衰退とともに大会も縮小し、2008年を最後に終了。以降はアマチュアが腕試しをする場も少なくなり、現在は3月に開かれる下野杯が主要タイトルになっている。

女子がけん引

アマチュアが目指すもう一つの舞台が国体だ。1980年の栃葉国体では正式競技ではなかったが、88年の京都国体で初めて正式競技入り。男女の成年、少年チームが個人、団体で争う。

本県代表の最高成績は少年女子の準優勝3回。2006年の兵庫国体で小林《こばやし》あゆみ、よしみ姉妹が団体準優勝を果たしたのが最初だった。07年の秋田国体も姉妹で、08年の大分国体はよしみが渡辺《わたなべ》けあきと組み連続準優勝を飾った。

台頭する若手有望株

3人はいずれも現在30代前半。若年層の育成に力を入れてきた結果が実を結び、女子で黄金世代が生まれた時代だった。

その後、プロの世界でも活躍する。よしみが43期生として初めてプロの門戸をたたくと、あゆみ、渡辺も後を追った。最初にタイトルを獲得したのはあゆみ。デビュー2年目の12年、「六甲クイーンズオープン」で優勝を果たすと、13年までに3度のタイトルを獲得し好調なスタートを切った。

渡辺は長らく未勝利だったが、19年に「中日杯東海オープン」で初優勝。決勝はわずか3ピン差で競り勝ち女王の座を手にした。

よしみは20年にビッグタイトルを獲得。賞金総額700万円と国内最大規模の大会「ハンダカップ・全日本女子プロ選手権」で初優勝。初戦で賞金女王常連のトッププロ姫路《ひめじ》麗《うらら》を破ると勢いそのままに勝ち進んだ。この年のシーズンは賞金ランキングも自身最高の8位で終え、トッププロの仲間入りを果たした。県出身プロの活躍は県内ボウリングファンを熱狂させている。

現在も有望な若手が台頭している。めざましい成長を遂げているのが矢板中央高2年の人見《ひとみ》皇己《こうき》だ。22年のオール関東ジュニア大会では県勢初の頂点に。9ゲーム計2247点は大会レコードを更新する圧倒的な強さだった。

足利大付1年の市村飛陽《いちむらひなた》も急成長中。レーンコンディションに左右されにくいスピードボールが武器のパワーボウラーだ。2人は中学時代から国体強化選手入りし、22年秋の栃木国体にも少年男子で代表入り。各年代の中で最も入賞の可能性が高い。

3月に開催された第39回下野杯ではさらに若い世代が活躍を見せた。宇都宮市の錦小5年田中謙臣《たなかけんしん》は大人顔負けの好スコアを連発し、大会史上最年少で決勝トーナメント進出。1回戦ではパーフェクトを達成し、注目を浴びた。惜しくも優勝は逃したが、今後の成長に関係者らは期待を寄せている。

このほか下野杯優勝経験者からは佐々木銀次《ささきぎんじ》が成年男子代表入り。19年茨城国体にも代表入りした新《あら》井《い》審護《しんご》ら経験豊富な選手たちと新戦力が融合し、地元開催で入賞を目指す。

2020年ハンダカップ・全日本女子プロ選手権で優勝を果たした小林よしみ＝東京都・東大和グランドボウル

ゴルフ

県知事盃 半世紀の歴史

大会多彩、猛者が名勝負

栃木のゴルフ史で欠かせない大会が県知事盃。1966年に産声を上げて今年56回を迎えた。伝説となっているのが中《なか》嶋《じま》常幸《つねゆき》の18歳での優勝だが、第50回記念祝賀会に「50年以上続くアマ大会は珍しく、栃木県知事盃は県の宝」とメッセージを寄せている。

県知事盃がスタートした時代は高度成長の真っただ中。とは言っても、庶民にとってゴルフはまだ高根の花だった。ゴルフの面白さに取り付かれた経営者は時間と熱意、経済力をプレーに注ぎ込んだため、金融業界からは「(ハンディキャップが)シングルの社長には金を貸すな、というおきてがある」と揶揄《やゆ》された時代でもあった。

県内には当時、那須GC、日光CC、唐沢GCなど10カ所ほどのコースがあったが、大会は各ゴルフ場の月例競技ぐらい。「腕自慢の中で一番うまい者を決めようではないか」と下野新聞社のバックアップを得てスタートした。参加者は年々増え、それに伴い83年に一般女子の部、87年にシニアの部、97年にジュニアの部が加わり、現在は7部門の大会へ成長している。

アラカルトを拾って見ると、最多優勝は富田昇吾《とみたしょうご》（宇都宮）の4回。78年に達成して以来、43年間破られていない大記録だ。3勝は日向和弘《ひゅうがかずひろ》（同）、半田裕一《はんだゆういち》(同)、張田巧《はりたたくみ》（日光）の3人が飾っている。

高校生V6人

最年少記録は松枝靖悟《まつえだやすのり》（下野）の16歳2カ月で、佐野日大高1年時に達成した。逆に最年長は2回優勝している歌川康広《うたがわやすひろ》（宇都宮）の56歳2カ月。プレーオフで23歳年下の相手を2ホール目で下した。高校生チャンピオンは過去6人誕生し、昨年は佐野日大高2年の康翔亮《こうしょうすけ》（東京）が輝いている。

一般女子の部の最年少優勝者は現在プロで活躍する臼井麗香《うすいれいか》(鹿沼)。北押原中1年時、わずか12歳10カ月で頂点に立った。最年長での優勝者は内田《うちだ》トシ子《こ》(宇都宮）の55歳だ。

県内各ゴルフ場のクラブチャンピオンが腕を競う「キング・オブ・チャンピオンズ大会」も78年に誕生し、43回の歴史を刻んできた。翌年は優勝者のコースで開催する、という規定にもかかわらず、いまだに連覇を飾る者が現れていない。

2017年に矢板CCの相馬《そうま》義孝《よしたか》（那須塩原）が連覇に王手をかけたが、17番パー3でトリプルボギーをたたき、1打及ばず2位に甘んじた。最多優勝は新津淳《にいつじゅん》（同）の3回。1、2回目は広陵CC、3回目はホウライCCのチャンピオンとして臨んでの栄冠だった。

県社会人アマは83年に誕生し、38回の歴史を刻んでいる。2日間36ホール、27ホールなど競技方法が変わってきたが、近年は18ホールで定着している。例年、全国都道府県対抗大会の予選を兼ねていたが、19年の37回大会で同大会が終了。このため、20年から主催が下野新聞社から県ゴルフ連盟錬成会にバトンタッチされた。最多優勝は日向和弘、相馬義孝、渡辺幹《わたなべみき》根《ね》（小山）の3回。

アマ大会続々

県社会人アマに遅れること4年、87年に産声を上げたのが県アマだ。第1回大会のみ2日間36ホールで競われたが、第2回大会から1日競技で行われている。優勝は日向和弘の3回が最多で、2回は中三川勝弘（那須塩原）、半田裕一、後藤《ごとう》貴浩《たかひろ》（宇都宮）がそれぞれ2勝を飾っている。

特筆すべきは92年の第6回大会。58歳の高松英明《たかまつひであき》が最年長優勝を果たした。松浦茂《まつうらしげる》（宇都宮）、佐藤次男《さとうつぎお》（同）、本田昌之《ほんだまさゆき》（西那須野）、佐藤信（小川）との5人のプレーオフを勝ち抜いての堂々とした勝利だった。

県ミッドアマも22年に11回目を迎えた。男子は県ゴルフ連盟錬成会が、女子は同レディース会が主催している。男子は半田裕一が3勝、後藤貴浩が2勝。女子は田崎史子《たさきふみこ》（真岡）、小森幸《こもりさち》恵《え》（矢板）、上野千鶴《うえのちづる》（宇都宮）がそれぞれ2回女王に就いている。

トッププロも出場した「栃木オープン」は72年にスタートし、96年まで25回の歴史を刻んで幕を下ろした。謝敏男《しゃびんなん》、杉本英世《すぎもとひでよ》、室田淳《むろたきよし》、水巻善典《みずまきよしのり》、芹沢信雄《せりざわのぶお》らが塩原CCのギャラリーを沸かせた。国内ツアー競技では男子の「ジュンクラシック」が99年、女子の「那須小川レディス」が01年まで開催された。

97年からスタートした県オープンは25回目を迎えた。遠藤彰《えんどうあきら》が優勝3回を誇る。栃木オープンに比べて賞金総額は減少しているが、出場者はアマを含めて毎回140人前後と規模は維持。主催する県ゴルフ場協議会、県プロゴルフ会などの手腕が期待される。

第3回県知事盃で優勝した中村彰志（足利）のバンカーショット＝1968年、日光CC

新体操

高校部活動発展支える

ボールやリボンなどの手具を手に華麗な演技を披露する新体操。五輪などでは女子の新体操が「観戦する競技」として定着している。一方、男子も近年ではコミカルな要素もある団体演技がメディアなどで注目されるようになってきた。

女子は戦後の欧州で行われていた手具を使った演技にルーツがあるとされ、1963年にハンガリーで初めて世界選手権が行われた。その後、84年の米国・ロサンゼルス五輪で個人総合が正式競技に。国内は52年に全国高校総体（インターハイ）で正式競技となり、国体は74年の茨城から高校男女が競うようになった。

県内に目を移すと国際的な選手は出ていない。競技の発展を支えたのは高校の女子部活動チームで、昭和の時代は宇都宮女、宇都宮中央女（現宇都宮中央）、真岡女などが一時代を築いた。この中で宇都宮中央女は73年、地元開催の全日本大会で3位、真岡女は79年の国体関東ブロック大会3位で本大会初出場と歴史に名を残した。80年の栃の葉国体は真岡女単独で2位、93年の栃木インターハイは宇都宮中央女が3位と意地を見せた。

一方、男子は50～60年代は宇都宮商が全盛を極め、54年の関東高校大会を制覇。同年の全国大会も3位に食い込んだ。70年代は宇都宮、宇都宮農（現宇都宮白楊）と勢力図が移り、栃の葉国体は宇都宮農が少年男子で日本一に輝いた。しかしその後は一気にチーム数が減り、現在、本県に男子部活動はない。

22年の栃木国体では選抜チームを編成し出場。上位入賞が期待される。

トランポリン

宇都宮クが普及に尽力

トランポリンとはフレームに固定された四角などの収縮性のある布の上でジャンプして、空中での技の難易度を競う競技だ。器具名として一部で商標登録などもされているが、近年は競技の名前としても広く認知されている。

発祥は中世のサーカスという説が有力で、1930年代の米国でスポーツとして扱われるようになった。日本には59年に米国からトップ選手が来日し競技を紹介。同時期に米国ではレクリエーションとして人気が沸騰していた。

64年に全日本選手権が初開催されると、72年には日本協会が創設。同協会は99年に国際連盟の流れに沿って日本体操協会に吸収合併された。五輪は2000年のシドニー大会から、国体は19年の茨城から正式種目となっている。

県内では1965年ごろ、大垣昇一《おおがきしょういち》、篠崎孝《しのざきたかし》が県体育館で子供たちを対象に教室を開いたのが出発点。75年に大垣の弟・博《ひろし》が宇都宮クラブを立ち上げ、以降、東日本大会をつくるなど同クラブが普及の中心を担った。

80年には栃の葉国体のデモンストレーションスポーツとして県民にも広く公開、体験してもらうことで人気を博した。全国区の選手としては、同クラブから独立したUSCクワトロの広瀬由実《ひろせゆみ》が筆頭。国本中時代の2000年代初頭に世界年齢別大会へ出場するなど活躍した。

22年の栃木国体は本県で初めて全国規模の大会が開催され、茂木町民体育館で県スポーツ専門員の男子・山田大翔《やまだひろと》、女子・谷口空《たにぐちそら》の県勢2人が上位を狙う。

カヌー

目引く高校生の活躍

カヌーは何千年も昔から人々の移動手段や狩猟の道具として用いられてきた。競技としてのカヌーは19世紀中頃の英国で誕生し、1866年に同国のテムズ川で初めてレースが行われた。

日本にカヌーが入ってきたのは1930年代後半。後に中止となる40年の東京五輪準備のため、36年にベルリン五輪の選手団が、ドイツ製のカヤック艇とカナディアン艇を日本に持ち帰ったのが始まり。38年には日本協会も設立された。

国体の正式種目になったのは82年の第37回国体から。本県はその流れを受け、前年の81年に県協会を設立した。発足当初は一般の理解度も低く、選手育成に苦労を伴った。83年の第38回国体の成年男子ワイルドウオーター・カヤックシングルで後藤敏郎《ごとうとしお》が8位に入賞したが、その後しばらくは大きな成果を挙げられなかった。

93年に第48回国体の成年男子ワイルドウオーター・カヤックシングルで鈴木隆《すずきたかし》が6位に入賞したのを契機に、国体等の全国大会入賞などの実績を挙げられるようになった。

2007年の日本ジュニア選手権では、小山南高が女子カヤックフォアの200、500メートルを制し2冠に輝くなど、本県の競技力は高校生を中心に向上。19年の同大会でも小山南高の諏訪《すわ》貴也《たかや》・永池亮太《ながいけりょうた》・田中涼《たなかりょう》・松嶋良和《まつしまよしかず》がカナディアンフォア200メートルで6位入賞を果たした。

22年の栃木国体に向けては本県は6人の県スポーツ専門員を採用しており、上位入賞が期待される。

セーリング

「未普及競技」から成長

セーリングの中心となるヨットの起源は、16世紀の終わりから17世紀の初めにかけてオランダの上流社会ではやった海遊びの「ヤクト」で、日本では1882年、外国人によって横浜市にクラブが創設されたのが始まりとされる。国体は1946年の第1回からヨットとして正式競技に採用され、2001年にセーリングと競技名を変えた。

本県では本格的な施設もないことから、長い間、未普及競技とされてきた。1968年、小山市の萬自動車工業（現ヨロズ）の最上博次工場長が茨城・霞ケ浦で友人、知人を誘って普及を始めたことが競技団体結成のきっかけ。その後、足利工大（現足利大）の後ろ盾を得て、71年に県連盟が創設された。

翌年の第27回国体に初めて選手を送り込んだ。一般男子は足利工大の選手が中心で、一般女子は萬自動車工業の社員2人で競技別成績は37位。少年のエントリーは74年の第29回国体が最初で、フィン級に高山芳樹《たかやまよしき》（石橋高）、スナイプ級に長浜博之《ながはまひろゆき》、山中康雄《やまなかやすお》（ともに小山高）が出場した。

80年の栃の葉国体は千葉市の稲毛ヨットハーバーで開催され、県勢は成年男女、少年男子の3種別に出場。成年男子470級の黒沢弘行《くろさわひろゆき》・飛田《とびた》進司《しんじ》組（足利工大）が23位と善戦した。

その後、90年代前半までは自治医大、小松製作所（現コマツ）小山工場などが本県セーリング界を下支え。全国大会で苦戦は依然続くが、21年秋の関東高校選抜大会で伊藤良寛《いとうりょうかん》（文星芸大付）が男子レーザーラジアル級で3位に入るなど、明るい話題も出始めている。

クレー射撃

五輪選手輩出の実力県

「クレー」と呼ばれる陶器製の標的を散弾銃で狙い、射撃の正確さなどを競うクレー射撃。発祥は明治の初期とされ、当時、横浜にあった外国人居留地を守る軍隊が射撃訓練の合間に鳥を飛ばして散弾銃で狙っていたことが始まりとされている。

銃を扱うだけに規制が厳しく大衆化されずにいたが、1882年、都内に小口径射撃場が新設されると、射撃場建設の動きが全国に拡大していった。県内初の常設射撃場の誕生は1921年で足利猟友会によって足利市内に築かれた。

射撃場の建設を契機に競技としての側面が強くなっていく中、県内で普及が進んだのは戦後のこと。戦前にも鹿沼町（現鹿沼市）の宮司石原重殷《いしはらしげたか》が関東王者となるなど成果を挙げていたが、47年に県猟友会が結成され射撃運営委員会が設置されると本県の競技力は大きく向上した。

石原は53年の四国国体でトラップ団体と個人で2冠を達成。54年にはトラップの日本選手権を制するなど黄金期を築いた。父の背中を追った敬士《けいし》は70年に日本選手権スキートで優勝。世界選手権にも何度も出場し、75年には6位入賞を果たした。

五輪出場も期待されたが68年のメキシコ大会、72年のミュンヘン大会で代表候補となったが、日本協会の不祥事で派遣は中止。80年モスクワ大会は日本がボイコットし、ついにひのき舞台に立つことはなかった。だが、2016年のリオデジャネイロ大会、21年の東京大会に次女奈央子《なおこ》が出場しその思いは果たされた。

このほか00年のシドニー大会など5度の五輪に出場した小山市生まれの中山由起枝《なかやまゆきえ》、1964年東京大会など2度の五輪を経験した宇都宮市の石下年安《いしげとしやす》らが世界の大舞台を経験した。

このほかトラップは56年に宇都宮市の篠崎昌敬《しのざきまさのり》が全日本選手権を、65年に足利市の土肥新吉《どひしんきち》が岐阜国体を制覇。スキートは2000年代に入り、大田原市の野崎靖弘《のざきやすひろ》や那須塩原市の折原研二《おりはらけんじ》が全日本選手権で栄冠を手にし、折原の娘の梨花《りか》も21年の全日本女子で頂点に立った。

国体においては同競技は19年の茨城国体から隔年開催となり、残念ながら22年の栃木国体では実施されない。

銃剣道

強化実り着実に成果

銃剣道は従来から武技の一つとされ現在は武道である。その起源は17世紀の中期フランスで始められたと言われる。銃の先に剣を付け、戦争などの接近戦で用いられる。国内にもフランスから伝来した。

一方、武術として本格的に研究され始めたのは明治中期の1880年代。剣客槍術《けんかくそうじゅつ》の達人を輩出していた皇居内の道場「済寧館」に、陸軍が軍学校・戸山学校の関係者を派遣し槍術を学ばせたことで銃剣術の基礎が確立された。

1956年に全日本連盟が設立された。ただ本県は組織づくりが立ち遅れ、県連盟が発足したのが65年。競技は陸上自衛隊の宇都宮駐屯地内で盛んに行われ、県内支部も相次いで立ち上がった。この頃の全日本選手権では四、五段の部で72年に山田《やまだ》道夫《みちお》、73年に青木久美《あおきひさみ》が準優勝、78年に大内貞夫《おおうちさだお》が3位、団体でも3位と奮闘した。

全日本連盟は73年に日本体育協会加盟。80年の栃の葉国体から正式種目に昇格し、この時、本県の成年男子、少年男子チームは共に準優勝と奮闘した。その後は成年チームのみが地道に活動を続けたが、全国上位の成績は勝ち取れなかった。

しかし、22年の国体開催が決まってからは、他競技に先んじて強化を進めた。文星芸大付高の剣道部がベースとなる少年チームも全国で戦える力を蓄え、先月の全国高校大会では同校の真鍋翔吾《まなべしょうご》、吉原拓海《よしはらたくみ》が部門別優勝を飾った。さらに8月4日の全日本選手権では藤原考貴《ふじわらこうき》（陸上自衛隊宇都宮駐屯地）が県勢初の日本一。上り調子の中で栃木国体を迎える。

トライアスロン

「村上塾」育成の拠点

「鉄人レース」として広く知られているトライアスロンは、水泳、自転車、長距離走の3種目をこなし、その合計タイムを争うスポーツ。その歴史は比較的新しく、1974年に米国で行われた大会が最初とされる。

国内では81年に鳥取県で国内初レースが行われた。その後、知名度も次第に高まっていき、沖縄・宮古島で全日本大会が始まった85年ごろから公式戦も増えて、一気に市民権を得た。

世界的には89年に国際連合ができ、2000年のシドニー五輪から正式種目となった。国内では1994年に日本連合が発足すると、順調に組織化が進み、85年には県協会も立ち上がった。国体は16年から正式競技となっている。

本県に目を移すと、80～90年代にかけて国内外で結果を残していた宮塚英也《みやづかひでや》が、87年、那須町に移住したところから歴史は始まる。宮塚はコーチの村上晃史《むらかみこうじ》と二人三脚で国内大会を総なめにし、海外大会でも活躍した。

宮塚のサポートと並行し村上は、本県を拠点に「村上塾」を開きトップ選手を育成。世界選手権出場の原田雄太郎《はらだゆうたろう》、ロンドン五輪代表候補の菊池日出子《きくちひでこ》、韓国・仁川アジア大会出場の椿浩平《つばきこうへい》、後に女子競輪選手に転身する梶田舞《かじたまい》らを育て上げた。このほか茂木町出身の渡《わた》辺亜希子《なべあきこ》らを全国区の選手に引き上げた。現在は栃木国体に向けて、真岡市出身の渡辺優介《わたなべゆうすけ》らの強化も担当している。

これまで国体では09年の公開競技時代から県勢の上位入賞はないが、地元開催で戦力も充実。史上初の表彰台を狙っている。

高校野球 1

作新が甲子園春夏連覇

県商、県勢初の全国出場

本県高校野球の歴史は古く、1896年に宇都宮中（現宇都宮）に野球部が創設され、水戸中と定期戦をもったのが始まりとされる。4試合行われ水戸中の3勝1分けだった。

この定期戦に刺激され、県内では99年に栃木中（栃木）、県農（宇都宮白楊）、県工業（足利工）、1902年に真岡中（真岡）、下野中（作新学院）、大田原中（大田原）で野球部が創部された。

15年にスタートした全国中学優勝大会予選に、県勢が初出場したのは18年の第4回大会。水戸商グラウンドで開催された関東予選に真岡中が出場し、下妻中（茨城）に5—7で敗れた。出場校は毎年増え、第6回大会で宇都宮中、第7回で県工業が準決勝に駒を進め、第8回大会は大田原中が龍ケ崎中（茨城）に8—9で敗れたものの準優勝に輝いた。

全国大会に県勢で初めて進んだのは20年創部の県商（宇都宮商）だった。23年の第9回大会。関東大会決勝で千葉中（千葉）を7—5で破った。当時の全国大会の舞台は甲子園球場ではなく鳴尾球場。1回戦で甲陽中（兵庫）に2—8で敗れた。

甲子園に舞台が移された第10回大会（24年）には宇都宮中が関東大会を勝ち抜いて出場。2回戦から登場した宇都宮中は佐賀中（佐賀）を10—7で下し、県勢初勝利を挙げるとともに8強に進出した。

県予選を開始

選手権の県予選が行われたのは31年の第17回大会だった。宇都宮中、宇都宮工のグラウンドに15校が集まり開催された。決勝は宇都宮中と烏山中の顔合わせとなり、宇都宮中が13—6で制している。

3校目の全国選手権出場は栃木中。第19回大会（33年）に北関東大会準決勝で高崎商、決勝で桐生中と群馬勢を立て続けに破り、悲願の甲子園出場を決めた。2回戦で大分商（大分）を破ったが、準々決勝は2—3で松山中（愛媛）に屈した。栃木中は翌春の選抜大会にも県勢で初めて出場している。

学制改革により、全国中学優勝大会から名称が「全国高校野球選手権大会」となったのが48年の第30回大会から。戦後、本県の県高校野球の育ての親となったのは浜野仁《はまのひとし》で、31年に宇都宮工に着任、同校の黄金時代の指揮をとった。

第32回大会（50年）には神田昌男《かんだまさお》—吉成武雄《よしなりたけお》のバッテリーで北関東大会を制覇。県勢17年ぶりの甲子園でも4強に進んだ。第41回大会（59年）には、大井道夫《おおいみちお》—猪瀬成男《いのせしげお》のバッテリーで準優勝を成し遂げた。

作新学院の全国選手権出場は第40回大会（58年）。1県1校が甲子園へ進める記念大会で、作新学院は県予選決勝で宇都宮工を6—2で破り、初出場を決めた。板東英二《ばんどうえいじ》擁する徳島商（徳島）に準決勝で敗れたものの4強は称賛された。

歴史に金字塔

高校野球の歴史に金字塔を打ち立てたのが62年の作新学院だ。第34回選抜大会、第44回選手権で共に優勝。史上初めて春夏連覇を達成した。選抜では「利根川以北で初めて紫紺の優勝旗を持ち帰り」、選手権では「選抜優勝校は夏は勝てない」というジンクスを見事に覆した。

選抜は準々決勝で八幡商（滋賀）と延長十八回で引き分け再試合を勝ち抜き。準決勝の松山商（愛媛）戦は延長十六回の激闘を制した。決勝の日大三（東京）戦もエース八木沢荘六《やぎさわそうろく》が1点を守り抜いた。

甲子園で史上初の春夏連覇を遂げグラウンドを1周する作新ナイン
＝1962年、甲子園球場

選手権も県予選1回戦の石橋戦が延長十五回、2回戦の足利戦も1—0の辛勝と苦しい試合が続いたが、鹿沼農商と共に北関東大会へ。北関東大会は作新学院—鹿沼農商の県勢決勝となり、作新学院が10—1と勝利した。

甲子園では開会式当日にエース八木沢が赤痢と診断され、ベンチ入りできないというハプニングに見舞われた。このピンチを救ったのが加藤斌《かとうたけし》。県大会、北関東大会とマウンドを守っており、二枚看板の一人だった。

大舞台ではシュートを武器に、小気味よいピッチングを披露。2回戦の慶応（神奈川）で5安打完封、準決勝の中京（愛知）も3安打完封、決勝の久留米商（福岡）は5安打完封の活躍だった。

作新学院の基礎を築いた指揮官は松本邦正《まつもとくにまさ》だった。35年に下野中監督に就いた時から、力の野球を目指した。春夏連覇は松本野球を踏襲した29歳の若き名将山本理《やまもとおさむ》の野球が開花した瞬間だった。

高校野球
2

70年代、全国に江川旋風

選抜で4試合60奪三振

本県の高校野球が全国から最も注目されたのは江川卓《えがわすぐる》が作新学院のエースを務めた1970年からの3年間だった。史上初の春夏連覇時代でもなく、山本理《やまもとおさむ》監督が「最も強いチームだった」と話す70年代の江俣治夫《えまたはるお》主将の時代でもなかった。

第53回全国選手権県予選の烏山戦で1年生ながら県大会史上初の完全試合を達成。2年生になると、その快速球でことごとく記録を塗り替えた。2回戦の大田原戦でノーヒットノーラン、3回戦の石橋戦で2度目の完全試合、4回戦の栃木工もノーヒットノーラン。代表決定戦の小山戦でも九回まで無安打無得点と無失点記録を伸ばした。しかし、延長十回にテキサスヒットを許し、十一回には2安打、バント、スクイズで1点を献上し、サヨナラ負けを喫した。それでも36イニング無安打無失点の大記録を樹立した。一方、県予選は第55回大会で5試合で44イニング無失点、75個の三振を奪っており、この記録は約50年たった今も破られていない。

一方、春の選抜大会は3年生の第45回大会で初戦の北陽（大阪）戦で19三振を奪って2−0。2回戦の小倉南（福岡）戦は7回を投じて10奪三振、準々決勝の今治西（愛媛）戦は毎回の20奪三振で3−0、1−2で敗れた広島商（広島）戦は11奪三振と4試合（34イニング）で60奪三振。甲子園の奪三振記録を43年ぶりに更新した。

もともとは耳が大きいことから漫画「怪物くん」に似ているということで「怪物くん」と呼ばれていた。ところがあまりの衝撃記録ラッシュだったことから「くん」が取れて「怪物」になった江川。県大会の駐車場は県外ナンバーの車であふれ、スタンドは超満員でバックスクリーンまでファンで埋まった。

ドラフト1位

選手権大会は第57回大会（75年）から本県は優勝校が甲子園に進めることになった。だが、県勢は甲子園で62年の第44回大会優勝の作新学院以来、34年間、ベスト8に食い込めないという時代を経験する。県勢として35年ぶりのベスト8進出は97年、第79回大会の佐野日大。宮崎日大（宮崎）、大分商（大分）を撃破して準々決勝に駒を進めるが、智弁和歌山（和歌山）に4−6で屈した。

これまで宇都宮工、昭和の作新学院、佐野日大などで黄金時代という表現があったが、2011年の第93回大会から21年まで10大会連続出場を更新中の作新学院の黄金時代に勝るものはない。

第93回大会でベスト8。そして第98回大会に54年ぶり2度目の深紅の優勝旗を手にする。エース今井達也《いまいたつや》、主砲入江大生《いりえたいせい》が大車輪の活躍。尽誠学園（香川）、花咲徳栄（埼玉）、木更津総合（千葉）、明徳義塾（高知）という強豪校を撃破。北海（北海道）との決勝は7−1と危なげない試合運びで全国3874校の頂点に立った。今井はドラフト1位で西武に、入江は明大を経て投手として同1位で横浜に入団したが、同じチームから1位指名が2人は県で初めてとなった。

作新学院は本県の甲子園連続出場を更新中だ。連続出場記録は、旧制和歌山中（現・県立桐蔭）の14回。次いで聖光学院（福島）の13回。作新学院が記録をどこまで伸ばすか興味は尽きない。

県内沸かせる

一方、選抜大会は第48回大会で小山、第58回大会で宇都宮南が準優勝に輝いた。エース初見幸洋《はつみゆきひろ》、主砲黒田光弘《くろだみつひろ》という布陣の小山は、2回戦から登場。岡山東商（岡山）、土佐（高知）、東洋大姫路（兵庫）を相次いで撃破して決勝へ。しかし、崇徳（広島）の前に0−5で涙をのんだ。

エース高村祐《たかむらひろし》を軸にした宇都宮南は1、2、3回戦と3連続サヨナラという快進撃でベスト4に進出。準決勝でも新湊（富山）を8−3で下し決勝へ。"山びこ打線"の池田（徳島）と対戦して1−7で敗れた。

2000年の第72回大会は國學院栃木と作新学院がアベック出場。作新学院は2勝を挙げてベスト8、國學院栃木は3勝を挙げてベスト4と、県内のファンを沸かせた。第86回大会は県勢にとって14年ぶりに佐野日大と白鷗大足利がアベック出場を果たす。佐野日大がエース左腕田嶋大樹《たじまだいき》を軸に快進撃を披露。鎮西（熊本）、智弁学園（奈良）、明徳義塾（高知）を下し準決勝へ進んだが、初優勝した龍谷大平安（京都）に1−8で屈した。

「怪物」の異名で高校野球界を席巻した江川卓＝1973年

高校軟式野球

作新 10回の全国制覇

中京（岐阜）と並び最多タイ

本県における高校軟式野球の発足は1948年。その2年前に県高体連が発足しており、この年は軟式野球をはじめ4競技の専門部が新たに増設された。

初代部長は大塚幸雄《おおつかゆきお》（宇都宮商教）。同年から3年間、県高野連理事長も兼務し、部長としては55年までの8年間尽力した。69年から25年間軟式部長を務めた鈴木秀男《すずきひでお》（作新学院教）によると「軟式野球の振興に力を尽くした方。学校野球の恩人」という。

県大会の開始

そんな中、50年の愛知国体軟式野球の部で氏家が準優勝に輝いている。決勝まで進んだが上野（東京）に2－4で敗れた。

国体予選を兼ねた高校軟式野球の第1回県大会が開催されたのは48年9月。宇都宮市の常設球場（現宮原球場）で開催された。出場校は作新学院、石橋、宇都宮商、宇都宮学園の4校。決勝で宇都宮商が7－4で石橋を下し初代王者に輝いている。50年の第3回大会には出場校が14校となり、氏家が栃木を破って初優勝を飾った。

この時代は物資不足で用具が足りなく、当然のように品質も悪かった。バットに当たったボールが二つに割れてしまうことも珍しくなかった。そのため、特別規定の中に「ボールが二つにならなければ次のプレーまで続けられる。二つ以上になった時はノープレー」が存在したという。

53年に第1回春季関東高校軟式野球大会がスタート、県代表は鹿沼農商だった。56年には全国高校軟式優勝野球大会が大阪・藤井寺球場で始まった。県勢が初めて北関東大会を突破して全国へ進んだのは第3回大会。決勝で宇都宮商が高崎商（群馬）を3－2で下した。秋季関東大会の誕生は60年。6校が出場した県大会は決勝で作新学院が5－3で宇都宮商を破り出場権を手にした。

全国大会は作新学院がこれまで優勝10回。中京（岐阜）と並んで最多優勝を誇る。春季関東大会は作新学院が18回、白鷗足利が2回の王者に輝いている。秋季関東大会は作新学院が18回、宇都宮学園（現文星芸大付）が1回の優勝と県勢のレベルの高さは一目瞭然だ。

数々の名勝負

作新学院が初めて全国の頂に立ったのは86年だった。県大会決勝は宇都宮学園を1－0で撃破。七回に初安打の走者を敵失でかえすという辛勝だった。北関東大会決勝は粘る桐生工（群馬）を3－2で振り切るという、これも厳しい内容だった。

作新学院にとって5度目の出場となる全国大会は18校で争われた。1回戦から登場した作新学院は初戦の新宮（和歌山）をエース右腕上野勝巳《うえのかつみ》の好投で3－2で下し、2回戦の飾磨工（兵庫）は9－1で一蹴。準々決勝の双葉（福島）戦は主砲・大山正《おおやまただし》の中前安打でサヨナラ勝ち。準決勝の広陵（広島）戦は3連投の上野に代わってマウンドに上がった大山が、再三のピンチをしのいで1－0で初めての決勝の舞台へ進んだ。

決勝の相手は平安（京都）。作新学院は二回に1死三塁から水島《みずしま》耕二《こうじ》の三ゴロで1点を先制。五回にも真分政美《まわけまさみ》のタイムリー内野安打で1点を加点。これをエース上野が散発4安打の好投で守り切った。悲願の日本一。硬式に遅れること24年の快挙だった。

作新学院の連覇は3回。89年の決勝の相手はPL学園（大阪）。「逆転のPL」のお株を奪い、二回に阿部正樹《あべまさき》のランニング本塁打で2点を奪うなど3－2の逆転で制した。90年の相手は兵庫工（兵庫）。七回に篠原秀幸《しのはらひでゆき》の適時三塁打で1点、袖山渉《そでやまわたる》の好走塁でさらに1点を追加。エース黒川陽介《くろかわようすけ》が相手打線を3安打に封じた。

94年の決勝の相手は6度の優勝を誇る平安（京都）。3試合で16点を奪った平安打線を、エース矢《や》野正樹《のまさき》が8安打を浴びながら踏ん張って1点に抑えた。95年は1回戦から横綱相撲を見せ、南部（和歌山）、鳴門（徳島）、四日市（大分）、平安（京都）に快勝し決勝へ。能代（秋田）との決勝も6－1と寄せ付けなかった。

中京（岐阜）の優勝記録と並んだ10回目の昨年は4試合全て完封勝ちという内容。エース小林歩夢《こばやしあゆむ》を中心に札幌山の手（北海道）、能代（秋田）、浜田（島根）、そして決勝の中京（岐阜）も1－0で封じた。

全国軟式野球大会で初優勝しダイヤモンドを行進する作新の選手たち
＝1986年8月、兵庫県の明石球場

フィギュアスケート

日光高 全国総体3連覇

宇都宮でインカレ 伊沢、地元団体V

フィギュアスケートの発祥は18世紀から19世紀にかけての欧州と言われ、当時はカーブやターンの正確性を競うフリースケーティングが盛んに行われていた。現在のように音楽を取り入れるようになったのは1864年、米国のバレエ教師で「フリースケーティングの祖」とされるジャクソン・ヘインズがスケート靴を履いてワルツを踊ったのがきっかけとされている。

国内は1891年3月に農学者・新渡戸稲造《にとべいなぞう》が札幌農学校（現北大）にスケート靴を持ち込んだのが日本のスケートの出発点とされ、フィギュアを含めたスケートは大正初期、東京からアクセスの良かった長野・諏訪湖を中心に発展した。

一方で本県に競技がもたらされたのは、大正から昭和にかけて競技振興に尽力した日光市の小林庄太《こばやししょうた》郎《ろう》（元県連盟副会長）と二郎《じろう》（元同理事長）兄弟の功績が大きい。

兄弟は大正期、父庄重郎《しょうじゅうろう》の友人の岡田春吉《おかだはるきち》（慶大ー古河電工）の影響を受けて、幼少期からスケートに親しんでいた。庄太郎は宇都宮中（現宇都宮高）の学生だった1924年ごろにフィギュアに興味を持ち始め、明大進学後に本格的に競技をスタート。二郎も兄の後を追い宇都宮中から明大に進むと、「小林兄弟」として全国に名をはせた。庄太郎は31年と33年の2度、日本学生氷上選手権大会（インカレ）の男子3位で表彰台に立っている。

2人は大学卒業後、帰郷し本県の競技振興に尽力。47年には県スケート連盟も創設した。戦後は2人や、兄弟によって育てられた近江《おうみ》（旧姓森川《もりかわ》）忠《ただし》、小林光雄《こばやしみつお》（元清滝小教）らが指導者となり、60年2月には小学生が対象の「日光フィギュアスケートクラブ」（現アーデル霧降クラブ）も立ち上げた。また、同じ時期には満州生まれで日光市に移り住んだ徳江洋《とくえひろし》・京子《きょうこ》の兄妹が、本県選手として全日本選手権や国体で結果を残すようになった。

黄金期到来

60年代に入ると、日光フィギュアスケートクラブから育った選手たちが一時代を築く。クラブOGの手塚千代子《てづかちよこ》、後藤幸子《ごとうさちこ》、中田佐《なかたさ》代子《よこ》、松岡《まつおか》さかえらが日光高（現日光明峰高）に進み、本県フィギュア界の黄金期をつくり上げた。

66年の第16回インターハイは手塚、後藤幸、渡辺令子《わたなべれいこ》で女子Bクラス2位。67年はAクラスに上がって後藤幸、渡辺、中田で初の全国制覇を飾ると、68年は中田、松岡、後藤《ごとう》美代子《みよこ》の3人で連覇、さらに69年も同じメンバーで3連覇を成し遂げた。70年は後藤美、大竹信子《おおたけのぶこ》、神山《かみやま》正子《まさこ》で3位に食い込んだが、その後は上位入賞から遠ざかっている。

インターハイの団体は1校で複数選手の確保が必要となってくる。競技人口が決して多くはない本県にあっては、94年の第44回インターハイの岡本《おかもと》（旧姓金子《かねこ》）直美《なおみ》、星野季《ほしのすえ》子《こ》で臨んだ日光高が団体エントリーの最後で9位と入賞に迫った。

その後、2000年代に入ると小学生途中から活動拠点を都内に移した宇都宮市出身の伊沢摩衣《いざわまい》（東京・東京成徳高ー東洋大）が全国区の選手に成長。”凱旋《がいせん》“出場となった2000年の宇都宮インターハイで女子個人3位の表彰台に立った。伊沢は04年に宇都宮市で行われたインカレでも団体優勝、個人6位に輝くなど、故郷で無類の勝負強さを誇った。

近年上位も

国体は47年、八戸市での第1回大会に森川和男《もりかわかずお》、手塚《てづか》チカ子《こ》、峯《みね》吉敏子《よしとしこ》、村松咲子《むらまつさきこ》が出場。この頃はまだ成年、少年の種別がなく、53年の第7回大会は徳江兄妹がそろって男女で3位入賞。京子は第8回大会でも3位と気を吐いた。

国体のピークも日光高全盛の60年代で中田が8位、5位、5位と少年女子部門で3年連続入賞。青学大進学後も9位と奮闘。さらに日光市開催となった72年の第27回国体は一般女子で後藤美（富士短大）が4位に入り、成年、少年が分かれて以降はこれが本県の最高記録となっている。

また、この時期は栃の葉国体に向けての強化が実り、78年の第33回大会で岡本珠江《おかもとたまえ》（日光高ー明大）が10位、翌年の第34回大会で近江に育てられた井口耕二《いぐちこうじ》（宇都宮高ー東大）が10位と周囲を喜ばせた。

近年は競技者数の減少もあり厳しい戦いが続くが、伊沢ら東京で育った宇都宮フィギュアスケートクラブ出身選手が上位に食い込んでいる。2004年の第59回国体で伊沢が8位、浄法寺真実《じょうぼうじまみ》（東京・日本橋女学館高ー東洋大）が23位と共にフリーまで進み、団体でも7位と「平成最高の成績」を残した。

全日本選手権は1930年の第1回大会と51年の第19回大会が日光市で開かれている。47年に徳江京が小学6年で宮城県代表として出場し3位入賞。この時は大会が第1回国体を兼ねていた。一方、日光市生まれの中田は大学4年時の73年に銀盤に立っている。

日光高インターハイ3連覇の原動力となった中田。その後、長く本県のトップスケーターとして活躍した＝1969年1月、山梨県河口湖町

スピードスケート

石幡と羽石 五輪出場

「王国」日光 名選手育む

本県のスピードスケート文化は、1932年の日光市の細尾リンクの完成によって一気に広がった。当時東洋一とも言われたこのリンクでは、戦前に全日本選手権や現在の国体の前身である明治神宮大会も開かれた。

33年には古河精銅所にスピード部が誕生し、男女選手が全日本選手権などの大会で活躍。本県スピードスケート界の発展に大きく貢献した。戦後は48年国体で同部の山本阿久里《やまもとあぐり》が一般男子1500メートルと1万メートルでともに3位入賞する健闘を見せた。

ただ当時、日光市内のリンクの多くはアイスホッケー用だった。スピードスケートには狭く、山本らは凍結した湯ノ湖などでトレーニングを重ねた。50年の国体県予選も湯ノ湖で開かれたが、レース中に氷の割れ目から水が噴き出し、それを浴びた選手が凍傷になる大変なレースだった。

そこで翌年、戦争の影響で荒れ放題になっていた細尾リンクを改修。その後、改修に携わった当時500メートルの日本記録保持者で元五輪代表の石原省三《いしはらしょうぞう》が本県の選手育成に情熱を燃やした。

52年には細尾リンクで本県初の国体が開催され、山本が500メートルと1500メートルで3位入賞。高校男子1万メートルでは星野仁《ほしのじん》（日光高、現日光明峰高）が6位に食い込んだ。後に星野は58年のフィンランド・ヘルシンキの世界選手権に出場するまで飛躍する。

54年国体は田代文子《たしろふみこ》が一般女子3000メートルと5000メートルでともに4位入賞した。

「黄金時代」

本県スピードスケート界は、55年から大きな飛躍を遂げた。

同年の全国高校総体（インターハイ）の男子2000メートルリレーで日光が3分16秒5の大会新をマークして悲願の総体初優勝。国体も一般女子の田代が3000メートルで準優勝、5000メートルも3位と入賞を果たし、一般男子は星野が1500メートルで5位。高校男子も名古屋勉《なごやつとむ》、吉田豊《よしだゆたか》ら日光勢が入賞を手にした。56年国体で一般男子1万メートルで準優勝、5000メートルで3位に入った加藤惣衛門《かとうそうえもん》（日大）はその年の全日本選手権でも総合優勝を飾った。

同年に本県のエースとして活躍した山本が現役を引退して育成へと力を注ぎ、石幡忠雄《いしはたただお》ら名選手を育てた。

石幡は60年の国体で一般男子5000メートル2位、1万メートルで3位に輝き、翌年のインターハイでも活躍。62年の全日本選手権では中長距離で3冠を果たして総合優勝。65、68、69年大会でも総合優勝を飾り、68年にはグルノーブル五輪の男子1500、3000メートルに日本代表として出場した。「栃木の石幡」から「世界の石幡」へと羽ばたいた瞬間だった。

70年代序盤も本県勢の活躍は続き、72年にはインターハイと日光国体で大出和江《おおいでかずえ》（日光）が高校女子500メートルで女王に輝く。だが73年に大出がインターハイ500メートル、1000メートルの2冠を果たしてからは県勢の表彰台入りは一気に減った。

育成に尽力

“スピード王国日光”も70年代中頃からは選手不足から競技力も低迷。75年のインターハイ女子2000メートルリレーで日光が3位入賞したのを最後に県勢の表彰台は一時途絶え、79、80年には国体、インターハイで入賞者はゼロ。80年代も入賞者こそいたが目立った成績は残せなかった。

70年代中頃、日光高には常時20人前後の部員がいたが、日光市内の人口減少に伴い10年ほどで部員も半数まで減った。

「日光からスピードスケートの火が消える」と言われるまでに追い込まれたことで、80年代に「日光スケーティングクラブ」が立ち上がった。石幡らが小学校から高校まで一貫教育で指導し、底辺拡大と競技力向上に努めた。

そのかいあってか、89年国体で石幡佳介《いしはたけいすけ》（日光高）が少年男子1万メートルで準優勝。92年の国体では男女7種目で延べ9人が入賞するなど、復活の兆しが見えた。96年国体の成年男子500、1000メートルでは羽石国臣《はねいしくにおみ》（日大）が県勢24年ぶりとなる優勝を飾った。

羽石は98年のワールドカップ長野大会でも500メートルで3位に食い込み、翌年のローズビル大会（米国）で500メートルの世界一に輝いた。2002年の米国・ソルトレークシティー五輪にも出場し500メートルで12位となった。

日光高生も03年から、若林勇太《わかばやしゆうた》、大季《だいき》兄弟や阿久津竜平《あくつりゅうへい》、襲田衛俊《おそだひでとし》らが国体やインターハイで表彰台に乗った。だが07年の襲田らを最後に県勢は全国入賞から再び遠ざかった。

近年は日光明峰高の湯澤大翔《ゆざわやまと》が20年国体で男子1000メートル6位入賞したが、依然厳しい状況は続く。県連盟としてもスケート教室などを通してスケート王国復活を模索している。

本県スピードスケート界の名選手として五輪や全日本選手権で活躍した石幡忠＝1963年、長野県軽井沢町

アイスホッケー

歴史刻んだ古河電工

文化広め、名選手多数輩出

本県アイスホッケーの歴史は、古河電工の歩みと切っても切り離せない。

古河電工日光電気精銅所の鈴木《すずき》常三郎《つねさぶろう》所長が1913年初冬、「冬の日光の山奥に何かスポーツを」と従業員の健康のためにスケートを提案したのが起源。社宅の池に氷を張り、スケート金具を木ネジで取り付けた下駄《げた》10足から始まった。これは本県におけるフィギュアスケートの始まりでもあった。

22年冬には、夏に和楽踊りを行う広場を利用したスケート場ができ本格的にスケートが普及。その頃から誰からともなく竹ぼうきをスティック、木片をパック代わりにして遊んでいた。

次第にスケート人口が多くなり、25年に日光市清滝の水沢に400坪のコンクリートリンク（水沢リンク＝後の精銅所リンク）を整備した。同年、特に技術が上達した従業員を選び、日本で最初のアイスホッケー部を創部。翌年には北海道で王子製紙も立ち上がった。

全日本選手権の第1回大会は30年、精銅所リンクで行われた。後の初代日光市長佐々木《ささき》耕郎《こうろう》氏が監督を務め、同じく後に日光市長を務めた名選手星野《ほしの》仁十郎《にじゅうろう》らがメンバーに名を連ねた。53年の第21回大会で初優勝し、古河電工で4度、2014、19年のHC栃木日光アイスバックスを含め6度の栄冠に輝いている。

全日本初制覇以降の古河電工は、日光高（現日光明峰高）出で2度の五輪に出場した名手入江《いりえ》淳夫《あつお》を擁し、全日本選手権、国体を連覇するなど黄金期を築いた。しかし1964年、会社の経営状況悪化から1年間休部となると戦力も大きく落ち、その後は成績も低迷した。

市民の手で

バブル崩壊に端を発した不況により99年1月、古河電工がアイスホッケー部の廃部を発表した。その後は県アイスホッケー連盟が中心となり、チーム存続のための会社設立を計画。有限会社立ち上げに必要な資本金は、県連盟理事たちが持ち寄る形で出資。同年、日本初の市民クラブ「HC日光アイスバックス」として再出発した。

だが経営難で2000年11月に一時解散を表明。それでも日光からアイスホッケーの光を消すまいと選手も営業に奔走し、ファンも行政支援を求める約10万人の署名と募金活動で後押し。県、日光市、今市市（当時）も支援に乗り出し、文科省の支援事業も取り込んで、廃部は免れた。

当時の会社役員らは無報酬。選手は給与遅配などに耐えながら、手縫いのユニホームで試合に臨んだ。一方で街の食堂が選手を半額で食べさせるなど目に見えない支援もあり、日光市民らの「熱い心」がアイスホッケー文化を守った。

全国総体V

県連盟は1976年1月、県スケート連盟（47年創設）から独立する形で誕生。初代会長には日光市長の星野が就いた。

県内施設は32年にホッケー2面、周囲500メートルのスピードコースを併設し東洋一と言われた細尾リンクが完成。57年には国際規格の古河電工リンクが整備され、2000年の閉鎖まで公式戦で使用された。1992年には日光霧降アイスアリーナが完成した。

県内の部活動で最も古い歴史を持つのは今市高だ。33年に旧制今市中で創部し、国体にアイスホッケーが初採用された48年の第3回国体から出場。翌年の第4回国体では準優勝した。52年の第1回全国高校総体（インターハイ）でも準優勝している。

日光高の創部は51年。この頃には作新学院、宇都宮学園（現文星芸大付）、宇都宮工、鹿沼農商（現鹿沼商工）を含め県内最多6チームがしのぎを削った。現在は日光明峰のみが活動している（今市高は休部）。

58年、日光高に古河電工の好意により、直前まで選手だった瀬下《せした》光弘《みつひろ》が初の専任コーチに就任。厳しい練習を乗り越え、翌年のインターハイで初優勝を飾った。北海道から覇権を奪い、優勝旗が初めて北海道から津軽海峡を渡った。

以降、古河電工の指導の下に名門としての地位を築き、キープ力に長け3度の五輪に出場した星野《ほしの》好《よし》男《お》（明大－国土計画）や、近年では堅実なプレーで信頼を集めた高橋淳一《たかはしじゅんいち》（古河電工－バックス）、テクニックとスピードに秀でた古《ふる》橋《はし》真来《まくる》（中大－バックス）ら数々の日本代表を輩出している。

本県スケート発祥の地・日光の水沢リンク。
1925年（大正14年）12月に開場し、同年に古河電工が創部した

スキー

原澤、松田が中学日本一

アルペン競技中心に発展

本県でのスキーの発祥は大正時代の中期、1920年頃。日本にスキーを伝えたオーストリアのレルヒ大佐の通訳を務めていた日光出身の鶴見《つるみ》宜信《よしのぶ》大尉が伝授した。この頃すでに日光湯元や那須高原、奥塩原地域にスキーヤーがいたと伝わっている。30年に県スキー連盟が発足。その2年後に那須八幡スキー場で講習会が開かれ、塩原八郎ケ原スキー場では第1回栃木県スキー競技会（県スキー選手権の前身）が開催された。

36年、東京が40年の夏季五輪開催地に立候補したのに合わせて、日光町（現・日光市）が冬季五輪開催地に立候補。札幌など5都市と開催地を争った。他の候補地と比べて東京からの距離の近さもあり、札幌とともに有力候補として招致を目指したが、翌年札幌に決まり落選。後に日本政府は東京、札幌開催を返上した。

この当時、鶴見大尉の愛娘敏子《としこ》が全日本スキー選手権で活躍。40年は滑降で2位、滑降と回転を合わせた「新複合」で4位入賞。日光湯元で開催された43年は大回転で3位に入った。

70年代躍進

太平洋戦争終戦後の48年、国体にスキー競技を導入。本県選手団も参加。長野県で開催され、「新複合」壮年の部で足尾町（現・日光市）出身の神山保治《かみやまやすじ》が2位入賞した。

当時の県内のスキー人口ははっきり分かっていないが、51年に県連盟へ加盟していた各地域の連盟が10団体あり、宇都宮や足利などにも団体があった。この頃から普及活動や指導者の育成事業も本格化。57年に県連盟が主催する準指導員の第1回検定会を実施し、以降は毎年開催され現在も継続している。

同じ57年には日光市が再び冬季五輪の候補地に立候補。68年大会の招致を目指して国内候補地を争ったが、62年に行われた選考会で再び札幌市に敗れた。

62年の全日本選手権と国体では日光市在住の須田節子《すだせつこ》が活躍。全日本選手権は回転で2位、北海道・小樽で開催されたスキー国体は女子大回転で2位に入った。

本県のスキー競技は回転や大回転などアルペン競技が中心に発展してきた。一方、ノルディック競技は普及が進んでいない。過去の国体ではジャンプ競技に本県から2人が出場した。50年はクロスカントリースキーのリレー選手でもあった高野栄《たかのさかえ》が成年で13位。その後は74年に宇都宮市の加賀谷敏広《かがやとしひろ》が複合とともに出場。ジャンプ47位、複合12位という記録が残っている。22年秋田県で開催されるスキー競技の国体に本県代表2選手が48年ぶりに出場した。

60年代は県内各地にスキー場が相次いで開場。スキー人口も右肩上がりに増え、69年に県連盟に所属する各地域の連盟は24まで増加した。大会での活躍は70年代から増えていく。75年の国体で塩原町（現那須塩原市）の阿久津永一《あくつえいいち》が男子クロスカントリー3部で8位。翌年も8位に入った。大回転女子教員で足尾町（現日光市）出身の菊地裕子《きくちゆうこ》が75年に7位。翌年は3位で表彰台に上がった。那須町出身の深澤良恵《ふかざわよしえ》（は76、77年にクロスカントリー女子教員で2年連続5位に入った。

低迷期突入

しかし、80年に本県で栃の葉国体を開催した後は低迷期を迎える。バブル経済でスキー人口がピークを迎えたのと対照的に、本県開催を終えて強化が一段落したこともあり国体は86年大会から14大会連続で入賞者なしとなった。

県スキー連盟は新たな強化策として小学生世代からの普及、育成を目指し、82年に県下学童大会を県内各地で開催。現在は小学1年生から参加できるユース大会をアルペン競技で年5回開催している。

これらの対策で育ったさくら市出身の白河英隆《しらかわひでたか》が99年の国体成年A大回転で7位入賞。2006年の群馬国体では那須塩原市の足助未《あすけみ》央《お》が成年女子大回転で3位。翌年の秋田国体は7位に入った。

近年は全国大会でさらに活躍が目立つようになった。17年長野国体の少年男子大回転で手塚芳宗《てつかよしむね》（当時足利工大付高）が4位。19年の国体では君島王羅《きみしまおーら》（当時足利大付高）が少年男子大回転で5位。全国高校スキーは20、21年に回転で2年連続2位に入り、20年の富山国体は大回転で2位だった。

20年の全国高校スキー女子大回転で横尾彩乃《よこおあやの》（足大付高）が県勢女子最高成績を更新する4位入賞。同年の全国中学スキーでは原《はら》澤《さわ》虎太郎《こたろう》（当時栃木東中）が男子回転、松田弥咲妃《まつだみさき》（当時野崎中）が女子大回転を県勢として初優勝。今後のさらなる活躍が期待されている。

今回の内容は県スキー連盟が過去4回制作した創立記念誌「シュプール」を参考に執筆した。

2020年の全国中学大会の男子回転で優勝し、今後の活躍が期待される原澤虎太郎

いちご一会の輝き いちご一会とちぎ国体・とちぎ大会 報道グラフ

2022年12月26日 発行

取材・撮影 下野新聞社編集局

発　　行 下野新聞社
〒320-8686 栃木県宇都宮市昭和1-8-11
電話028-625-1135(出版担当)
https://www.shimotsuke.co.jp/

装　　丁 imagical(イマジカル)

印　　刷 晃南印刷株式会社

ISBN978-4-88286-831-6